本书的出版得到了太原科技大学博士科研启动项目的资助

常春雨◎ 著

当代西方
平等物理论研究

中国社会科学出版社

图书在版编目（CIP）数据

当代西方平等物理论研究／常春雨著 . —北京：中国社会科学
出版社，2017.8
ISBN 978-7-5203-0255-5

Ⅰ.①当… Ⅱ.①常… Ⅲ.①平等观—研究 Ⅳ.①B036

中国版本图书馆 CIP 数据核字（2017）第 094600 号

出 版 人	赵剑英
责任编辑	朱华彬
责任校对	张爱华
责任印制	张雪娇

出　　版	中国社会科学出版社
社　　址	北京鼓楼西大街甲 158 号
邮　　编	100720
网　　址	http://www.csspw.cn
发 行 部	010 - 84083685
门 市 部	010 - 84029450
经　　销	新华书店及其他书店

印　　刷	北京君升印刷有限公司
装　　订	廊坊市广阳区广增装订厂
版　　次	2017 年 8 月第 1 版
印　　次	2017 年 8 月第 1 次印刷

开　　本	710×1000 1/16
印　　张	14.5
插　　页	2
字　　数	213 千字
定　　价	68.00 元

凡购买中国社会科学出版社图书，如有质量问题请与本社营销中心联系调换
电话:010 - 84083683

目　　录

导论　平等主义中的平等物问题

自约翰·罗尔斯（John Rawls）的《正义论》在 1971 年问世以来，作为一种分配正义主张的平等主义在当代西方政治哲学中逐渐兴起，进而发展成为一种居于主导地位的理论思潮。平等主义关涉的问题是分配正义，其核心理念是平等待人，但学术界对这一理论具体问题的看法并不一致，也因之掀起了诸多争论。其中，影响最大的莫过于在平等物问题上的争论。所谓平等物，指的就是平等主义所要求的应被平等分配的东西，它起初被阿马蒂亚·森（Amartya Sen）① 概括为"什么的平等"，经过罗纳德·德沃金（Ronald Dworkin）② 的审慎限定之后，最终又被 G. A. 科恩（G. A. Cohen）③ 正式命名为"平等物"

① 阿马蒂亚·森，1933 年出生于印度，是当代世界一位百科全书式的思想家，涉猎领域十分广泛，包括福利经济学、社会学、政治哲学等诸多领域。1959 年获得英国剑桥大学博士学位，其后先后在印度、英国和美国任教。1998 年离开哈佛大学到英国剑桥大学三一学院任院长。他曾为联合国开发计划署撰写过人类发展报告，还当过联合国前秘书长加利的经济顾问，因在福利经济学上的突出贡献而获得 1998 年诺贝尔经济学奖。森的相关代表作品有《论经济不平等》《不平等之再考察》《正义的理念》等。就政治哲学领域而言，其贡献不仅在于继罗尔斯之后首次提出"什么的平等"的问题域，而且还在于他对此给出了一个令人耳目一新的回答——可行能力平等。

② 罗纳德·德沃金（1931—2013 年），生于美国麻省沃塞斯特，是当代世界著名的哲学家、法学家。他曾担任耶鲁大学法学院教授（1962—1969 年），其后为伦敦大学及纽约大学法学院及哲学系教授，代表作有《至上的美德——平等的理论与实践》《原则问题》和《认真对待权利》等。在平等物问题上，德沃金主张资源平等。

③ G. A. 科恩（1941—2009 年），生于加拿大蒙特利尔市一个犹太工人的家庭，是分析的马克思主义的主要创立者和代表人物、世界著名的政治哲学家、英国牛津大学万灵学院奇切利社会及政治理论教授，主要著述有《卡尔·马克思的历史理论：一个辩护》《历史、劳动和自由》等著作和《论平等主义正义的通货》《昂贵嗜好再次盛行》等论文。在平等物问题上，他提出了优势获取平等。

(equalisandum)①。平等物问题是当代西方平等主义研究中的一个十分
重要的问题,这不仅因为参与这一问题争论的罗尔斯、德沃金、理查
德·阿内逊 (Richard Arneson)②、森、科恩等人都是当代西方政治哲学
界具有重大影响力的学者,而且还因为这一问题本身就是平等主义理论
不可或缺的重要组成部分,以致任何一种基于分配正义主张的平等主义
理论,"如果缺乏一种对平等物的恰当思考,那么它就是不完整的"。③

第一节　平等主义在西方国家的兴起

任何一种理论,无论它是多么的抽象,总是根植于现实生活并与之
密切相关。平等主义在西方国家的兴起,也同样基于历史条件的客观
需要。

一　平等主义兴起的历史背景

众所周知,《正义论》的出版在西方学术界产生了巨大影响,特别
是促进了政治哲学在西方世界的当代复兴。与自由至上主义、社群主义
及全球正义等其他理论主张一样,平等主义也是在这个复兴过程中兴起

---

① equalisandum 是科恩自创的一个语词,在任何权威英汉、英英词典都找不到对它的解
释,因此想要理解其含义只能诉诸于英文的构词法。从构词上来看,equalisandum 由 equality 及
后缀 sandum 两部分组成,前者的含义是平等,后者则指的是以一个统一的标准而使某物
被……化。通过这两部分的结合,equalisandum 就可被理解为被平等化的东西,或有待平等化
的东西。东西不等同于物质,但如果从对象意义上来讲,它也可以被解读并且翻译为某物。葛
四友教授在其编译的《运气均等主义》一书中将 equalisandum 翻译为平等物。在笔者看来,葛
教授在将这个词翻译成平等物的时候,他所理解的"物"并不是单纯的物质,而是指作为分
配对象的"某物",与"东西"一词极具相似性。这样,尽管将 equalisandum 翻译成平等物还
不能完全反映出这个词的意蕴,但它既可以意有待平等分配的对象,又简洁易懂。基于这一
考虑,笔者就遵照了葛教授的译法。

② 理查德·阿内逊,美国加州大学圣地亚哥分校政治哲学教授、社会主义者,主要研究
市场社会主义和当代西方政治哲学中的分配正义理论,主要代表作有《平等与幸福机会平等》
《罗尔斯、责任与社会正义》等论文。在平等物问题上,他起初坚持幸福机会平等,后来又放
弃了这一理论主张。

③ Iwao Hirose, *Egalitarianism*, London and New York: Routledge Press, 2015, p. 3.

的。然而，与其他理论主张不同的是，平等主义的萌芽本身就蕴含在《正义论》之中，因为正是在这部鸿篇巨制中，罗尔斯提出了具有平等主义理念的反应得理论，在此基础上以其"作为公平的正义"主张颠覆了功利主义在分配领域的统治地位。自此之后，平等主义在政治哲学界占据了主要地位。从这个意义上讲，平等主义的兴起与罗尔斯《正义论》的问世具有相同的历史背景，即福利国家的涌现和功利主义的困境。

（一）福利国家的涌现

从社会历史背景上看，罗尔斯的《正义论》主要是针对战后包括美国在内的西方社会建立福利国家制度的需要而创作的。它所体现的平等主义理念，不仅满足了西方福利国家制度在社会伦理价值观念上的迫切呼声，而且还在一定程度上为其提供了一种哲学辩护。众所周知，第二次世界大战以后，西方各国尤其是美国的经济总量迅速恢复到战前水平，并一度保持高速增长的态势，似乎已经发展成为一种令人羡慕的"富裕社会"。但实际上，这种"富裕社会"只拥有一种表面繁荣，隐藏在其身后的却是社会经济的不均衡增长和贫富差距的日益扩大。这种潜藏的风险对资本主义制度构成了严峻的挑战巨大的威胁。为了解决这些问题，大多数西方国家都在 20 世纪五六十年代向福利国家的目标迈出了重要步伐。1948 年 7 月，英国率先宣布建立福利国家制度。其后，西欧、北欧、北美等诸多经济发达的国家都相继宣称本国业已成为"福利国家"①。这些福利国家通过立法建立起一系列相对完善的社会保障制度，以高赋税的方式（主要是向富人征税来补贴穷人）推行各种社会保险及社会救济、义务教育等政策，对国民收入做出再分配，并尽可

---

① 需要注意的是，福利国家与福利措施不同。后者产生于 20 世纪 30 年代，是西方国家为缓解资本主义经济大危机导致的社会动荡而采取的措施，涉及项目不多且范围较为狭窄，主要集中于一些零散的救济性措施，尚未形成一套体系。可以说，真正从制度层面上全面深入地实施各种社会福利政策，则是第二次世界大战结束以后才逐渐开始的事情。因此，我们一般所讲的"福利国家制度"与 20 世纪 30 年代西方国家所实施的福利措施有着重要的区别（参见 http：//baike. so. com/doc/8866314—9191455. html）。

能提供保障社会成员体面生活的最低标准。

西方各国福利国家制度的建立，有效缓减了本国的贫富两极分化以及由此引发的其他社会问题，在一定程度上促进了本国社会经济与公民需求的均衡式发展，同时也为资本主义制度重新注入了活力。"福利国家制度"的建立亟需一种与之对应的政治哲学作为理论支撑，但遗憾的是这样的政治哲学尚未出现。在此情况下，构建一种能够适应福利国家制度的社会伦理价值观念就成为时代对西方学者们提出的迫切要求。正是这种特殊的社会历史背景，在客观上催生了罗尔斯《正义论》的诞生。

（二）功利主义的困境

如果说福利国家的涌现是平等主义兴起的社会背景，那么功利主义当时所面临的困境就应被视为其理论背景。在罗尔斯的《正义论》出版之前，西方社会领域中占据主要地位的分配原则是功利主义。功利主义形成于18世纪末19世纪初，其核心概念是幸福①（welfare）。不同的功利主义者对幸福有着不同的解读②，对幸福含义也做出了不同的界定，

---

① 目前，国内学术界对功利主义所涉及的 welfare 一词持有两种译法。其中，大部分学者都将 welfare 译为"福利"。参见葛四友编译《运气均等主义》，江苏人民出版社 2006 年版；吕增奎编译《马克思与诺齐克之间》，江苏人民出版社 2007 年版；韩锐《正义与平等——当代西方社会正义理论综述》，《开放时代》2010 年第 8 期；高景柱《在平等与责任之间》，人民出版社 2011 年版；高景柱《当代政治哲学视域中的平等理论》，天津人民出版社 2015 年版。与上述学者的译法不同，王绍光将 welfare 译为"幸福"。之所以采取这种译法是因为在王绍光看来，如若将其译为"福利"的话，很容易使人联想到具体的福利待遇，如医疗保险、教育保险、养老金，等等。参见王绍光《安邦之道：国家转型的目标与途径》，上海三联书店 2007 年版，第 210 页。笔者认为，罗尔斯、德沃金、森以及科恩等平等主义者所谈及的 welfare 虽然与具体的福利待遇存在一定的关系，但绝不限于此。它在更准确的意义上指的是内在于人的、主观的良好感受，而不是外在于人的、有益的具体东西。故此，笔者认为将 welfare 一词译为"幸福"更为准确。

② 功利主义者最初通过效用来界定幸福。功利主义创始人杰里米·边沁认为，"所谓效用，意指一种外物给当事者求福避祸的那种特性"。具体而言，它指外物给当事者带来利益、幸福或快乐，防止当事者的不幸或痛苦。因此，边沁把趋乐避苦看作个人一切行为的心理依据。此后，不同的功利主义者对幸福做出了各种不同的理解和解释。幸福的定义虽几经变迁，但总的来说可以归纳为两种：一种是个人欲求的内心感受，另一种是偏好或欲望的满足。前者不仅包括快乐的感受，而且还包个人追求的其他心理状态，比如创作的成就感、坠入爱河的狂喜，等等；后者则认为幸福的人生远不止于追求各种不同的心理状态，因为心理状态毕竟只是一种内心体验，不能等同于真实生活。这种解释认为增加人们的幸福感就是要满足他们的各种偏好，如实际创作诗歌的偏好，等等。参见［加］威尔·金里卡《当代政治哲学》，刘莘译，上海三联书店 2011 年版，第 13—22 页。

但他们存在一个共同特点，即宣称幸福的价值最为根本，其他价值则至多是派生的。其他价值只有在被化约为幸福时，才能得以衡量和比较。于是，功利主义者就将个人获得幸福的多少作为判断其行为正当与否的标准，主张依据某种行为对个人幸福的影响程度来决定应当如何行事。正如功利主义的创立者杰里米·边沁（Jeremy Bentham）所言，"当我们对任何一种行为予以赞成或不赞成的时候，我们是看该行为是增多还是减少当事者的幸福，换句话说，就是看该行为是增进或是违反当事者的幸福为准。"① 简言之，功利主义的目标就是追求幸福总量的最大化。如果将这一目标落实在国家或政府的立法及决策理念上，就是为社会成员谋求最大的幸福，因为在功利主义者看来，社会是由许多单一的个人所组成，其目标理应是追求社会成员总体幸福的最大化。

尽管功利主义曾在特定历史阶段对社会发展产生过积极影响②，但二战以后，随着西方福利国家制度的普遍建立，功利主义显然已经不能适应西方社会的发展要求。福利国家制度所要解决的是贫富两极分化的问题，主要通过向富人征税来补贴少数穷人；而功利主义则一味追求社会成员总体幸福的最大化，对个人的具体状况视而不见，这就意味着国家和社会可以为了实现大多数人的利益而牺牲少数人的利益。如此一来，功利主义社会伦理观与福利国家制度之间就产生了极大的张力，更谈不上为其提供理论支撑了。然而，当时的问题还在于，虽然学术界普遍认为功利主义已经失去了吸引力，也出现了很多反驳功利主义的声音，但这些反驳者们"常常站在一种狭窄的立场上。他们虽然指出了功利原则的模糊性，注意到它的许多推断与我们的道德情感之间的明显的不一致……并没有建立一种能与之抗衡的实用和系统的道德观"③，更

---

① 周辅成编：《西方伦理学名著选辑》下卷，商务印书馆1987年版，第211页。

② 功利主义曾作为一种"哲学激进主义"对英国社会产生过积极的影响，为变革旧社会遗留的封建残余思想、剥夺少数封建贵族的特权以及实现大多数下层人民利益的普遍要求都提供了重要的理论支持和实践指导。

③ ［美］约翰·罗尔斯：《正义论》，何怀宏、何包钢、廖申白译，中国社会科学出版社1988年版，第2页。

没能建立起一种能够真正取代功利主义的新的正义理论。

（三）政治哲学的复兴

直到1971年《正义论》的出版，功利主义在分配领域一统天下的局面才被打破。在这部巨著中，罗尔斯不仅有力地批判了功利主义最大化的理论缺陷，而且还以平等理念取代了功利主义的最大化理念，提出了"作为公平的正义"的两个正义原则，在一定程度上为西方福利国家制度的实施提供了理论支撑和实践指导。实际上，罗尔斯《正义论》的贡献远远不止于此，它还克服了被元伦理学所责难的语言不严谨问题，掀起了学术界对规范性理论的研究热潮，进而催发了政治哲学的当代复兴。

众所周知，政治哲学在西方曾有过辉煌的历史。且不说柏拉图、亚里士多德这些久负盛名的古典思想家，单就近代而言，17世纪的托马斯·霍布斯（Thomas Hobbes）和约翰·洛克（John Locke）、18世纪的让·雅克·卢梭（Jean - Jacques Rousseau）和伊曼努尔·康德（Immanuel Kant）、19世纪的约翰·斯图亚特·密尔（John Stuart Mill）等著名哲学家都撰写过诸多经典著作，共同构筑了西方政治哲学的宏伟图景。19世纪中叶以后，受理性思辨的科学主义的影响，政治哲学出现了危机。在那段时期，许多学者批评政治哲学因概念表述不清晰而经不起分析，故而把主要精力放在了道德语言批判的元伦理学上，鲜少关注政治哲学的建构问题。以赛亚·柏林（Isaiah Berlin）、佩西·莱宁（Percy B. Lehning）等学者将这种危机描述为"政治哲学的死亡"，并解释说，"无论政治哲学在过去的发展状况如何，它在今天已经死亡或正在趋于死亡"，因为直到20世纪末"仍未出现一本关于政治哲学的权威性著作"。①

然而，政治哲学的这种衰落局面在1971年《正义论》出版以后被彻底改写了。《正义论》不仅突破了元伦理学纯粹语言分析的限制，而且也超脱了传统政治哲学形而上学的思维范式，克服了被元伦理学所责

---

① Isaiah Berlin, "Does Political Theory Still Exist?", Henry Hardy, ed., *Concept and Categories*, Princetion: Princetion University Press, 1988, p. 143.

难的语言不严谨的缺陷。正如佩里·安德森（Perry Anderson）所言，
"在当代以任何语言写成的政治哲学著作中，任何一部著作都未能像罗
尔斯的《正义论》一样产生如此巨大的学术反响。"① 这部著作仅英文
版就销售了 40 万册之多，被翻译成 28 种文字，罗尔斯也因之被誉为
"二十世纪最重要和最有影响力的政治哲学家"②，以至于政治哲学家们
想要阐述自己的理论，要么在罗尔斯的框架中展开论述，要么就必须指
出不这么做的理由，从而引发了学术界对规范性问题的再度热议，并由
此催生了许多其他理论。比如，在自由主义内部，既有经由罗伯特·诺
齐克（Robert Nozick）等右翼学者的批评而产生的自由至上主义，也有
经由罗尔斯式的左翼学者的批评而产生的自由主义平等主义；在对自由
主义的批判中，既有因反对罗尔斯个人主义方法论而产生的社群主义，
也有因反对罗尔斯正义理论不彻底性而产生的社会主义平等主义；在对
分配正义范围的研究中，既有研究民族国家内部的国内正义，也有力图
将分配正义拓展到国际视野的全球正义；在对分配正义理论的研究中，
既有主张消除非选择性劣势的平等主义，也有主张优先照顾最弱势群体
的优先论和使所有人都拥有足够资源的充足论，不一而足。正因为如
此，学术界形成了这样一个不争的事实：当代各种理论都必须以罗尔斯
的正义理论为自然出发点。进而言之，政治哲学的当代复兴正是从罗尔
斯的《正义论》起始的。

（四）平等主义的兴起

随着政治哲学成为"显学"，作为一种分配正义主张的平等主义
迅速兴起，并进而发展成为当代西方政治哲学中影响最大的一种理论
思潮。这不仅因为其开拓者罗尔斯基于平等待人的道德理念，对功利
主义最大化的理论诉求做出了十分有力的批驳，而且还因为他所建构
的"作为公平的正义"的主要内容就是分配正义，分配正义的核心理

---

① ［英］佩里·安德森：《思想的谱系：西方思潮左与右》，袁银传等译，社会科学文献
出版社 2010 年版，第 133 页。

② Samuel Freeman, *Justice and Social Contract*: *Essays on Rawlsian Political Philosophy*, New
York: Oxford Unisversity Press, 2007, p. 3.

念就是平等。① 对罗尔斯而言，正义总是意味着平等，一种不平等要想
得到正当性的辩护，就必须有利于处境最差者。换言之，对任何不平等
的默许恰恰是为了"最大限度地实践平等本身的要求"。② 可见，平等
主义的基本理念自萌芽之始就蕴含在罗尔斯的《正义论》中。

受这位学术巨擘的影响，之后诸多学者都以罗尔斯"作为公平的正
义"为坐标，通过对它的批评和发展而形成了对平等主义的各种理解和
解读。正如德沃金所言，当今世界任何一种具有吸引力的政治主张基本
上都不会公开反对平等，甚至还在某种意义上分享着平等的价值，这些
不同类型的理论主张都是"平等主义"。③ 可以毫不夸张地说，在由罗
尔斯所复兴的当代西方政治哲学中，平等主义的影响力最大。加拿大政
治哲学家威尔·金里卡（Will Kymlicka）曾对此给予了高度评价："罗
尔斯的《正义论》'标志着政治哲学话语基调的确立：当代政治哲学都
是关于平等的政治哲学'。"④ 罗尔斯本人也因之被学术界称为"自由主
义平等主义的典范"⑤。

由此可见，二战以后，西方福利国家制度的建立及其与功利主义理
论之间的巨大张力，成为罗尔斯的《正义论》得以问世的历史条件，
而《正义论》出版所带来的巨大学术影响则促成了政治哲学在当代西
方世界的复兴，这一切又构成了作为当代西方政治哲学中最有影响力的
平等主义得以兴起的重要历史背景。

二　平等主义的发展历程

继《正义论》颠覆了功利主义的统治地位以后，平等主义的发展并

---

① 罗尔斯提出"作为公平的正义"的分配正义理念还受到十七八世纪自由主义者（如
17 世纪的霍布斯、洛克、卢梭以及 18 世纪的康德）自由平等理念的影响，对于这部分内容，
本书将在第一章中详细阐述。

② ［加］威尔·金里卡：《当代政治哲学》，刘莘译，上海三联书店 2011 年版，第 97 页。

③ Ronald Dworkin, *A Matter of Principle*, Cambridge, Massachusetts: Harvard University
Press, 1985, p. 190.

④ ［加］威尔·金里卡：《当代政治哲学》，刘莘译，上海三联书店 2004 年版，第 5 页。

⑤ 高景柱：《当代政治哲学视域中的平等理论》，天津人民出版社 2015 年版，第 4 页。

非一路坦途。恰好相反，罗尔斯提出的这种分配正义主张引发了学术界的诸多争论。不过，正是这些争论使得平等主义不断深入发展，其地位也愈加稳固。我们可就此将平等主义的发展历程分为三个阶段：第一阶段是平等主义初步形成的阶段，其间，罗尔斯以其"作为公平的正义"取代了功利主义的统治地位。第二、三阶段是平等主义的两个代表性争论阶段。其中，第二阶段是平等主义的外部争论阶段，主要涉及平等主义与自由至上主义的争论；第三阶段则是平等主义的内部争论阶段，其基本内容包括分配原则、分配范围及平等物之争。

（一）第一阶段：在颠覆功利主义统治地位的历程中确立最初形态

平等主义发展的第一阶段是其最初形态的确立时期。在这一阶段，罗尔斯在《正义论》中提出了"作为公平的正义"理论，并以此颠覆了功利主义的统治地位，确立了平等主义的最初形态。

在《正义论》中，罗尔斯紧紧抓住了功利主义忽视个人分立性的弊端，并对其做出了强有力的批评。在他看来，尽管功利主义同等考虑所有人的幸福，但其幸福最大化的追求却存在一个致命性缺陷——它不在人与人之间做出严格的区分，只关心最大限度地增加幸福的总量，而不管在达到这一目的的过程中有多少人的利益受到了损害。从根本上说，对个人利益的忽视是把个人理性选择原则扩展到社会选择的必然结果，"为了使这种扩展生效，就通过公平和同情的观察者的想象把所有的人合为一个人"。① 罗尔斯批驳指出，对于一个人来说，承受负担和获得利益的是同一主体，"每个在实现他自己利益的人都肯定会自动地根据他自己的所得来衡量他自己的所失。因此，我们就有可能在目前做出某种自我牺牲，以得到未来的较大利益"。② 但是，社会不是经历快乐与痛苦的实体，而是由一个个分立的个人所组成，其中一个人的快乐并不能补偿另一个人的痛苦。对此，罗尔斯借用康德"定言命

---

① ［美］约翰·罗尔斯：《正义论》，何怀宏、何包钢、廖申白译，中国社会科学出版社1988年版，第27页。

② 同上书，第23页。

令第二条原则"的理念，即"你永远不能仅仅把人当作工具，而同时要当作目的"①，指出功利主义追求所有人幸福总和最大化的目标，实际上就是把某些人当作其他人的手段来使用，这在道德上是错误的，也是不公正的。"如果我们承认调节任何事物的正确原则都依赖于那一事物的性质，承认存在着目标互异的众多个人是人类社会的一个特征，我们就不会期望社会选择的原则会是功利主义的。"②

在对功利主义做出有力批驳之后，罗尔斯又提出了体现其平等主义理念的反应得理论。在现实社会中，资源分配总是受到自然禀赋（即个人才干和能力）、社会环境及各种运气因素的强烈影响。他认为，这些都是道德上不应得的偶然因素，如果人们因之而获益或受损，那就是不正义的。相反，一种正义的分配就应把人的自然资质作为"共同资产"，用这些偶然因素来为最不幸者谋利，尽可能避免它们对个人生活的不当影响。由此出发，罗尔斯从关注个体的视角出发，提出了"作为公平的正义"的两个正义原则，即平等的基本自由原则、公平的机会平等原则和差别原则③，论证了两个正义原则尤其是差别原则优于功利主义分配原则的原因所在，即与功利主义为实现多数人利益而牺牲少数人利益的幸福最大化理念相比，两个正义原则能够缓减所有处境最差者因偶然因素所导致的劣势，并为其提供最低生活保障，因而比功利主义分配原则更具有正当性。基于此，罗尔斯将两个正义原则作为一个正义社会的实现标准。

这样，罗尔斯就以其"作为公平的正义"彻底颠覆了功利主义长达150多年的统治历史，从而确立了平等主义在政治哲学中的初始形态。

---

① ［德］伊曼努尔·康德：《道德形而上学原理》，苗力田译，上海人民出版社1986年版，第81页。"人是目的，而不仅仅是手段"，这一道德律令后来成为很多哲学家提出自己道德主张的基石。在当今世界，无论是赞同再分配的左翼学者，还是反对再分配的右翼学者，都在这一道德律令的基础上逐渐展开了自己的理论研究。

② ［美］约翰·罗尔斯：《正义论》，何怀宏、何包钢、廖申白译，中国社会科学出版社1988年版，第28页。

③ 同上书，第60—90页。

（二）第二阶段：平等主义与自由至上主义的外部争论

如果说罗尔斯"作为公平的正义"对功利主义的颠覆只是平等主义兴起的第一阶段，那么由《正义论》所引发的平等主义与自由至上主义的相关争论则将其又推进到了一个新的发展阶段。正是在这场争论中，包括罗尔斯本人在内的诸多学者都对自由至上主义做出了回应，凸显出了再分配的重要性，进而使平等主义的队伍得以扩大。

就在《正义论》出版后的第三年，罗尔斯哈佛大学的同事、右翼自由主义及保守主义的代表之一罗伯特·诺齐克推出了他的力作《无政府、国家与乌托邦》。在该书中，他对罗尔斯基于再分配的平等主义理论发起了猛烈的攻击。确切地说，诺齐克的攻击主要集中在差别原则（即一种不平等分配必须使处境最差者受益）上。在他看来，在社会经济领域强调再分配就会侵犯个人自由，因为再分配"只考虑接受者的利益，而没有考虑给予者的利益；只维护天赋较低者的利益，而没有维护天赋较高者的权益；只把处境最差者当作目的，而将处境更好者当作手段"。[①] 诺齐克所强调的自由指的是一种人的"自我所有权"，即个人对自己身体及劳动的所有权，而经济平等的实现是国家通过税收的再分配政策而强制执行的。因此，在他看来，再分配就相当于从才能高的人身上强行抢走其劳动所得，再将它们提供给才能低的人，其实质无异于强迫高才能者付出更多的劳动且剥夺其自由。在对正义的看法上，诺齐克竭力反对罗尔斯的再分配立场，认为只有自由才是一个正义社会的核心价值，过分强调再分配则会妨碍正义的实现。他的核心观点是：从道德的角度上讲，每个人都是其自身的合法所有者，只要不运用其能力去侵犯或损害他人，就应当拥有"随心所欲地运用这些能力的自由"[②]。由此出发，诺齐克以个人对自己生命及财产的自主权为基点，强调一种作为自由的权利即"权利在先"的理论，认为只要个人当下的财产在获

---

① 姚大志：《何谓正义：当代西方政治哲学研究》，人民出版社 2007 年版，第 83 页。

② ［英］G. A. 柯亨：《自我所有、自由和平等》，李朝晖译，东方出版社 2008 年版，第 81 页。

取途径上是正当的，他就对其财产拥有所有权，可以在市场中自愿交换或相互馈赠财产，任何机构或政府都无权以再分配的名义对其进行干涉。

理论的批判在学术界迅速激起了巨大波澜，引起了诸多平等主义者的关注。此后，包括罗尔斯在内的许多平等主义者都从不同角度直接或间接地对诺齐克的批评做出了回应。归纳起来，这些回应具有一个共同特征，即不赞同诺齐克对正义的理解和对自由的界定，通过赋予自由以不同于诺齐克的含义而阐明再分配不仅不会背离正义，反而有助于捍卫正义的价值。比如，德沃金认为，尽管实现正义就是要实现个人自由权，但实现个人自由权的意义在于保障每个人在资源分配时都能得到平等的尊重和关切，"只有当作为一个平等的人而被对待的权利时，个人对特定自由权才能够得到承认"。① 森也将正义视为个人自由的同等实现，但他把自由理解为每个人都应当拥有的实现自己所珍视的实质自由，如"享有充足的营养和保持健康、有能力阅读、写字、计算等"，② 认为想要充分实现人们的实质自由，就必须为其分配能够落实各自实质自由所需要的资源，比如为残疾人、孕妇、营养不良者分配更多的资源份额。因此，强调再分配非但没有干涉自由，反而可以更好地促进人们的实质自由。科恩则更为犀利地对诺齐克的批评进行了两个递进式的反击。一方面，他从外部视角指出了某些自由的消除恰恰有助于其他同类自由的促进，因为个人的私有财产权以排他性为前提，限制了某些人的自由恰恰有助于增加另一些人的同类自由。③ 另一方面，他又从内部视角批驳了诺齐克正义理论逻辑的不自洽性，因为诺齐克以权利界定自由就会陷入一种自由与权利之间的循环论证，即要知道一个人是否自由，

---

① [美] 罗纳德·德沃金：《认真对待权利》，信春鹰、吴玉章译，上海三联书店2008年版，第6页。

② [印] 阿马蒂亚·森：《以自由看待发展》，任赜、于真译，中国人民大学出版社2012年版，第56页。

③ G. A. Cohen, *Self - Ownership, Freedom and Equality*, Cambridge：Cambridge University Press, 1995, p.55.

就需要知道他的权利是什么，但诺齐克除了基于自由而界定的权利之外，根本没有对自由做出任何额外的解释。此外，罗尔斯本人虽未专门针对诺齐克的批评做出正面回应，但从其 2001 年出版的《作为公平的正义》中"自由和平等的人的理念"一文中的论述可以看出，罗尔斯力图以正义感和善观念两种道德能力来界定自由，表明在一个从事社会合作的正义社会中，赋予公民平等的自由就需要赋予其同等程度的正义感和善观念，这两种道德能力是保障公民充分进行社会合作的前提和基础。这就要求国家对社会资源做出再分配，因为只有再分配才能维持所有公民基本同等的生命存在和精神思考，并使其获得相应的正义感和善观念。由此，罗尔斯就通过对自由与再分配的有机结合为自己的平等主义正义理论做出了合理辩护。

通过对诺齐克批评的回应，平等主义者不仅有力地捍卫了平等的价值，而且还深化了对平等主义的理解。如果说罗尔斯《正义论》中体现的平等主义还只是一个模糊而不明确的倾向性概念，其内涵也只局限在差别原则对处境最差者再分配的不彻底性，那么通过这场平等主义与自由至上主义之间的争论，以及不同学者基于不同角度对诺齐克的直接和间接回应，作为一种分配正义主张的平等主义已得到政治哲学界多数学者的认同，其内涵也变得逐渐清晰和深化。

（三）第三阶段：分配原则、分配范围及平等物之争

平等主义发展的第三阶段是关于平等主义的内部争论阶段。在这一阶段，学者们都一致反对自由至上主义，主张对社会资源进行再分配，进而使不同个体之间实现一种大致相似的生活状态。不过，众学者虽然在再分配问题上达成了基本共识，但在对何为分配正义的具体看法上却争议颇多，争议的内容主要涉及分配原则、分配范围和待分配物（即平等物）三个方面。

在分配原则的问题上，学者们持有三种不同观点，即平等原则、优先原则和充足原则。其中，平等原则基于比较性视角而关注人们生活得同样好，其基本理念是消除非选择性劣势对个人生活的影响，认为如果人们因一些自己不能主宰的因素而过得比其他人差，这本身就是不正义

的。这种观点在分配正义领域居于主导地位，其持有者主要有德沃金、阿内逊、科恩等学者。在这些学者看来，一切由个人不能控制的非选择性因素所造成的不平等都是不正义的，国家应尽可能消除它们且对劣势者提供补偿。当然，如果一种不平等由个人的自主选择所导致，那么它就是正义的，国家应默认这种不平等的存在而不予补偿。

平等原则并没有在学者们中间达成完全一致的意见，它遭到了以德里克·帕菲特（Derek Parfit）为代表的一些学者的反对。帕菲特认为在资源有限的情况下，坚持平等会导致向下拉平（levelling down）现象的发生：如果不能使所有的人都过得同样好，那就需要拉低处境较好者的生活水平，直至他们和其他人处于一样的处境。在帕菲特看来，这种不使任何人的处境变好但会使一部分人处境更差的分配原则与人的道德直觉不符，因而不是一种可取的分配原则。为避免向下拉平问题，帕菲特提出了基于优先论的分配原则，优先原则不主张拿一个人的处境与其他人的处境做比较，而只关注人们的绝对处境，认为改善处境较差者的生活状况比实现平等更为紧迫也更为重要，所以应优先考虑前者的利益。①除了平等原则和优先原则，还有一种分配原则基于充足论，其代表人物是哈里·法兰克福（Harry Frankfurt）。法兰克福认为，就社会资源而言，"重要的不是每个人都应该拥有相同的，而是应该拥有足够的"。②如果所有人都拥有足够的资源，一些人是否比其他人得到的更多就不会产生严重的道德后果。此外，那些处境较差者未必比那些处境较好者的需求更为紧迫，因为从内涵上讲，紧迫性与重要性密切相关，满足个人无足轻重的需求或利益对其生活质量不会产生任何重大影响，因而那些需求或利益不能被认为是紧迫的，个人也没有理由因之获得那些本该属于真正紧迫性者要求的道德权利。与平等原则和优先原则都不同，充足

---

① 德里克·帕菲特，"平等与优先主义"，葛四友编译：《运气均等主义》，江苏人民出版社 2006 年版，第 197—214 页。或 Derek Parfit, *Ratio* (New Series), X₃ December 1997 0034—0006, pp. 202 – 221。

② Harry Frankfurt, "Equality as a Moral Ideal", *Ethics*, Vol. 98, No. 1, 1987, p. 21. 或葛四友编译：《运气均等主义》，江苏人民出版社 2006 年版，第 177 页。

原则的关键是确立一个充足的门槛，只要"在有人少于足够的情况下，没有人应该比足够的多"。① 总体看来，在分配原则的问题上，尽管优先原则和充足原则的倡导者都对平等原则提出了批评意见，同时也提出了各自的见解，但由于这些见解本身都存在许多无法澄清的问题，再加上平等原则的坚持者始终占据大多数，于是在分配领域，自从分配正义战胜自由至上主义之后就形成了以平等原则为基准的平等主义②居于分配正义轴心的宏大局面。

在平等主义占据分配正义轴心位置的同时，平等主义内部的另外两个主要争论即关于分配范围的争论和平等物的争论也悄然兴起。其中，关于分配范围的争论指的是：如果人们都赞同通过消除非选择性劣势的方式而实现平等，那么平等应在什么范围内实现，即谁与谁的平等。这一争论大体上包括个体与个体之间的平等及群体与群体之间的平等，前者涉及的内容有民族国家内部的正义和全球正义（global justice），后者涉及的内容主要是代际正义（intergenerational justice）问题。就个体与个体的平等而言，被当前学者讨论较多的是民族国家内部的正义。这种观点认为分配正义的对象只限于本国公民，不能被延伸到他国公民，因而不应将本国公民享受的福利待遇惠及他国公民。戴维·米勒（David Miller）认为，在当今时代，尽管全球化和多元文化主义对民族国家带来了冲击，但民族国家仍是践行正义原则的主要机构，因为民族国家中的国民之间相互团结信任，并且国家对于违规者能够实施强有力的惩罚手段，而这是任何世界性组织都不具备的条件。实际上，米勒的观点代表了大部分学者的想法，其他学者虽然没有明确亮出自己的观点，却也间接表达了类似的意思，比如罗尔斯认为正义原则只适用于一个封闭的

---

① 对于何谓充足，法兰克福认为，对"充足"概念的使用适合于满足一个标准，而不是达到极限。因此，说一个人有足够的钱并不是指这个人拥有的钱已经处于一个极限，超过这个数量必然不可欲，进而言之，充足并不意味着这个人拥有的钱的边际效用为零，而是说，他拥有的这些钱使他不再受拮据之苦。参见 Harry Frankfurt，"Equality as a Moral Ideal"，*Ethics*，Vol. 98，No. 1，1987，pp. 37 – 38。或葛四友编译：《运气均等主义》，江苏人民出版社 2006 年版，第 189 页。

② 若非特殊说明，下文将这种平等主义简称为平等主义。

社会基本结构；德沃金则直接指出政府必须尊重和关心它所统治的人民；等等。不过，另一些持有全球正义看法的学者不赞同这种观点，比如，涛慕斯·博格（Thomas Pogge）认为如果平等只适用于一国范围未免太过狭隘，因为这样一来，一些全球性的历史不正义问题就被无端地忽略掉了。博格指出，就导致一些国家贫穷落后的原因来说，除了本国自身的政治制度及文化因素以外，还有许多重要的国际因素和历史因素，比如现行的国际秩序存在缺陷，这些国际经济秩序和政治秩序往往都是由一些发达国家制定的，因而十分有利于发达国家而不利于落后国家，落后国家则因自身力量较弱，无法与之讨价还价，不得不接受这些不公平的秩序，这就使其自身处境变得更加糟糕。此外，落后国家的贫困与其过去所受的殖民统治密不可分，大都是由于过去的历史不正义因素所造成的。基于此，博格指出，富裕国家应对全球贫困现象负责，并采取积极行动来缓解这种状况。在解决不平等的方式上，他不主张建立一个国际性的组织机构，而是倡导建立国际新秩序，通过这种新秩序采取一种全球资源红利方案来调节国际不平等状况。①

就平等实现范围的争论来说，除了上文提到的个体与个体之间的平等之争，还有群体与群体之间的平等之争，比如代际正义的倡导者就不赞同将资源分配问题仅仅局限于当代人。如果说全球正义与国内正义的争论是基于一种共时性维度而展开的，那么关于代际正义的研究则可被视为基于一种历时性维度而展开。这种观点认为，随着科学技术的发展，人类社会已经取得了前所未有的进步，但伴随这种进步的却是生存环境的严重恶化，比如空气污染、水污染、全球变暖、水土流失等。如果不加控制地肆意妄为，后代人就难以得到很好的发展，甚至面临严重的生存问题。因此，我们不应仅仅关注当代人的生存和发展，还要关注

---

① 比如，一些资源丰富的国家开采本国资源时无论是自己使用还是销往他国，都需要为其开采的资源支付一定比例的红利。此外，全球资源红利的负担也需要资源消费者承担一部分，可通过消费税的形式来征收。这部分全球资源红利可被用于资助全球贫困人口，使之能在一定程度上接受教育、享受医疗保健，过上有尊严的生活。参见 Thomas W. Pogge，"An Egalitarian Law of Peoples"，*Philosophy & Public Affairs*，Vol. 23，No. 3，1994，p. 201。

子孙后代的生存和发展问题。实际上，罗尔斯在《正义论》第二编第五章中就曾谈及代际正义的相关问题，以简·英格里希（Jane English）为代表的相关学者又基于对罗尔斯代际正义理论的批评而深化了这一理论。在《正义论》中，罗尔斯认为"正义的储存原则"是代际正义的主要原则，并通过契约论来证成这一原则：处于原初状态的人们既不知道他们在现实生活中属于哪一世代、处于社会文明的哪一阶段，也没有办法弄清楚他们自己在这一世代是贫穷的还是相对富裕的，是以农业为主还是已经工业化了，等等。然而，无论他们身处于哪个世代，都必须在这些正义的储存原则所导致的结果下生活。① 英格里希不赞同罗尔斯对代际正义的契约论论证模式，她认为罗尔斯的论证只是基于一种"当下时间"模式来论证人们的狭隘选择动机，即从"当代人"的立场出发来解释人们的选择动机。在这种论证模式下，处于原初状态中的立约者仅仅关心自己的直系后代，因而都会选择短期储存原则。如果放弃这种"当下时间"的论证模式的话，立约者就会来自各个世代，他们就既可能选择短期储存原则，也可能选择长期储存原则。② 罗尔斯在一定程度上接受了英格里希的批评，并在后来出版的《政治自由主义》中对正义储存原则的论证方式做出了一定程度的修正。③

　　至此，我们已经大致了解了平等主义发展的第三个阶段即内部争论阶段的大部分内容，比如分配原则之争和分配范围之争。除此之外，还有一个十分重要的内部争论是关于何为平等物的纷争。何为平等物是平等主义乃至当代西方政治哲学中受到普遍关注和影响深远的论题，其要旨在于探究如果人们都信奉一种基于分配正义主张的平等主义理论，那么应追求什么方面的平等。对此，我们可以借用德沃金在其代表作《至上的美德——

---

① ［美］约翰·罗尔斯：《正义论》，何怀宏、何包钢、廖申白译，中国社会科学出版社1988年版，第288页。

② Jane English，"Justice between Generations"，Chandran Kukathas ed.，*Rawls：Critical Assessments of Leading Political Philosophers*，Vol. 2，London and New York：Routledge Press，2003，pp. 355 – 360.

③ ［美］约翰·罗尔斯：《政治自由主义》，万俊人译，译林出版社2000年版，第209页。

平等的理论与实践》中所举的一个例子来形象而又简单地描述这一问题：有一个富翁临终前为他的五个孩子分配遗产，其中一个是盲人，一个是喜欢购买奢侈品的花花公子，一个立志成为伟大的政治家，还有一个是需求极少的诗人，最后一个是需要购买昂贵材料从事创作的雕塑家。这个富翁想要在孩子们中间平等地分配自己的财产，但是他应该遵循什么样的分配尺度呢？如果追求幸福平等，他就会考虑这些孩子们的幸福差距而不会留给他们相同份额的财产；如果追求资源平等，他就在假定孩子们已经拥有大致相同财产的情况下平均分配财产；等等。当然，这只是一个用以描述平等物问题的形象事例，不足以囊括和诠释所有的平等物理论。但由此不难看出的一点是：从不同的视角出发就会得出不同的分配尺度，也会产生不同的平等物理论。那么，究竟哪种分配尺度更能够体现平等呢？或者说什么样的主张才能够担当起平等物的重任？在这一问题上，众学者始终纷争不断。总体看来，最具代表性而又产生重大影响的平等物理论集中于五种基本类型，它们分别是：罗尔斯的基本益品平等、德沃金的资源平等、阿内逊的幸福机会平等、森的可行能力平等、科恩的优势获取平等。对于这五种平等物理论，笔者将在导论第二部分及后面几个章节中分别阐述。

综上所述，平等主义大致经历了三个发展阶段，即平等主义的初步确立阶段、平等主义与自由至上主义的外部争论阶段以及平等主义的内部争论阶段。通过这三个阶段的发展，平等主义的内容逐渐丰富和充实，进而发展成为一种在当代西方政治哲学中居于主导地位的理论思潮。在平等主义发展的这三个阶段中，本书所关注的平等物问题及其相关理论处于第三个阶段，是诸多内部争论中的一个聚焦点。

三 平等主义的基本特征

尽管学者们对平等主义的看法各异，纷争颇多，但若穿透这些纷争的迷雾，我们仍不难发现其中的一些共同点。总体看来，平等主义具有两大基本特征：分配正义和平等待人。

（一）平等主义是一种分配正义的理论

对于平等主义，人们可能存有许多不同的理解，也可能会将所有涉及平等的内容都囊括其中，但实际上这是对平等主义的一种误解，因为平等主义并非包罗万象，也并非关注所有方面的平等。平等主义所聚焦的内容，既不是法律面前人人平等，也不是政治权力的平等。毋宁说，平等主义的一个基本特征是聚焦于分配正义，对那些应当引起道德关注的、涉及资源分配的不同个体的生活状况（即因自然或社会的非选择性因素而不是个人自身因素所导致的不平等生活）予以同等考量。

法律面前人人平等指的是每个人及每个组织都要服从相同的法律规则，没有任何人或任何组织享有特殊的法律权利。这虽然是一种关注平等的规范性主张，但不涉及资源分配。政治权力的平等指的是所有公民都拥有同样的权利参与政府活动并管理国家，其内容十分复杂，不仅包括官员的选举、产生方式、权力分配及任期，而且还包括民众的参政议政，等等。其中，一种通过投票来选择或反对政府官员任职的特殊主张是"每人一票"。虽说这也是一个关注平等的规范性主张，但它也不涉及资源分配。除此之外，不将政治权力纳入到平等主义考虑范围的另一个主要原因是，尽管政治权力有时也可能影响到个人资源分配，比如在对如何改善空气质量问题做出的公共决策中，有权力的人就比没有权力的人更有决策力，但这种因政治权力而获得的资源支配权只是政治统治的派生物，它与社会成员作为平等者而被赋予的资源份额不是一个层面的问题。故此，为了使所讨论的问题更加集中，更具有针对性，自罗尔斯之后的平等主义者就"把包括支配公共资源的权利平等在内的政治权力的平等，当作一个不同的问题留到另一个场合进行讨论"①。

平等主义所聚焦的平等主要体现在对人们总体生活状况的关注上，是对个体之间生活状况是否平等的一种判定，旨在探究应当如何分配这些社会资源才能使人们的生活质量实现平等，因而必然涉及对社会资源的分配。不过，仍需引起高度重视的是，平等主义还不同于我们通常所讲的平均主义，前者强调的分配以正义为基础，持有的是一种基于正义

---

① ［美］罗纳德·德沃金：《至上的美德——平等的理论与实践》，冯克利译，江苏人民出版社 2007 年第 2 版，第 61 页。

的平等分配理念。而平均主义虽然也涉及对社会资源的分配问题，但它无视个人的实际情况而一味强调分配结果的平均化，即每人一份，其直接结果就是导致干与不干一个样、干多干少一个样的大锅饭恶果。平均主义的分配理念严重背离了人的道德直觉，必将造成懒惰者和勤劳者不同工却同酬的非正义局面。相比之下，平等主义所意指的分配理念并不要求所有人都拥有相同资源份额的结果平等，它允许一些不平等的存在，只要这些不平等是正义的。也就是说，只要这些不平等是因个人选择或自身过失而不是由个人不能控制的、社会或自然的偶然因素所导致的，平等主义者就将它们视为正义的，因而也会默许它们的存在。

从根本上说，平等主义所聚焦的是一种经济平等，即被罗纳德·德沃金称作"某种形式的物质平等"以及被理查德·阿内逊和杰里米·莫斯（Jeremy Moss）称作"条件平等"① 的平等图谱，它的一个重要特征就是关注分配正义，即在资源分配问题上对每个人的生活状况都予以同等考虑或同等重视。

（二）平等主义是一种平等待人的理论

平等待人是平等主义取代功利主义的主要思想武器，也是其占据政治哲学主导地位的重要原因。正因为如此，尽管不同的平等主义者对平等待人的解读各不相同，但他们都认同平等待人理念并将其作为平等主义的一个基本特征。

平等待人的理念与康德实践理性的根本理念密切相关。康德把每个人都视为自律的道德主体，提出了"人是目的而不仅仅是手段"的著名论断。这里，康德所讲的"人"并不是一个集合名词，而是指每一个作为个体存在的人，因此，他所提出的"把每个人都当作目的"的实践理性观念就蕴含着平等对待每一个人的意思。平等主义者正是借鉴了康德的这一理念才逐步引申出平等待人的基本要义，平等待人也因之

---

① ［美］理查德·阿内逊：《平等》，载［美］罗伯特·L. 西蒙《社会政治哲学》，陈喜贵译，中国人民大学出版社 2009 年版，第 98—100 页。以及 Jeremy Moss, *Reassessing Egalitarianism*, London：Palgrave Macmillan, 2014, p. 5。

成为所有平等主义者的共识。正如托马斯·内格尔（Thomas Nagel）所
说，尽管平等主义者之间争论不断，但其焦点并不在于人们是否应被平
等对待，而在于其应当如何被平等对待，因为"在一个足够抽象的水平
上，所有人的道德要求都是一样的，但是对这些要求是什么的看法却各
不相同"①。德沃金对平等待人的解读也十分有助于我们理解平等主义
者在这一问题上的共识，他将平等待人进一步精确化为每个人都应当享
有的权利，即受到平等关切及尊重的权利。在当今这个善观念多元化的
现代社会，受到平等关切及尊重的权利要求国家赋予所有人的善观念以
同等程度的重视而不做出孰优孰劣的区分。因此，在资源分配问题上，
国家所应关注的只是对持有不同善观念及合理生活计划的公民赋予同等
程度的关照。换言之，国家只有对各种不同的完备性善观念及其对应的
生活计划保持中立，而不是支持或反对某种特殊的善观念，才能真正做
到平等待人。

可见，尽管不同的平等主义者对何为平等待人存在种种不同的理
解，但他们均认同平等待人的基本特征，并将由此体现的使所有公民都
"享有平等的关切和尊重"的权利，视为一切平等主义理论不言自明的
逻辑前提。

第二节 平等物问题在平等主义中的凸显

随着平等主义的发展，平等物问题的重要性日益凸显，平等主义者
对这一问题的研究和讨论也越来越深入。

一 平等物问题的重要性

平等物问题是平等主义中一个十分重要的问题。这一问题最早由森
在 1979 年提交给坛纳讲座中的论文《什么的平等?》一文中提出，因

---

① ［美］托马斯·内格尔:《人的问题》，万以译，上海译文出版社 2014 年版，第 111
页。

此，人们通常也用"什么的平等"来指代平等物问题。这一问题之所以重要，不仅因为它是任何一个平等主义者都无法回避的问题，而且还因为其本身就是平等主义的一个重要组成部分。正因为如此，继《正义论》之后，罗尔斯等西方诸多平等主义者都对这一问题展开了深入而系统的研究。

（一）平等物概念的产生

实际上，平等物概念的源头可追溯到森在1979年坛纳讲座上提交的会议论文《什么的平等?》。那么，森所提出的"什么的平等"究竟是一个什么样的问题呢？它与平等物概念之间又存在怎样的关联呢？下文将对森所提出的"什么的平等"做一个简单考察，同时阐明平等物概念的产生。

森提出"什么的平等"的问题基于这样一个研究背景。我们已经知道，当代西方政治哲学都共享着一种宽泛的"平等主义共识"，这种共识不仅体现于平等主义者罗尔斯主张的基本益品平等、德沃金主张的资源平等，而且还体现于自由至上主义的代表人物诺齐克主张的"自由权的平等——即任何人都不应该拥有比其他人更多的自由权"①，以及功利主义在考量个体效用价值时坚持的"对每个人的效用所得都应予以同等看待"② 的基本信条。基于此，森总结说，无论是赞同平等主义，还是反对平等主义，人们实际上都无一例外地诉诸某一方面的平等。不管平等的最终诉求对象是什么，这些政治哲学主张都可被归结为对道德平等的某种依托，都在一定程度上契合了平等待人的特征。因此，坚持某一方面的平等已成为当代西方政治哲学诸多思想的共通之处。

尽管森当时提出的"什么的平等"只是基于对平等概念的抽象理解，与我们后来基于分配正义而理解的"什么的平等"或平等物问题还存在差别，但正是森所提出的这个令人耳目一新的问题，才将平等主

① ［印］阿马蒂亚·森：《论经济不平等、不平等之再考察》，王文利、于占杰译，社会科学文献出版社2008年版，第234页。

② 同上。

义者的注意力引向了一个不同于以往研究的全新思维范式。继森提出这一问题之后，大部分平等主义者对平等价值的捍卫都不再简单地诉诸道德意义上的"为什么要平等"，而是转向了对"什么东西应该被平等分配"的具体探究。

如果说平等主义者都赞同一种基于分配正义的平等理念，那么这种平等究竟应该落实在个人生活的什么方面呢？受最初森所提出"什么的平等"的启发，德沃金、科恩等学者又对这一问题做出了深度思考。他们意识到，只有将这一问题限定于分配正义领域，所研究的内容才能被称为一种实质平等理论，才能使平等主义实至名归。否则的话，平等主义只能停留于抽象的道德平等层面而无法得到深入研究。于是，德沃金在其1981年发表的论文《什么是平等？》①中将功利主义和自由至上主义等不涉及分配正义的理论主张从"什么的平等"之中剔除出去。至此，"什么的平等"这一问题的讨论域就经德沃金的严格修正而被限定于一种分配正义的理论框架内。1989年，这一定位又被科恩在《论平等主义正义的通货》（*On the Currency of Egalitarianism Justice*）②一文中进一步命名为"平等物"。

由此看来，即便由森提出的"什么的平等"并非我们后来基于分配正义所谈论的"什么的平等"或平等物概念，后者的范围更小，内容也更具体，但就平等物概念的产生来讲，森所提出的"什么的平等"无疑与其密不可分，并足以构成其产生的母体。

（二）平等物问题是平等主义者无法回避的问题

平等主义的根本理念是平等待人，那么何为平等待人？怎样才能做

---

①　这篇论文的全名是《什么是平等？第一部分：幸福平等》。德沃金论文中指出，尽管对"什么的平等"的讨论可从多个方面展开，但他只讨论这个问题的一个方面，即基于分配正义层面的"分配平等的问题"，因为分配正义就意味着在资源分配上能够平等待人，即他本人所讲的把人当作平等者看待。这样一来，德沃金就把对"什么的平等"的讨论范围限定于分配正义领域，排除了对功利主义和自由至上主义的考察。

②　葛四友教授在其编译的《运气均等主义》一书中，将 egalitarianism 这个词翻译为"均等主义"，笔者不赞同这种译法，因为均等主义一词有"平均主义"之嫌。相比之下，笔者认为将其译作"运气平等主义"更为贴切。

到平等待人？这并不是一个一目了然的问题，因为平等本身就是一个极具争议的概念，褒贬它的人对其赞扬或贬低的平等含义存有并不一致的看法。如果人们不想再为此所烦扰，就不得不脱开对平等主义抽象平等无止境和无意义的纷争，转而去追问一个具有实质性意义的问题：一个致力于实现分配正义的平等社会应该使平等体现在哪些方面？是使公民拥有同等份额的财富？还是满足其从生活中获得的同等满足感？抑或是其他？可以说，只有进行这种追问，才会真正触及平等主义的核心地带，因为使各方面都实现平等是不可能的事情，对平等主义的探究总要以某一方面的平等为前提，如果使人们在一方面变得平等（或较为平等），那么随之而来的就是其他方面的不平等（或更不平等）。

对于一个提出某种平等主义理论的学者来说，只有言明自己坚持的是哪种平等物理论，才能表明其所坚持的平等主义是否有价值。正因为如此，当代西方平等主义者都不惜在平等物问题上泼墨如水。将平等奉为"至上的美德"的著名学者德沃金更是指出，"平等主义者必须确定他们所寻求的平等是资源平等还是幸福平等，或者是两者的结合，抑或是某种完全不同的东西，以便言之成理地证明平等是完全值得坚持的"。① 也就是说，一个学者只有对平等物问题做出回答，才能更有力地证明其主张的平等主义是有价值和有意义的。同理，对于一个研究者来说，要想从根本上了解某一学者所研究的平等主义是什么，无须从语言学上或概念上对其进行界定，但必须弄明白他所坚持的平等物是什么。也就是说，要想真正理解一种平等主义的实质、内容以及要求，就必须从平等物这个核心问题入手。正如森所言，"真正区别这些不同的理论，就要看他们对'什么要平等'这个问题的各自不同回答"②。由此不难看出，不同的平等物理论代表了不同的平等主义观点，同时也代表了持有这种平等主义理念的人对于一个正义社会应有样态的不同构

---

① Dworkin, *Sovereign Virtue*: *The Theory and Practice of Equality*, Cambridge, Masschusetts: Harvard University Press, 2000, p. 13.

② ［印］阿马蒂亚·森：《论经济不平等、不平等之再考察》，王文利、于占杰译，社会科学文献出版社 2008 年版，第 339 页。

想。可见，平等物问题不仅是任何平等主义理论的提出者必须回答的核心问题，而且也是其研究者难以回避的重要问题。平等物问题研究不仅是捍卫某种平等主义自身理论的最重要依据，而且也是批驳其他平等主义理论的有力思想武器。进而言之，只要涉足平等主义，对平等物问题的深入研究和持续探讨就必定成为一道无法绕开的门槛。

（三）平等物问题是平等主义的重要组成部分

尽管不同学者对平等主义的理解不同，比如罗尔斯提出了内含激励机制的平等主义、科恩提出了社会主义平等主义，但他们都拥有一个基本共识，即平等主义所意指的平等是一种分配正义意义上的平等。平等主义可分为四个组成部分：分配机构、分配范围、分配原则和平等物（即待分配物）。从这四部分内容的构成来看，平等物是联结分配机构和分配范围的必要环节，同时也是贯彻分配原则的重要途径。即使我们清楚分配机构是国家，分配范围是本国所有公民，所实施的分配原则是平等原则的情况下，若是不对平等物问题做出说明，对平等主义的理解也会变得零落而不成体系，因为尽管分配机构、分配范围和分配原则的相关内容也很重要，但它们都需要以平等物作为桥梁去贯通。如果不用平等物将它们关联起来，它们至多只能作为一些构成平等主义的零散部件，至于分配机构和分配范围之间存在一种什么样的关联则是不清楚的，国家应在什么方面对其公民落实平等原则更是不得而知。可见，只有对平等物问题进行研究，平等主义才能够作为一个有机整体而得到清晰的阐述和剖析，倘若缺乏对这一问题的恰当思考，它就丧失了完整性。

此外，从平等主义各部分的研究状况来看，尽管人们对分配范围及分配原则的看法存在一些争议，比如，在分配范围的问题上，有国内正义与全球正义之争；在分配原则的问题上，有平等、优先与充足之争；等等。但总体看来，平等主义者们对分配机构、范围、原则这三部分内容的争论都不算很大。进一步说，即使学者们在这些内容上存在某些不同意见，争论各方的力量对比也较为悬殊（大部分学者都认同以国家作为实施分配的机构、将本国公民圈定为分配范围，并且视平等原则为分配原则），因而我们可以就此认为，学术界在这三个问题上已达成了大体一致的意见。与平等主义的上述其他组成部分不同，学者们在对"什么东西要被平等分配"这个关键问题的看法上几乎找不到重样的答案，这就使得平等物问题成为平等主义之中争议最大、也最为核心的问题。进而言之，只有对平等物问题进行深入探讨，平等主义研究才能够言之有物。如果对平等物问题避而不谈，平等主义就会变得空洞无物，极易遭受"平等徒具躯壳而没有它自己的实质内容"的指摘①。可见，不阐明平等物问题而直接诉求于平等主义本身的研究是毫无意义的。反之，一旦对平等物问题进行深入思考，平等主义就可能成为一种极其有力的理论主张。故此，尽管众学者对平等物问题的看法存在诸多争议，但恰恰是这些争议促使人们对平等主义的理解逐渐深化。也正因为如此，平等物问题受到了诸多平等主义者的一致关注。尼尔斯·赫尔塔哥（Nils Holtug）和卡斯帕·利普特·拉斯姆斯（Kasper Lippert - Rasmussen）曾在《平等主义——关于平等的实质及其价值的最新论文》一书的导言中更是明确指出："一个充分发展的平等主义理论需要详细阐明有待平等分配的东西（即平等物，笔者注）是什么。"②

二 "平等物""通货"和"尺度"

科恩在其《论平等主义正义的通货》的论文中将"什么的平等"命名为平等物（equalisandum）问题时，有时也以这篇论文标题中的"平等主义正义的通货"来指代平等物。后来，一些西方学者干脆将这个术语简称为"通货"或"平等的通货"（currency of equality）③，另一

---

① Westen, "The Empty Idea of Equality", *Harvard Law Review*, Vol. 95, No. 3, 1982, p. 95.

② Nils Holtug & Kasper Lippert - Rasmussen, ed., *Egalitarianism: New Essays on the Nature and Value of Equality*, Oxford: Clarendon Press, 2006, p. 2.

③ ［英］克里斯托弗·伍达德：《平等主义》，李淑英译，《国外理论动态》2012 年第 5 期。

些学者则以"平等的尺度"（metric of equality）[1]来意指平等物。这些平等主义者之所以用不同的概念来表达同一个内容，主要是因为这些概念之间虽然具有不同的名称，但拥有十分相似的含义。

首先，从概念内涵上看，由科恩所命名的平等物指的是应被平等化的东西。在《论平等主义正义的通货》中，科恩在将分配正义中的"什么的平等"精确地命名为平等物问题时指出："对于平等主义而言，个人状况的哪些方面应该以根本的方式加以计算，而不仅仅作为他们视为根本东西的原因、证据或替代物。"[2] 换言之，"正义要求人们具有同等数量的某种东西，但并不是所有的东西，而只能是在任何程度上都被同分配平等相竞争的那些东西所允许的。在走向更大的平等过程中，当其他价值的代价不可容忍时，应该使人们在哪个（些）方面或维度上尽可能地平等"。[3] 这就意味着，平等物问题研究的根本目的就在于，确定分配正义要求人们拥有同等数量的什么东西，即什么东西应该被"平等化"。[4]

其次，从词源分析上看，equalisandum、currency 和 metric 这三个概念具有极大的相似性。equalisandum 是科恩自创的一个语词，尽管我们在任何词典中都无法直接查到这个概念，但实际上，只要根据构词法稍加分析，仍可以把握其确切含义。equalisandum 由 equality 及一个后缀 sandum 两部分组成，equality 的含义是平等，sandum 是一个后缀，指的是以一个统一的标准而使某物被……化。因而，通过 equality 及其后缀的结合，equalisandum 就自然而然地可被理解为被平等化的东西。currency 原本指的是一国通用的货币类型，可被引申为作为一种流通的交换媒介或通货。这样，the currency of egalitarianism justice（平等主义正义的通货）表示的含义就是：在平等主义领域，可以正当地通兑其他一

---

[1] Jeremy Moss, *Reassessing Egalitarianism*, London: Palgrave Macmillan, 2014, p. 5.

[2] ［英］G. A. 柯恩:《论均等主义正义的通货》，载葛四友《运气均等主义》，江苏人民出版社 2006 年版，第 111 页。

[3] 同上。

[4] 同上。

切东西（如幸福感、收入和财富、生活水平等）的通货。最后一个概念 metric 原指国际通用的计量制，又名米制（metric system）。它包括三种度量单位：重量单位为千克（kg），长度单位为米（M），容量单位为升（L），其特点是单位的选取有可靠标准，各基本单位之间采取十进位制的密切关系，换算方便。后来 metric 被引申为度量标准或通用尺度，表示用以度量其他一切东西的通用标准。① 因此，平等的尺度（metric of equality）就足以表示度量幸福感、收入和财富、生活水平等其他一切东西的、最能体现平等的通用标准。

由此可见，equalisandum、currency 和 metric 这三个词之所以经常被平等主义者用来指称同一个事物，是因为它们在内涵上具有某种相似性，即都指代了某种可以通兑其他一切东西的等价物。

三 关于平等物问题的五种代表性理论

尽管许多西方学者都参与了对平等物问题的讨论和研究，但他们对这一问题的看法众说纷纭，各执一词，始终未能达成一致意见。其中，最具有代表性且产生重大影响的平等物理论有五种，这里略述其基本内容如下：

（一）罗尔斯主张的基本益品平等

罗尔斯所讲的基本益品包括自由和权利、机会、收入和财富，等等。在罗尔斯看来，基本益品具有客观性和普适性，不仅能克服幸福尺度的主观任意性缺陷，而且还是每个人实现自身欲求生活方式的通用手段。罗尔斯据此宣称说，以基本益品来体现平等最适宜不过。进而言之，无论人们的最终目标是什么，只要实现了基本益品平等，就可以按照自己意愿的方式去生活。

（二）德沃金主张的资源平等

在平等物问题上，德沃金与罗尔斯一样坚持一种资源主义立场。但与罗尔斯不同的是，德沃金主张扩大平等物的范围，他所讲的资源，是

---

① 参见 http://baike.so.com/doc/6882914—7100404.html。

一种宽泛意义上的资源，不仅包括罗尔斯所讲的外在于人的基本益品，而且也包括被罗尔斯所忽略的内在于人的能力、天赋等。与此同时，德沃金又将运气和责任引入其平等物理论之中。他通过对原生运气和选项运气的区分，来辨识一种不平等的正义性和非正义性（即由选项运气产生的不平等是正义的，但由原生运气产生的不平等是非正义的），进而论述了个人状况与其所做选择之间的关联性，要求个人为其源于选项运气而非原生运气的不平等负责。

（三）阿内逊主张的幸福机会平等

阿内逊在其代表作《平等与幸福机会平等》一文中指出，尽管幸福尺度具有主观任意性和忽视个人责任的缺陷，但这些缺陷可以通过某些修正而被克服。由此出发，阿内逊在对幸福含义做出了严格限定的基础上，将实现幸福的机会视作平等物。在他看来，幸福机会平等实现了两个突破：一方面通过将幸福的含义限定于虚拟合理偏好，规避了主观任意性的缺陷；另一方面以有效等价的决策树作为实现机会平等的路径，既克服了幸福平等忽视个人责任的缺陷，又较之资源主义平等物理论对个人应负责任和不应负责任的不平等做出了更为准确的区分。

（四）森主张的可行能力平等

森认为平等物问题的重要性源于人际相异性，比如不同的人在性别、年龄、免疫力、自然环境等方面的差异，因而平等物问题研究既不应停留在资源上，也不应驻足于幸福上，而应集中关注个人过上其所欲求的生活的可行能力。他在《什么的平等》等论文以及《正义的理念》《以自由看待发展》《论经济不平等》《不平等之再考察》等著作中不同程度地批判了幸福平等、罗尔斯的基本益品平等以及德沃金的资源平等无视人际相异性的弊端，在此基础上提出了把可行能力作为平等物的理论。森的平等物理论经历了一个形成和发展的时期，他最初在《什么的平等？》一文中提出的是基本能力平等，而后来又将其修正为实现功能的可行能力平等。在森看来，无论是最初对基本能力的关注还是其思想后期对实现功能的可行能力的关注，可行能力平等都无疑要优于其他平等物理论，究其原因就在于这一理论立足于人际相异性，既不关注人们拥有多少益品存量，也不关注人们从益品中获得了多少幸福感，而是集中关注介于益品和幸福感之间的个人状态。

（五）科恩主张的优势获取平等

在《论平等主义正义的通货》一文中，科恩基于对德沃金资源平等所做出的内部批评，明确提出了平等主义的目标是消除非自愿的劣势（即包括资源、幸福在内的个人不能负责的所有劣势）。在此基础上，科恩通过对"优势"和"获取"两个概念的阐释和分析比较，表明他本人提出的优势获取平等是对平等主义目标的正确解读，进而指出这一平等物理论不仅在定位上超越了罗尔斯、德沃金和阿内逊的平等物理论，而且还在表述上超越了森的可行能力平等理论。在此之后，科恩又吸纳了特里·L. 普莱斯（Terry L. Price）的思想理念，对优势获取平等中个人不能负责的劣势做出了一定程度的修正，将个人经过深思熟虑所选择的昂贵嗜好也纳入其中，从而使其平等物理论的内涵更为深刻。

综上所述，这五位学者的不同平等物理论，使得平等物问题研究在平等主义领域中的阵容颇为壮观，并由此引发了一场持续至今的、关于平等物问题的研究热潮。

第三节　写作目的、基本结构和研究方法

尽管当代西方平等物问题研究是平等主义研究中的一个十分重要的问题，但由于国内学者起步较晚，对这一问题的研究仅限于个别学者的个别观点及其比较，并且相关研究也不够深入和系统。为此，本书拟通过五个章节、采用三种研究方法，对当代西方平等物理论进行较为深入系统全面的研究。

一　文献评估及写作目的

在何为平等物这个当代西方政治哲学中的重要问题上，西方许多著名学者都表达了自己的看法，而且成果颇丰。

对罗尔斯平等物理论的研究集中于一些期刊论文或论文集中，主要

有：（1）艾迪娜·施瓦兹（Adina Schwartz）于 1973 年发表在《伦理学》（*Ethics*）的期刊论文"Moral Neutrality and Primary Goods"；（2）莫里斯·萨勒斯（Maurice Salles）等人于 2007 年编著的论文集 *Justice, Political Liberalism, and Utilitarianism：Themes from Harsanyi and Rawls*，等等。

对德沃金平等物理论的研究集中于：（1）德沃金本人于 2000 年出版的著作 *Sovereignvirtue：the Theory and Practice of Equality*、2003 年发表在《哲学与公共事务》（*Philosophy & Public Affairs*）第 31 卷的期刊论文"Equality, Luck and Hierarchy"；（2）安德鲁·威廉姆斯（Andrew Williams）于 2002 年发表在《伦理学》第 113 卷的期刊论文"Dworkin on Capability"；（3）德沃金于 2004 年主编的论文集 *Dworkin and His Critics：With Replies by Dworkin*；（4）罗兰·皮耶里克（Ronald Pierik）、英格丽德·罗宾斯（Ingrid Robeyns）于 2007 年发表在《政治研究》（*Political Studies*）第 55 卷的期刊论文"Resources versus Capabilities：Social Endowments in Egalitarian Theory"，等等。

对阿内逊平等物理论的研究集中于：（1）阿内逊本人于 1989 年发表在《哲学研究》（*Philosophical Studies*）的期刊论文"Equal Opportunity Equality and Welfare"、1990 年发表在《哲学与公共事务》第 19 卷的期刊论文"Liberalism, Distributive Subjectivism, and Equal Opportunity for Welfare"以及 1999 年发表在《政治哲学研究杂志》（*Journal of Political Philosophy*）第 7 卷的期刊论文"Debate：Equality of Opportunity for Welfare Defended and Recanted"；（2）卡斯帕·利普特－拉斯姆斯（*Kasper Lippert - Rasmussen*）于 1999 年发表在《政治哲学杂志》（*The Journal of Political Philosophy*）第 7 卷的期刊论文"Debate：Arneson on Equality of Opportunity for Welfare"、2001 年发表在《伦理学》第 111 卷的期刊论文"Egalitarianism、Option Luck and Responsibility"，等等；（3）G. A. 科恩于 1989 年发表在《伦理学》第 99 卷的期刊论文"On the Currency of Egalitarian Justice"，等等。

对森的平等物理论的研究主要集中于：（1）森本人于 1979 年在坛

纳讲座中提交的会议论文 "Equality of What?"、1993 年出版的专著 *Inequality Reexamined*、2009 年出版的 *The Idea of Justice*、发表在《哲学与公共事务》第 19 卷的期刊论文 "Justice：Means versus Freedoms" 等；（2）玛莎·努斯鲍姆（Martha Nussbaum）于 2006 年出版的专著 *Frontiers of Justice：Disability，Nationality，Species Membership*；（3）亚历山大·考夫曼（Alexander Kaufman）于 2011 年出版的专著 *Creating Capabilities*；（4）科恩于 1993 年发表在《经济与政治周刊》（*Economic and Political Weekly*）第 28 卷的期刊论文 "Amartya Sen's Unequal World"，等等。

对科恩平等物理论的研究主要集中于：（1）科恩本人于 1989 年发表在《伦理学》第 99 卷的期刊论文 "On the Currency of Egalitarian Justice"、2004 年被德沃金编著的论文集 *Dworkin and His Critics：With Replies by Dworkin* 收录的论文 "Expensive Taste Rides Again"；（2）埃里克·拉科斯基（Eric Rakowski）于 1993 年出版的专著 *Equal Justice*；（3）特里·L. 普莱斯于 1999 年发表在《美国哲学季刊》（*The Journal of American Philosophy*）第 36 卷的期刊论文 "Egalitarian Justice，Luck，and the Costs of Chosen Ends"；（4）考夫曼（Alexander Kaufman）于 2015 年出版的论文集 *Distributive Justice and Access to Advantage：G. A. Cohen's Egalitarianism*。

此外，进行整体性研究的文章和著作主要有：（1）科恩于 1990 年发表在《鲁汶经济评论》（*Louvain Economic Review*）第 56 期的期刊论文 "Equality of What? On Welfare，Goods，and Capabilities"，文中对罗尔斯、森及科恩本人在平等物问题上的不同主张及其相互关联做出了简明而恰当的比较；（2）杰里米·莫斯于 2014 年出版的专著 *Reassessing Egalitarianism* 一书，书中涉及对罗尔斯、德沃金及森三位学者平等物理论的简要阐述与剖析。此外，进行整体性研究的论文集主要有：（1）科林·法雷利（Colin Farrelly）于 2004 年主编的论文集 *Contemporary Political Theory：A Reader*；（2）哈利·布里格豪斯（Harry Brighouse）和英格丽德·罗宾斯（*Ingrid Robeyns*）在 2005 年出版的论文集 *Messur-*

ing Justice—Primary Goods and Capabilities；（3）迈克尔·奥特苏卡（Michael Otsuka）于 2011 年整理编辑的科恩论文集 *On the Currency of Egalitarian Justice, and Other Essays in Political Philosophy*，等等。

　　虽然自罗尔斯 1971 年复兴了政治哲学之后，西方诸多学者都渐次展开了对平等物问题的研究，并且已经取得了丰硕的成果，但国内学者对这一问题了解甚少。直到 21 世纪以后，国内学者才对平等物问题有所接触，并且他们由这一视角所展开的阐述大都限于对国外部分文献的译介及简单比较①，缺乏对以往文献的全面把握和对最新文献的及时跟进。此外，由于西方主要平等主义者对平等物问题的研究和争论一直持续不断，目前许多最新成果尚未被译成中文，这又为深入探究平等物问

---

　　①　就目前对当代西方五类最具代表性的平等物理论（罗尔斯的基本益品平等、德沃金的资源平等、阿内逊的幸福机会平等、森的可行能力平等和科恩的优势获取平等）的搜索结果来看，仅能发现一些讨论基本益品理论本身的期刊文献，比如：姚大志教授的论文《罗尔斯的"基本善"：问题及其修正》（《中国人民大学学报》2011 年第 4 期）和张瑞臣的论文《试析罗尔斯的"基本善"》（《理论月刊》2012 年第 4 期），还有一些文章对"基本善"内涵进行了多种解释，如张卫的论文《罗尔斯"基本善"的三种解释进路》（《社会科学辑刊》2013 年第 5 期），至今尚未找到一篇从平等物视角对罗尔斯的基本益品平等做出专门研究的文献。同样的情况也出现在德沃金的资源平等上，国内学术界对这一理论的研究主要是从其逻辑起点、批判前提以及理论目标等方面而展开的，缺乏对德沃金为什么要把资源作为平等物的阐释，比如高景柱副教授的专著《在平等与责任之间——罗纳德·德沃金平等理论批判》。从平等物视角对其他三类平等物理论进行研究的文献虽然存在，但数量极少且不够全面。其中，涉及阿内逊幸福机会平等的文献主要有葛四友教授于 2004 年 10 月发表在《哲学研究》的《评阿内逊的福利机遇平等观》、姚大志教授于 2015 年 2 月发表在《学术月刊》的《评福利机会平等》以及高景柱副教授于 2015 年 8 月出版的新著《当代政治哲学视域中的平等理论》中的第 5 章内容。这些著述都没有对幸福机会平等提出的原因以及幸福机会平等与先前平等物理论的比较给出说明。此外，通过仔细研读森的相关文本，笔者发现森的可行能力平等经历了前后期的不同发展，早期的可行能力平等集中于基本能力的平等，而后来则扩展为包括基本能力在内的实现功能的可行能力平等。但目前就现有文献来看，国内学术界中除了姚大志教授于 2014 年 10 月发表在《浙江大学学报》的《能力平等? 第三条道路》一文中提到将森的可行能力平等区分为基本能力平等和实现功能的可行能力平等，其余学者大都将二者混为一谈。另外一个需要引起注意的问题是，国内学术界在阐述可行能力平等时，大多只阐述功能和可行能力这两个核心概念，而鲜少涉及这两个概念的理论来源以及这一平等物理论与其他平等物理论的关系。最后，专门阐述科恩的优势获取平等的文献仅有段忠桥教授发表在《清华大学学报》2014 年第 3 期的《平等主义者的追求应是消除非自愿的劣势——G. A. 科恩的优势获取平等主张及其对德沃金的批评》一文，但文中只涉及对科恩最初提出的优势获取平等的简要阐释，而不涉及科恩后期对其平等物理论的修正。

题带来了诸多不便。综合来看，到目前为止，国内学者对平等物问题的研究仍未取得较大的进展。

鉴于国内学术界在平等物问题上尚未真正展开研究，笔者力图通过对当代西方五种具有代表性的平等物理论（即罗尔斯的基本益品平等、德沃金的资源平等、阿内逊的幸福机会平等、森的可行能力平等和科恩的优势获取平等）的辨析与梳理，对平等物问题的出现和演变过程做出较为全面系统的阐释，以期在一定程度上弥补国内学术界的不足。具体说来，本书拟完成以下四个写作目的：

第一，通过对当代西方五种平等物理论的逐一阐释，较为全面地再现平等物问题研究的全貌。

第二，通过深入分析各平等物理论之间的区别与联系，展示出当代西方平等物问题研究的基本脉络，并指出平等物范围的逐步扩大和个人应负责任范围的逐渐缩小是当代西方平等物问题研究的一个发展趋向。

第三，利用被国内学者所忽略却又十分重要的外文资料以及新近出版的外文文献，补充国内学者对某些问题（比如森最初提出的"什么的平等"与平等物概念之间的内在关联、阿内逊的幸福机会平等、科恩的优势获取平等）理解上的欠缺，并澄清国内学者对一些平等物理论（比如森的两类不同含义的可行能力平等）的含混理解。

第四，将当代西方平等物问题研究纳入平等主义的大背景中考察，在一定程度上推进国内学术界对平等主义理论的理解。

二 基本结构

为达到上述写作目的，除导论和结语以外，笔者依据西方学者对平等物问题研究的逻辑关系和实际进程将所要阐述的内容分为五大章节。

第一章主要考察罗尔斯的基本益品平等。首先，通过对罗尔斯语境中平等的政治自由和反应得理论的阐释，表明罗尔斯的平等主义基本立场，并指出其差别原则在平等问题上的不彻底性。其次，阐明罗尔斯认为基本益品能够体现平等的两个原因：基本益品可以直接由社会基本结构所决定；基本益品具有客观性和普适性两大特征。最后，基于对基本益品平等所招致的主要批评的归纳和总结，指出罗尔斯在回应这些批评时对基本益品研究视角的转换，即从"作为公平的正义"的视角转换到平等物的视角，论述罗尔斯在基于平等物视角进行深度思索时，对其基本益品平等做出的适当修正和再阐释，并力图予以较为客观的评价。

第二章主要考察德沃金的资源平等。首先，考察德沃金对主客观形式幸福平等的全面批评，指出幸福不能作为平等物的原因，即不满足平等的重要性原则和具体责任原则。其次，阐明德沃金对罗尔斯基本益品平等的认同和批评，即认同基本益品平等的资源主义基本立场，但批评它对残疾人等弱势群体的忽视和对个人责任问题的忽视。再次，阐明德沃金基于对基本益品平等的重构而提出了把资源作为平等物的理论，表明资源平等在两个方面超越了基本益品平等：一是对平等物研究范围的扩大，即从只包含外部资源的基本益品扩展为涵盖一切内外部资源的宽泛资源；二是将运气和责任因素明确引入其平等物理论，要求个人为其选择且认同的偏好负责。由此表明在平等物问题研究中，德沃金的资源平等在平等物范围和个人责任问题两方面研究上的奠基性地位。最后，这一章还结合学者们的批评指出资源平等存在的不足，即拜物教缺陷和对个人责任的过度要求。

第三章主要考察阿内逊的幸福机会平等。首先，阐释阿内逊对罗尔斯和德沃金资源主义平等物理论的批评，即对个人幸福感的忽视和对个人责任的过度要求。在此基础上，阐明阿内逊的幸福机会平等对幸福含义的全新解释和对机会概念的引入，指出幸福机会平等对先前平等物理论的两大推进：在平等物范围上，它实现了对幸福维度的高度重视和重要拓展；在个人应负责任的问题上，它不仅克服了幸福平等对个人责任的忽视，而且还部分补偿了被德沃金所忽视的、个人不能负责的幸福缺失。通过这两个方面内容的阐述，表明幸福机会平等在平等物问题研究中居于承上启下的重要地位，极大地启发了后来学者的相关研究。此外，这一章还将指出幸福机会平等面临的两重困境：幸福机会既不是对平等物的恰当设定，也不是实现平等的必要条件。

第四章主要考察森的可行能力平等。首先，明确平等物问题的提出源自森 1979 年提出的"什么的平等",指出森探究平等物问题的基本立足点是人际相异性,阐释森对资源主义平等物理论及幸福平等忽视人际相异性的批评。其次,阐明森基于对人际相异性的密切关注而提出了可行能力平等的理论。通过对森思想早期及成熟时期不同可行能力的区分,表明其早期的基本能力平等将平等物聚焦于一种介于资源和幸福之间的中间状态上,而成熟时期的可行能力平等则关注那些包括基本能力在内的综合选择能力。但就其对中间状态的准确定位来讲,无论是森思想早期还是其成熟时期的可行能力平等,在平等物范围上都无疑是对先前平等物理论的超越。此外,在个人应负责任的范围上,可行能力平等不同于先前三种平等物理论,它仅要求人们对不存在任何风险的事情负责,只不过没有划定应负责任的具体范围。最后,这一章还力图阐明可行能力平等存在的三个主要缺陷,即概念模糊不清、清单设定困难和个人责任缺失。

第五章主要考察科恩的优势获取平等。首先,阐明由科恩确定的平等主义目标即消除非自愿的劣势,指出这一目标是对德沃金原生运气和选项运气批判性继承的结果,同时厘清这一目标与森所描述的实现个人自由之间的区别。然后,通过对优势获取平等理论中"优势"和"获取"的具体阐释,一方面表明在平等物范围上,科恩的平等物理论虽然和森的可行能力平等一样都是对中间状态的恰当定位,但表述得更为精确,在一定程度上超越了包括可行能力平等在内的先前四种平等物理论。另一方面又指出优势获取平等将个人不能控制的资源及偏好的不足都纳入到其不能负责的范围之内,进一步明确了个人应负责任的范围,将当代西方平等物问题研究推进到了一个全新的阶段。最后,这一章还阐释了其他学者对优势获取平等在个人责任问题上的误解和质疑,以及科恩在回应这些误解和质疑的过程中对其平等物理论的澄清、辩护和修正。

结语部分由三个部分组成。首先,基于对当代西方平等物问题研究发展脉络的探究,概括出五种代表性平等物理论在两大争论焦点(即平等物范围和个人应负责任的范围)上的理论贡献。其次,揭示这些研究对平等主义理论研究的两个深化：一是使平等主义从形式平等走向实质平等；二是使平等主义深化为运气平等主义。最后，指出当代西方平等物问题研究存在的不足，即补偿问题和清单设定问题，并展望这一研究今后在上述两方面的继续探索。

三 研究方法

为全面深入地考察和评价当代西方平等物问题研究，笔者从搜集、整理和翻译国外第一手文献资料出发，结合国内外学术界已有的研究成果而展开阐述，拟采用以下三种研究方法。

（一）历史与逻辑相统一的方法

历史是逻辑的客观来源和依据，逻辑要以历史为原型和准则，二者具有内在统一性。所谓逻辑与历史相统一就是指逻辑的推演要与研究主体的历史发展相统一。本书所涉及的这五种平等物理论，即罗尔斯的基本益品平等、德沃金的资源平等、阿内逊的幸福机会平等、森的可行能力平等和科恩的优势获取平等，并不是按照其提出时间而依次阐述的。其中，基本益品平等作为一种平等物理论而被理解应始于罗尔斯在20世纪80年代回应其他学者的批评时；资源平等是德沃金于1981在《什么是平等?》一文中提出的；可行能力平等可以追溯到森在1979年提交给坛纳讲座的会议论文《什么的平等?》。相较于这三种平等物理论，幸福机会平等被提出的时间更晚，它是阿内逊于1989年在《平等与幸福机会平等》一文中提出的。同年几个月后，优势获取平等在科恩的《论平等主义正义的通货》一文中也被提出。然而，笔者认为不必按照严格的时间顺序去阐述这些平等物理论，因为任何理论主张的发展都存在一定的逻辑性，当代西方平等物问题研究也不例外。为此，在阐述这些理论主张时，坚持历史与逻辑的统一就显得尤为重要。借助这两者相统一的重要研究方法，笔者调整了对各平等物理论的阐述顺序，即先阐述罗尔斯的基本益品平等，继而阐述德沃金的资源平等及阿内逊的幸福机会平等，然后阐述森的可行能力平等，最后阐述科恩的优势获取平等。尽管这种阐述方式没有完全遵照严格的时间顺序，但它符合人们对平等物问题认识的逻辑演进和客观发展过程，即从对客观资源和个人幸福感的关注到对超越这两者的可行能力和优势获取的关注，有助于我们从整体上把握当代西方平等物问题研究的发展脉络，从而深化对平等主义的理解。

（二）概念分析法

概念分析法是研究某个或某些确定术语所指称对象的内涵和外延的研究方法，通常也被称为术语分析法。概念是思维的基本单位，其内涵能够反映对象的本质属性和特有属性；其外延能够反映对象所涵盖的一切事物。在阅读文献时，我们经常会发现用一个词语来表示几个不同概念的情况，也会发现用几个不同词语来表示同一个概念的情况。因此，当我们在阐述观点时，辨析概念和词语之间的关系就成为概念分析法的重中之重，既要保持概念内涵的一致性，又要注意词语的多样性，做到二者的有机统一。笔者从平等物、通货及尺度等核心概念入手，通过辨析这些概念之间的相似性，指出它们之所以能够表达同一种内涵的原因所在。此外，由于笔者所选取的五位平等主义者（罗尔斯、德沃金、阿内逊、森和科恩）的平等物理论中涉及的核心概念（比如，基本益品、资源、幸福、机会、合理偏好、可行能力、功能、优势、获取，等等）各有不同，但又相互联系，因此，概念分析法就成为厘清这五位平等主义者平等物理论的关键所在。本书通过仔细分析他们所提出的平等物概念，即基本益品、资源、幸福机会、可行能力以及优势获取，通过对它们内涵和外延的界定和描述，力图清晰地呈现出不同平等物理论的主旨、意义及局限。

（三）比较研究法

比较研究法指的是根据某一标准，对两个或两个以上有联系的事物进行考察，并对它们之间的相似或相异程度做出判断的一种研究方法。我们对某一事物的认识和评价常常借助于与其他事物的比较来实现。因为只有比较，才可能鉴别；只有鉴别，才可能认识和评价。比较研究法有助于人们更好地认识事物的本质，进而对其做出更为客观中肯的评析。本书所涉及的五位平等主义者罗尔斯、德沃金、阿内逊、森和科恩所提出的平等物理论之间各有所指但又密切相关，因为他们都是在对前人理论的深入考察和批判的基础上，提出了自己认可的平等物理论。故此，在梳理这些学者的平等物理论时，比较研究法不可或缺。通过比较，我们可以清楚地了解到：就平等物的范围而言，德沃金的资源比罗尔斯的基本益品更为宽泛，森的可行能力又比罗尔斯的基本益品、德沃金的资源及阿内逊的幸福机会更加全面，而科恩的优势获取又比森的可行能力更加精准。通过比较，我们还可以明白：就个人不应负责的事情而言，罗尔斯没做任何说明，德沃金的理解比罗尔斯的理解有了一定程度的深化，他指出个人不应对其不认同的偏好负责，阿内逊又比德沃金解读得更精确，他指出即使个人认同其偏好，也不应对其全权负责。相比之下，科恩剖析得最为深入，因为他的看法超越了上述所有观点，他指出无论是偏好还是资源，只要个人无法掌控其结果，都不应为之负责。总之，通过对比分析，我们可以得出这五种平等物理论在对平等物范围和个人责任问题的理解上呈现出逐渐深化的趋势。同时，也只有通过分析和比较，我们才能充分挖掘出这五种平等物理论的思想旨归，进一步廓清当代西方平等物问题的研究脉络，进而对这五种平等物理论在平等主义研究中的地位和作用做出相对客观的评价。

第一章　罗尔斯的基本益品平等

　　罗尔斯本人从未使用过平等物概念，更没有明确提出过一种平等物理论，但他却在阐述"作为公平的正义"理论时不自觉地从平等物的意义上对基本益品做出了描述。这体现在，当谈论分配正义问题时，他所讲的分配是一种基于制度正义的平等分配，并且这种平等分配体现在对基本益品[①]（social primary goods）的分配上。《正义论》问世之后，尤其是阿马蒂亚·森提出"什么的平等"的问题域以后，许多平等主义者都纷纷基于平等物的视角对他的基本益品平等理论提出了质疑与批评，认为平等无法通过对基本益品的分配而得以实现。面对这些质疑与批评，罗尔斯也基于平等物的视角对自己的理论主张进行了深度反思，并做出了积极的回应。其他学者对罗尔斯基本益品平等的批评和罗尔斯后来对这些批评的回应引发了人们对平等物问题

　　[①]　国内学者对于 primary goods 的译法不一，何怀宏等人将其译为"基本的善"，王绍光将其译为"基本物品"，石元康将其译为"基本有用物品"，刘莘、陈肖生等人将其译为"基本益品"，等等。参见［美］约翰·罗尔斯《正义论》，何怀宏、何包钢、廖申白译，中国社会科学出版社 1988、2009 年版；王绍光《安邦之道：国家转型的目标与途径》，上海三联书店 2007 年版；石元康《罗尔斯》，广西师范大学出版社 2004 年版；［加］威尔·金里卡《当代政治哲学》，刘莘译，上海三联书店 2011 年版；［美］约翰·罗尔斯《罗尔斯论文全集》，陈肖生等译，吉林出版集团有限责任公司 2013 年版。笔者赞同刘莘和陈肖生等人的译法，因为根据罗尔斯的理解，primary goods 与古希腊时期亚里士多德等人所讲的"至善"不同，它指的是一些基本而又具体的好东西，而中文里的"益"恰好可以形象地表达 goods 的这层含义，相比之下，"善"显得有些抽象，故而笔者认为将 primary goods 译为基本益品更为贴切。

的持续关注和讨论热潮。可以说，罗尔斯的基本益品平等构成了平等物问题产生的原点，因此，要阐明当代西方平等物问题研究，理当从罗尔斯的基本益品平等入手。

第一节　正义的分配应是平等的分配

"正义"这个词由来已久，早在古希腊时期，哲学家们就曾从个人行为角度谈论过正义问题。比如柏拉图认为，正义就是"每个人在国家内做他自己分内的事"，[①] 即按照自己灵魂等级的要求只做好自己的事而不关心他人的事。亚里士多德认为，正义"是一种由之而做出公正的事情的品质，由于这种品质人们行为公正和想要做公正的事情"[②]。然而，首次明确从社会制度的意义上界定正义并将其解读为平等的学者却始于罗尔斯。

一　平等的权利和自由

在《正义论》中，罗尔斯将正义问题从个人行为上升到社会制度的高度。他通过对功利主义忽视平等待人的批评而建构了"作为公平的正义"，第一次在社会制度层面将平等与分配问题紧密地连接在一起，提出了"正义总是意味着平等"（即正义的分配总是平等的分配）的道德理念，而这种基于制度正义的道德理念首先就体现在对个人权利和自由的平等分配上。

罗尔斯在《正义论》开篇就宣称，"正义是一个社会制度的首要美

---

① ［古希腊］柏拉图：《理想国》，郭斌和、张竹明译，商务印书馆 2015 年版，第 187 页。

② ［古希腊］亚里士多德：《尼各马可伦理学》，苗力田译，中国人民大学出版社 2003 年版，第 92 页。

德，正像真理是思想体系的首要价值一样"。① 由于将正义视为人类社会追求的最重要价值，罗尔斯理论中的正义主题不在于处理某些团体内部的问题，即"在每一个人与人之间的交往中个人应该得到什么这种微观式的问题"，而是要建立一个公正的社会基本结构。这就是说，正义的主要对象是社会基本结构②，或者更确切地说是"用来分配公民的基本权利和义务、划分由社会合作产生的利益和负担的主要制度"③。其中，"主要制度"指的是"政治结构和主要的经济和社会安排"④，因为社会基本结构的正义与否可以直接决定人们的基本权利和义务的分配状况，以及社会经济利益的获得状况，进而决定人们的生活前景即他们可能达到的状态和成就。社会基本结构对个人生活的影响不仅是其无法选择和逃避的，而且也是深远和持久的。每个人的生活前景都会因其生活的不同社会而产生根本性差别，比如，奴隶制社会的基本结构决定了奴隶与奴隶主不可能拥有同等的生活前景，封建制社会的基本结构决定了农民与地主不可能拥有相同的生活状况。正因为如此，罗尔斯将正义的研究对象设定为社会基本结构。简言之，罗尔斯所谈论的"作为公平的正义"是一种以社会制度即社会基本结构为背景的分配正义。

罗尔斯对"作为公平的正义"的理论建构是通过对功利主义忽视个人权利和自由的批评而展开的。在《正义论》中，罗尔斯虽然多次表明自己的理论对手主要是功利主义⑤，但他对于功利主义作为个人行为

① ［美］约翰·罗尔斯：《正义论》，何怀宏、何包钢、廖申白译，中国社会科学出版社1988年版，第3页。

② 需要指出的是，罗尔斯《正义论》中所涉及的社会基本结构指的是诸如美国之类的相对封闭的宪政民主社会。

③ ［美］约翰·罗尔斯：《正义论》，何怀宏、何包钢、廖申白译，中国社会科学出版社1988年版，第5页。

④ 同上书，第7页。

⑤ 这里的功利主义指的是以边沁和西季威克为代表的古典功利主义和平均功利主义，不包括后来被修正过的各种功利主义变体。

准则的理念并无异议，他所反对的只是将这一理论运用于社会制度且作为社会制度的指导原则，因为这样的话会导致对个人权利和自由的侵犯，背离平等待人的道德直觉。我们知道，功利主义的目标是追求幸福总量最大化。这一目标在解释个人行为时符合人的直觉，因为对于每个人来说，"某一行为如果有助于促进个人幸福的程度，那么它就是正确的；如果有助于增强不幸福的程度，那么它就是错误的"。① 为求达到幸福最大化，个人甚至不惜放弃自己暂时的幸福而忍受痛苦，因此功利主义作为个人选择原则是无可厚非的。在罗尔斯看来，功利主义的错误在于把社会当作是由许多个人组成的集合，认为既然个人可以最大限度地满足自己的理性欲望，那么社会也应该尽一切可能提高所有社会成员的利益，最大限度地满足其理性欲望。这样，功利主义者就把幸福最大化这一个人原则扩展为社会原则，认为一个正义的社会就需要使其社会制度被安排得能够满足所有社会成员幸福总和的最大净余额，至于在实现最大化的过程中有多少人的自由与权利被践踏，他们都不予关心。

当然，在某些时候，功利主义者也可能会保护人的权利和自由，也可能会平等地对待每一个人，但这种情况并不必然发生，因为只有在促进幸福最大化的时候他们才会这么做。在原则上，功利主义者允许为获得更大的幸福总量而牺牲少数个人的利益，甚至还会为了更大的利益而剥夺个人的权利和自由。总之，在罗尔斯看来，功利主义在实现最大化的过程中可能会导致对个人权利和自由的侵犯，无法实现对不同个体的同等尊重，用他自己的话说，"功利主义并不在人与人之间做出严格的区分"。② 罗尔斯的批评虽然简单却十分有力，对功利主义构成了致命的打击。

---

① John Mill, *On Liberty and Other Essays*, Oxford and New York: Oxford University Press, 1991, p. 137.

② ［美］约翰·罗尔斯：《正义论》，何怀宏、何包钢、廖申白译，中国社会科学出版社1988年版，第27页。

受古典自由主义自由平等思想尤其是康德道德理念的影响，罗尔斯认为正义总是意味着平等①。针对功利主义为实现幸福最大化而无视平等待人的理念，他明确指出"社会的每个成员都被认为是拥有一种基于正义、或者说基于自然权利的不可侵犯性，这种不可侵犯性甚至是任何别人的福利都不可逾越的"②。这就是说，在一个正义的社会制度中，每一个社会成员都拥有平等的基本自由或权利，这些基本自由或权利具有不可侵犯性，是任何个人或团体的幸福或其他利益都不能压倒的。正义否认把不同的人当作一个人来计算总体得失的方式，更否认为使一些人享受到较大利益而损害另一些人自由的行为是正当的。总之，在一个正义的社会中，每个人都应当受到平等的对待，拥有平等的公民权利和自由，这种平等的权利和自由被社会正义所保障，决不受制于任何政治交易或社会利益的权

---

① 霍布斯、洛克、卢梭及康德等古典自由主义者都持有一种自由平等的理念。不过，在康德之前，这种自由平等的理念指的是一种天赋的自然权利，无须任何道德论证。康德将这种理念上升到一种抽象的水平，并从道德层面上为其提供了一种较之以往更有力度的论证。在康德看来，人作为一种理性的存在，其行为表达的是一种不受他律制约的自律本性。因此，当人自由地按照其本性行事时，他作为一种理性存在物的本质就被展示出来，而这种本质就是指每一个理性存在者都能进入一个"目的王国"，因为"目的普遍有效性是由规律来规定的，所以如果抽象掉理性东西的个体差别，又抽象掉个体所私有的目的，人们将有可能设想一个在联系中有系统的、有理性东西的目的，也包括每个人所设定的个人目的。将有可能设想一个按上述原则可能存在的目的王国"。在目的王国中，由于每一个人都拥有自由的意志，于是就因之而成为其中的"立法者"，可以说每个人都既作为这个王国的成员，同时又作为其首脑而存在，因此，任何人都不应把自己和他人仅仅当作手段，还应当作目的。这样，"人是目的"这一道德理念就构成了康德理论中人的自由平等理念的重要依据。罗尔斯在很大程度上接受了康德的道德理念。在他看来，尽管人们在种族、性别、年龄、财富、家庭出身及社会地位上有所不同，但这丝毫不会损害人们享有平等的道德地位及道德尊严。不过，罗尔斯又未局限于康德的理论框架，而是从康德先验主体的形而上学思辨范式中摆脱出来，基于人所共有的道德特性论证了自由平等对于正义的必要性。在他看来，自由平等的根源并不在于抽象的理性存在，而在于具体的经验主体本身，在于人所特有的道德特性，即人的两种道德能力。其中一种是正义感的能力，即理解和运用公平正义观念的能力；另一种是善观念的能力，即形成、修正及合理追求人的合理生活计划的能力。罗尔斯由此认为，正义感和善观念的道德能力是人所共有的重要特征，也是不同个体应当被平等对待的最重要原因以及"作为公平的正义"理论大厦的根本立足点。

② ［美］约翰·罗尔斯：《正义论》，何怀宏、何包钢、廖申白译，中国社会科学出版社1988年版，第27页。

衡和制约。

二　反应得理论

本着"正义意味着平等"的道德理念，罗尔斯在其"作为公平的正义"理论中，不仅在政治上赋予每一个公民以平等的基本权利和自由，而且还在关于社会经济的分配问题上坚持一种基于平等主义理念的反应得理论。对于反应得理论，罗尔斯虽没有做出过专门的论述，这些内容大都穿插在《正义论》的不同章节之中，但综观这些论述，仍不难归纳出其核心理念，即它致力于促使国家阻止一切自然或社会的偶然因素对个人生活的影响。

在罗尔斯看来，每个人都拥有平等的道德地位及尊严，都应得到平等的对待。然而在现实社会中，人们的家庭环境、社会地位及自然天赋上都存在差异，比如，一些人出身高贵而另一些人却出身卑微，一些人生于经济发达的大都市而另一些人却生于偏远闭塞的小山村，一些人富有而另一些人却很贫穷，一些人天资聪慧而另一些人却愚笨木讷，一些人身强力壮而另一些人却生来残疾，等等。这些不同的家庭社会条件和自然天赋对人们的生活状况产生着极其重要的影响，使得其落差很大。通常来说，相较于那些生于穷乡僻壤或贫穷家庭的人来说，生于发达都市或富裕家庭的人将会拥有更好的生活前景；相较于那些身体残疾或生性愚钝的人来说，身体健康或天资聪慧的人将拥有更高的生活水平。罗尔斯指出，人们所处的家庭社会条件都属于偶然的社会因素，其身体差异则是偶然的自然因素，这两类因素都具有任意性和专断性，因为人们无法决定自己出生于什么样的社会环境和家庭条件，也无法决定自己拥有什么样的身体状况及天赋。基于此，罗尔斯提出了基于平等主义理念的反应得理论，其主要观点是"在天赋上占优势者不能仅仅因为他们天分较高而得益，而只能通过抵消训练和教育费用和用他们的天赋帮助较不利者得意。没有一个人应得他在自然天赋的分配中所占的优势，正如没有一个人应得他在社会中的最初有利出发点一样"①。这就是说，从道德的角度来看，每个人都是平等的，没有人生来就应该残疾或拥有低智商，也没有人天生就应该属于某个特定的阶层、性别或种族。

值得注意的是，由于强调一种制度层面上的分配正义，罗尔斯的反应得理论并不反对人们的家庭社会环境及自然天赋本身。在他看来，这些自然资质和社会禀赋虽然具有偶然性和任意性，但它们只是"自然的事实"，无所谓正义与不正义之分。罗尔斯所关注的问题只是由这些偶然因素所导致的不平等，他明确指出由这两类偶然因素而导致的不平等是不正义的，国家应以正确的方式来对待和处理由其产生的不平等。否则，如果政府听凭这些偶然因素对人们生活产生影响，而不在制度层面上做出任何干预，这种制度就是不正义的。那么，究竟应如何在制度层面上落实反应得理论呢？罗尔斯建议国家为所有人都提供平等的教育、职业及职务选择等方面的机会，并将所有人的自然资质都当作"共同财产"，使所有先天条件处于劣势的人都能够共享那些先天条件优势者从其较高天赋中获得的益处。

总之，罗尔斯提出反应得理论的目的，是为了论证个人生活不应受到任何偶然因素的制约和影响，进而表明正义的分配应该是一种平等的分配，一个正义的社会制度应该致力于消除这些个人自身无法控制的、由自然和社会的偶然因素而导致的不平等。

三　差别原则的不彻底性

尽管罗尔斯秉持着"正义意味着平等"的道德理念，提出了基于平等主义理念的反应得理论，却未能将这一道德理念一以贯之，因为他在将反应得理论投射到具体的分配原则时偏离了其应有的思想轨迹。

诚然，相对于功利主义而言，罗尔斯的两个正义原则具有一种平等

---

① ［美］约翰·罗尔斯：《正义论》，何怀宏、何包钢、廖申白译，中国社会科学出版社 1988 年版，第 102 页。

主义倾向，这不仅因为他主张平等的基本自由和公平的机会平等，而且还因为他的差别原则"能够合乎逻辑地对出现在人们的生活境况中的差别施加甚至更大的限制"①。由此看出，罗尔斯实际上是站在处境最差者的地位来看待和衡量任何一种不平等的，"他的理论反映了一种对最少受惠者（即 the worst - off，笔者将其译为处境最差者）的偏爱，一种尽力想通过某种补偿或再分配使一个社会的所有成员都处于一种平等地位的愿望"。② 因此，相较于功利主义而言，罗尔斯的两个正义原则确实"透露出这样一种平等乃至平均主义的倾向"。③

然而，我们从罗尔斯对差别原则的具体阐述中不难发现，这一原则与"正义总是意味着平等"的道德理念及反应得理论之间存在一种张力。对此，我们可从科恩对差别原则的解读中获得启发。科恩对于差别原则做出了两种不同的解读：一种解读是不平等的必要性与个人意图无关，它只是为使处境最差者的境况变好；另一种解读是不平等的必要性与个人选择意图密切相关，它是为了给有才能者以经济激励，使其更加努力工作。如果说前一种解读从某种程度上看尚存在一种平等主义的理念和动机的话，那么后一种解释则难以与平等主义理念相容。根据罗尔斯对反应得理论的相关论述可知，自然天赋是一种无法由个人选择决定的专断的偶然因素，由此产生的不平等应当是平等主义所尽力消除的内容。然而，差别原则中的激励机制恰恰默许了这种不平等，因为它允许个人在一定程度上凭借其偶然的自然天赋而获得更多的利益。④ 简言之，差别原则允许个人从其不应得的天赋中谋利，没有将那些无法得到正当性证明的不平等排除在外，在平等问题上具有不彻底性。

罗尔斯为什么明明知道某干激励的不平等是平等主义不允许的，但

① ［加］威尔·金里卡：《自由主义、社群与文化》，应奇、葛水林译，上海译文出版社2005 年版，第 26 页。
② ［美］约翰·罗尔斯：《正义论》，何怀宏、何包钢、廖申白译，中国社会科学出版社1988 年版，译者前言，第 8 页。
③ 同上书，第 10 页。
④ 段忠桥：《拯救平等：科恩对罗尔斯差别原则的两个批判》，《中国人民大学学报》2010 年第 1 期。

仍要将其纳入自己的理论主张之中呢？究其原因，这主要源于罗尔斯的另一个重要考虑：如果不给天赋较高者以某些经济激励，他们就会不努力工作，而这又会导致处境最差者的糟糕境况无法得到改善。实际上，罗尔斯的这种想法与其描述的正义社会特征相矛盾。对于后者，罗尔斯曾这样说，"通过避免在一个平等自由的结构中利用自然和社会环境中的偶然因素，人们在他们的社会结构中表达了相互尊重"。① 这就是说，在消除了所有由偶然因素导致的不平等的社会中，人们能够得到彼此之间同等程度的尊重。实际上，隐藏在"相互尊重"背后的应是一个这样的良序社会：在这个社会中，所有公民都应形成一种正义平等的社会风尚，自觉遵守一种平等主义原则，并基于他们的正义感自主行事而无须任何激励。然而，差别原则却预设了一个不同于上述正义共同体的模式。在这个被预设的共同体中，人与人之间的关系被理解为一种获利的机会，而不是一个正义社会所规定的、受平等主义原则所制约的人类共同体。

正是基于对共同体模式的多重预设，罗尔斯提出的差别原则在平等问题上具有不彻底性。这种不彻底性体现在：差别原则考虑的不仅仅是平等，还有效率等其他价值及由此产生的社会合作的有效进展，是对社会发展的通盘考虑。因此，差别原则应被视为一种理想的社会管理原则而非平等主义原则。两者相比，平等主义原则是一种规范原则，它考虑的是人们应当做什么及不应当做什么；而社会管理原则指的是国家为达到其管理活动的基本目标，在处理效率、平等、发展等诸多价值之间的相互关系时所遵循和依据的准绳。换言之，一个平等主义原则的出发点就是实现一种基于正义的平等，但一个理想的社会管理原则，其出发点不在于实现平等，而在于把包括平等在内的所有价值都纳入考虑之中。倘若把理想的社会管理原则与平等主义原则混为一谈，就必然导致对其他价值的某种妥协和对平等价值的不彻底实现。这样看来，罗尔斯的差

① ［美］约翰·罗尔斯：《正义论》，何怀宏、何包钢、廖申白译，中国社会科学出版社1988年版，第177页。

别原则之所以会在一定程度上默许和容忍因激励机制导致的不平等，进而导致其所追求的平等（即消除因社会的和自然的偶然因素所导致的不平等）未能彻底实现，其根本缘由就在于对两者的混同。

　　总体看来，较之功利主义的理论诉求，罗尔斯"作为公平的正义"在平等问题上迈进了很大一步，它以平等取代功利主义最大化的主张，在当代西方政治哲学史上具有里程碑式的重大意义。然而，由于罗尔斯在提出"正义总是意味着平等"的道德理念之后并没有将其一以贯之，其差别原则在一定程度上默认和容忍了因激励机制而导致的不平等，因而在平等问题上具有明显的不彻底性。

第二节　作为平等物的基本益品

　　尽管对于平等的实现而言，罗尔斯"作为公平的正义"理论中的两个正义原则之差别原则是不彻底的，但是"作为公平的正义"终究也还是一种作为分配正义主张的平等主义，而这就必然涉及由分配所产生的平等物问题。在"作为公平的正义"理论中，罗尔斯虽然始终没有明确提及"平等物"这一术语，但只要我们仔细研读他的《正义论》就不难发现，当罗尔斯谈到他的作为平等主义体现的两个正义原则时，他所意指的平等是通过对基本益品的分配来实现的，也就是说，平等体现在对基本益品的分配上，即基本益品是在一种平等物的意义上而被阐述的。罗尔斯把基本益品作为平等物的主要原因有两个：一是基本益品可以由社会基本结构直接决定；二是基本益品具有普适性和客观性，是能够体现平等且易于进行人际比较的适宜尺度。

一　基本益品由社会基本结构决定

　　罗尔斯在《正义论》中谈到的基本益品可被划分为两类：一类是自然基本益品（natural primary goods），指的是一个人的身心健康状况、天赋、能力，等等。另一类是社会基本益品（social primary goods），指的是权利和自由（包括各种政治自由、言论自由、集会自由、结社自由以及其他自由）、权力和机会（包括统治国家的权力，接受教育和参加各种培训的机会、职业选择等各种机会）、收入（包括定期或不定期的固定或非固定收入）和财富（如继承祖辈的遗产等）、自尊的社会基础，等等。虽然罗尔斯提到了两类基本益品，但实际上，被他当作平等物的基本益品是就社会基本益品而言的，这主要与他对制度正义的关注密切相关。

上文表明，罗尔斯将"作为公平的正义"的实现诉诸社会制度，即他所讲的社会基本结构。由于不同的社会基本结构对个人生活前景的影响极为不同，因而从社会基本结构的角度来规定平等物，足以构成每个人实现其有价值人生的重要条件。进而言之，公正的社会基本结构可以使人们拥有大致平等的生活前景，反之则使人们的生活前景落差极大。鉴于社会基本结构对个人生活的重要作用，罗尔斯把社会基本结构作为其理论的主要依托。那么，在制约个人生活前景的所有因素中，什么才是社会基本结构应当并且可以直接决定的因素呢？这便是自由、权利、机会、收入和财富等益品。具体来说，每个公民的基本自由都应当并且可以通过社会基本结构得到绝对平等的份额，即"每个人对与其他人所拥有的最广泛的基本自由体系相容的类似自由体系都应有一种平等的权利"①；每个公民的职业及职务选择等竞争机会都应当并且可以通过社会基本结构来避免家庭出身、社会地位的制约作用，实现"地位和职务平等地向所有人开放"②，进而达致一种地位及职务选择方面的机会平等；贫富两极分化问题也应当并且可以通过社会基本结构得到调节，进而使得收入和财富的最终分配结果有利于处境最差者。正因为如此，自由、权利、机会、收入和财富这些因素就成为罗尔斯"作为公平的正义"的关注对象，也因之而被命名为社会基本益品。与上述社会基本益品不同，个人的身心健康状况、天赋、能力等自然基本益品大都与生俱

---

① ［美］约翰·罗尔斯：《正义论》，何怀宏、何包钢、廖申白译，中国社会科学出版社1988年版，第61页。

② 同上。

来，尽管与社会基本结构存在一定的关系，但并非直接由其决定，更难在个体之间做出具体的比较，因而政府无法对其进行直接分配，所以这些自然基本益品就被罗尔斯排除在平等物的视域之外了。[①]

二　基本益品的普适性和客观性

除了上文提到的基本益品可以直接由社会基本结构所决定这一原因，罗尔斯将基本益品作为平等物的另一个考虑在于，基本益品本身具有两个特征：普适性和客观性。在他看来，这两个特征使得基本益品更易于胜任承担平等的重任。

我们知道，罗尔斯基于对传统自由主义价值多元理念[②]的承袭，否认以一种客观标准来评判事物的价值，因而不主张以特定的善观念来引导人们达至某种既定的生活目标。在他看来，人是多样性的存在，持有不同的合理善观念，信奉不同的生活理念，同时也会设定不同的生活目标和计划。因此，社会上不可能存在一个统一的、足以统摄所有合理生活计划的客观标准，也无法由哲学家或国家来提供一个关于良善生活的统一准绳。在这种情况下，要想实现平等，就需要同等对待不同公民的不同生活方式，而不是借助于某种完备性善观念来规约人们的观念及行为，因为那样就会导致不公正或不平等的产生。

尽管罗尔斯认为平等的实现需要同等对待不同个体的不同善观念和生活方式，但这不意味着国家需要同等程度地满足不同个体的善观念以及由此产生的合理生活计划，因为一方面，国家的资源储备总量是有限的，根本不足以满足所有人的生活目标；另一方面，由于个人的善观念千差万别，与其对应的合理生活计划更是难以做出人际比较，所以同等满足所有社会

---

①　若非特殊说明，下文中出现的所有"基本益品"均指的是社会基本益品。

②　这种理念秉持一种"道德主观主义与怀疑主义的哲学立场"。进而言之，一个秉持价值多元主义的分配正义观就会要求，国家在公民持有的各种不同善观念之间保持一种中立态度而不做评判。与此相反，国家需要做的仅仅是尽可能提供一个可供人们选择自己合意生活的条件。参见 Stephen Muhall & Adam Swift, *Liberals and Communitarians*, Massachusetts: Blackwell Publishers Ltd, 1996, pp. 1 - 33。

成员的生活计划几乎是一件不可能的事情。那么，究竟怎样做才能体现对不同个体不同生活计划的同等对待呢？或者进一步说，怎样分配资源才能实现一种平等的分配？罗尔斯认为将基本益品作为平等物恰恰可以实现这一目的，因为基本益品具有两个特征：普适性和客观性。

（一）基本益品的普适性

罗尔斯认为基本益品适于作为平等物的一个重要特征是，它们具有普适性，是适用于一切合理生活计划且越多越好的通用资源。

首先，基本益品是对所有理性个体实现其合理生活计划都有用的必备资源。在罗尔斯看来，基本益品绝非依据某种特定的善观念而设定的，也绝非只对某些特定类型的生活计划适用（比如说对一些生活计划极为有用但对另一些生活计划不那么有用），而是普遍适用于所有理性个体实现其合理生活计划的必备资源。他指出，尽管所有个体的合理生活计划都基于人的自主选择，不同的个体又会产生不同的选择，但对于处于"无知之幕"后面的所有理性立约者来说，将基本益品作为平等物更能够体现公正，因为即便在不知道自己合理生活计划的条件下，他们依然会青睐于基本益品。进而言之，无论他们最终会选择和追求什么样的目标，但在推进自己的（与正义相符的和占主导地位的）善观念及其实现自身合理生活计划的过程中，都需要大致相似的基本益品来帮助他们达致这样的目标。

其次，基本益品是所有理性个体都希望尽可能多获得的有用资源。罗尔斯主要通过人的基本动机原则即亚里士多德原则（The Ariastotelian Principle）来表明这一点。亚里士多德原则的基本含义是："如果其他条件相同，人们总是以运用他们已经获得的能力（天赋的或从教育中获得的能力）为享受，而这一享受又提高他们已经获得的能力并使其具有更复杂的形式。在这里直觉的观念是人们通过变得更能熟练地做某些事情而获得更大的快乐，并且在他们能够做的同样好的两项活动中，他们更愿意选择需要做出更为复杂和更为细微的区分的更大技能的活动。"①

———————————

① ［美］约翰·罗尔斯：《正义论》，何怀宏、何包钢、廖申白译，中国社会科学出版社1988年版，第427—428页。

由此不难看出，亚里士多德原则基于人的心理动机层面而解释了人类的一切欲求及其活动。罗尔斯将这一原则视为一个自明原则，认为人的一切合理生活计划都会受到它的影响。由于基本益品是一种能够满足一切合理生活计划的有用资源，故而根据这一动机原则，几乎所有的理性人都会选择更为复杂的生活计划，也都会欲求尽可能多的基本益品，因为"无论一个人的理性计划的细节是什么，……如果这类益品较多，人们一般都能在实行他们的意图和接近他们的目的时确保更大的成功"。① 简言之，基本益品体现了每一个自由而平等的公民对其生活前景的共同期望。

对罗尔斯来说，基本益品不仅是所有理性个体实现其生活计划的通用资源，而且还体现了他们对其生活前景的共同期望，因而是最具有普适性的东西。进而言之，将基本益品作为平等物可以使"人们在追求自身目标所需要的资源方面享有更大的平等"②。

（二）基本益品的客观性

罗尔斯认为基本益品适于作为平等物的第二个特征在于它们具有客观性，能够成为人际比较的可靠尺度。

罗尔斯对基本益品客观性的阐述是通过对功利主义幸福尺度主观任意性的批评而建立起来的。在以边沁和西季威克为代表的功利主义者看来，幸福就是快乐的增加和欲望的满足，这些不同类型的幸福之间只存在量的差异而不存在质的区别。③ 罗尔斯批评说，对于这些功利主义者而言，任何快乐和欲望的满足都具有一定的价值，因而"在计算满足的最大余额时并不涉及这些欲望是什么欲望。我们要把制度安排得能得到

---

① John Rawls, *A Theory of Justice*, Cambridge, Massachusetts: Harvard University Press, 1971, p. 92. 或［美］约翰·罗尔斯:《正义论》，何怀宏、何包钢、廖申白译，中国社会科学出版社 1988 年版，第 93 页。译文有改动。

② ［荷］佩西·莱宁:《罗尔斯政治哲学导论》，孟伟译，人民出版社 2012 年版，第 65 页。

③ 边沁认为衡量幸福时应诉诸七条量化标准，即强度、持久性、确定性、迫切性、继生性、纯度以及范围。参见周辅成编《西方伦理学名著选辑》，商务印书馆 1987 年版，第 227 页。

最大限度的满足，并不问这些满足的来源和性质而只管它们会怎样影响幸福的总量"。① 也就是说，功利主义者在决定什么是正当的行为时不加区分地将不同类型的幸福都包括在内。显然，功利主义者提出的这种度量幸福的方法背离了我们的直觉，因为幸福不仅有量的差别，而且还有质的区分。

不过，这里需要注意的是，罗尔斯的批评虽然针对幸福尺度的人际比较困难问题而提出，但他对这种缺陷的批评却并非仅仅基于道德中立的视角，比如：快乐的强度或标识快乐强度的纯粹性只是感觉上的，并且只能被那个唯一主体所经验和知晓，其他人不可能确切地感知和推测它，等等。罗尔斯的意图更在于强调：即便幸福尺度能够基于道德中立的视角做出令人满意的人际比较，这些比较也难以反映出个人值得追求的价值，因为人的幸福感具有主观任意性。如果人们在歧视他人或支配他人的行为中能够获得一种提高自己自尊的快乐，那么功利主义者也会将这些欲望的满足与其他欲望的满足放到一起同等衡量，只有在它们破坏社会总体幸福时，或通过其他途径能够获得一种更大的幸福时才会被拒绝。然而，从正义的观点来看，将那些歧视或支配他人等具有冒犯性的快乐等同于自身消遣的快乐的观点是有违道德直觉的，前者非但不应与后者同等对待，而且还应受到谴责。简言之，由于人们的幸福感在道德上具有主观任意性，不能在不同个体之间进行比较，所以罗尔斯认为把幸福作为人际比较尺度的做法是不正义的。

与幸福尺度不同的是，罗尔斯所讲的基本益品具有客观性，这使其能够成为人际比较的可靠尺度。在他看来，基本益品相较于幸福在衡量公民地位方面具有一种客观性优势，这不仅因为它们本身是客观的，而且还因为它们由客观的社会基本结构而非人的主观心理状态所决定。公民平等的自由与权利能否得以实现、公平的机会平等能否得以落实，这些都可以通过已经确立起来的社会制度的内容及结构而得到考察，也就是通过社会制度对这些权利和自由做出的规定来考察。由于基本益品诸要素呈词典式排序，因而在每个

---

① ［美］约翰·罗尔斯：《正义论》，何怀宏、何包钢、廖申白译，中国社会科学出版社1988年版，第30页。

人都享有绝对平等的权利和自由以及通往各种机会的相同门槛时，对其生活状态的衡量主要就落在了权力、收入和财富这两类基本益品要素上。一般来说，权力与收入和财富之间的关系呈正相关，权力越大，收入和财富也就相应地越多。这样一来，确定处境最差者的关键就落在了对个人收入和财富的判断上。相较于基本益品的其他要素，对收入和财富的判定更为容易，因为每个人收入和财富的数量都可以得到大致的统计，所以国家只需根据社会总体生活水平设定一个标准①，便可以轻易地判断出哪些人是处境最差者了。

罗尔斯指出，尽管这样构想人际比较似乎有些简单，但如果在"作为公平的正义"语境中，把基本益品与功利主义的效用传统作一比较，使用这种最简单的形式就足够了，因为对基本益品的使用使我们无须检视不同公民的心理态度或他们的幸福水平，就可以在原则上确定其相对地位。基于这一考虑，罗尔斯就把基本益品当作了平等物。对于这一创见，研究罗尔斯理论的著名学者佩西·莱宁教授曾做出过这样的肯定评价："人际比较只能建立在某种基本益品的基础上：这样一种指标详细阐述了公民享有社会基本益品的份额，也指向了公民所处社会环境的客观特征。"②

总之，对罗尔斯来说，基本益品不仅是每一个公民实现自身目标不可或缺的通用资源和共同期望，而且还能从客观上避免功利主义过度依赖个人心理反应的局限性，因而适于作为度量不同个体实现其合理生活计划的平等物。进而言之，只要社会基本结构对基本益品的分配是一种基于正义的平等分配，那么个体之间的生活就会趋近于一种相对平等的状态，故而把基本益品作为平等物（这一理论也可被简称为基本益品平等）不失为一种相对可取的理论主张。

----

① 罗尔斯对界定处境最差者的建议有两个：一个是以整个工人阶层的平均生活水平作为标准，另一个是以社会上拥有中等收入及财富的群体的一半收入水平为标准，凡是没有达到这两个标准的人都可被视为处境最差者。参见［美］约翰·罗尔斯《正义论》，何怀宏、何包钢、廖申白译，中国社会科学出版社1988年版，第98页。

② ［荷］佩西·莱宁：《罗尔斯政治哲学导论》，孟伟译，人民出版社2012年版，第63、65页。

第三节　由基本益品平等引发的争论

如果说罗尔斯最初在《正义论》中还没有产生关于平等物的问题意识，他只是在反对功利主义幸福最大化的目标时，不自觉地对基本益品平等进行了平等物意义上的阐述，那么自从森提出的"什么的平等"成为当今政治哲学中的一个主要论题之后，罗尔斯的基本益品平等便首当其冲，掀起了诸多学者基于平等物视角的批评，进而引发了一场至今仍在持续的关于平等物问题的热议和争论。

一　对基本益品平等的质疑

随着研究的逐渐深入，德沃金、森等平等主义者逐渐萌生了这样的问题：如果平等主义要求实现平等，那么应该实现一种什么样的平等？换言之，平等应体现在什么方面？尽管这些平等主义者都认同罗尔斯对幸福平等的批评和反对，也接受了他阐述基本益品平等的理论前提——善观念多元化，却不赞同罗尔斯通过对基本益品的分配来体现平等的主张，因而纷纷在平等物意义上对罗尔斯的基本益品平等提出了批评——基本益品无法体现平等①。归纳起来，这些批评主要集中于以下三个方面。

（一）基本益品平等未能同等关照所有的弱势群体

我们知道，罗尔斯欲使人们的基本益品实现平等的一个重要原因在于，他认为这样可以消除那些不应得的自然资质和社会禀赋对个人生活的制约，进而使处境最差者的境况得到改善。但实际上，他的基本益品平等却难以实现这一目的，并遭到了来自德沃金、森等学者的严厉批评：基本益品平等无法体现对所有弱势群体的同等关照。

---

① 一般来说，学者们对罗尔斯基本益品不适于作为平等物的批评并不体现在基本的权利和自由、各种求职机会上，而主要集中于收入和财富上，认为收入和财富无法实现对不同个体的平等对待。

在这些批评者看来，罗尔斯的基本益品平等对于判定处境最差者来说不具有灵活性，因为这一理论仅仅将平等物与某些基本益品份额较少的笼统群体挂钩，而不把它在更深层面上与具体的个人相关联，这就直接导致了对那些因身体缺陷等糟糕运气而陷入困境的人的忽视，从而默认了那些不应得的偶然因素对个人命运的影响。"罗尔斯对最不利者地位的界定，完全依据于人们所拥有的那些社会基本益品，如权利、机会、新财富，等等。他没有把人们所拥有的那些自然的基本益品作为确定最不利者的因素。"① 这样一来，假定两个人拥有相同份额的基本益品，其中一人身体健康而另一人智力较低并患有身体残疾或精神障碍，如果后者比前者拥有的益品份额更多，但不足以抵消他为自己的身体劣势而付出的巨大开支（如治疗疾病的支出等），那么按照罗尔斯基本益品平等的标准，这个可怜的残疾人依然因其获得较多的基本益品份额而不在补偿范围之内。对此，德沃金和森都指出，平等的实现不仅需要基本益品，更需要健康的身体状况及个人能力，因为一旦身心受创，即便获得的基本益品总量不变，这个人的处境仍然很糟糕。

德沃金和森这两位学者都从导致基本益品平等忽视个人自然资质的原因方面提出了批评，认为其主要原因在于罗尔斯忽视了个体差异。其中，德沃金将这种个体差异理解为个人将益品转化为其应具备的身心健康能力，认为基本益品平等只关注了外部资源的平等，却忽视了"生理条件或残疾上的差别"。② 森进而将这种个体差异理解为包括个人身心健康、社会环境等所有影响个人生活的宽泛个体差异，称之为人际相异性。③ 由于人际相异性的普遍存在，同等的基本益品份额转化为实现生活目标的能力是不一样的。比如说，残疾人、长期患病者以及孕妇等弱势群体需要更多的食物，才能达到与他人同等程度的营养水平；生活于

① ［加］威尔·金里卡：《当代政治哲学》，刘莘译，上海译文出版社 2011 年版，第 77 页。

② ［美］罗纳德·德沃金：《至上的美德——平等的理论与实践》，冯克利译，江苏人民出版社 2007 年第 2 版，第 115 页。

③ 本书第四章将对人际相异性问题做出更详细的说明。

富裕地区的人需要更多的益品种类及份额，才能过上和生活于贫穷地区的人同样体面的生活。然而，罗尔斯所主张的基本益品平等只看重人们获得益品的份额，而不关注益品对人们实际生活的影响。也就是说，基本益品平等忽视了不同个体的自然资质差别以及由此导致的将基本益品转化为实现其合意生活的基本能力，以致陷入了"益品拜物教"①，不能担当适宜平等物的重任。

（二）基本益品平等未能充分尊重所有理性个体的选择

罗尔斯坚持把基本益品作为平等物的另一个原因在于，他认为基本益品具有普适性。由于罗尔斯将亚里士多德原则视为一个揭示人类欲求动机的自明原则，以这个原则为前提，他得出了这样的结论：基本益品与所有人的特定善观念都相容，益品越多越有助于实现他们的目标，因而基本益品是每一个理性人在原初状态中的共同期望，是个人为了实现自身目标都愿意获得的尽可能多的东西。但实际上，罗尔斯对个人动机与基本益品的这种关联预设并不成立。托马斯·内格尔、艾蒂娜·施瓦兹（Adina Schwartz）及阿内逊等平等主义者都基于平等物的视角对罗尔斯的基本益品平等提出了诘难。

在这些批评者看来，基本益品平等无法同等体现所有理性个体的期望，更不可能充分尊重不同个体对自己生活计划的选择。诚然，正如罗尔斯本人所言，我们生活于一个善观念多元化的现代民主社会，因而对何为值得欲求的生活有着不同的理解。罗尔斯将这一事实作为他提出基本益品平等的前提，这本是无可厚非的。这里的问题在于，我们根本无法从这个前提推出他的结论，即平等体现在对基本益品的分配上。由于不同个体所追求的生活目标不同，实现不同生活计划所需要的基本益品各不相同，他们对基本益品的期望和选择也不尽相同。进而言之，一个人的益品份额与其生活目标及计划并不总是保持一致。就不同生活目标及其计划的实现而言，不同个人对益品份额的

---

① Amartya Sen, "Equality of What?", Sterling M. McMurrin, ed., *The Tanner Lectures on Hunan Values*, Vol. 1. Clare Hall: Cambridge University Press, 2011, pp. 215 – 219.

欲求程度是不一样的，有人需要较多的益品才能实现目标，有人则只需要较少的益品即可实现其目标。内格尔指出，基本益品对于不同种类个人生活计划的促进作用存在差异，它仅仅有助于促进个人主义生活计划，而在促进其他生活计划方面则不能发挥相同的作用，因此，基本益品尺度包含着强烈的个人主义偏见，并非对所有理性个体的合理生活计划都同等适用。①

施瓦兹则通过两个反例来对基本益品平等做出批评②。其中一个例子描述的是一个青年马克思式的社会主义者。这个社会主义者认为经济结构决定政治结构；只有非市场的经济结构才能实现人的平等状态；完满的人生是一种通过有意义的工作来达致的自我实现人生；等等。他坚信，他的人生规划并不需要太多的基本益品，因为追求无限多的益品就会妨碍他的自我实现。另一个例子描述的是一个理性的僧人，其人生目标在于悟道成佛，因而笃信下述四条佛教教义：（1）一切皆苦；（2）苦源于贪欲和嗔恚；（3）只有停止贪欲和嗔恚才能脱离苦海；（4）只有严守清规戒律才能得道成佛。由此可见，对于这个僧人而言，除了维持其生命所必需的益品份额以外，他便不再需要更多，相反，过多的益品份额对他实现自己的人生目标来说只能有百害而无一利。施瓦兹由此指出，对于那些拥有的益品份额不利于成功实现其人生目标的人来说，以基本益品作为平等物就是不公平的。

那么，罗尔斯为什么会认为基本益品能够成为所有理性人的共同期望和一致选择呢？从根本上讲，这是因为他对个人欲求动机的不当预设。也就是说，被罗尔斯奉为前提的亚里士多德原则并不是一个能够揭示所有理性人欲求动机的自明原则，它还需要得到进一步的澄清和界定。正如石元康教授所指出的：罗尔斯过于简单化了对理性人的假设，这个被简化了的假设规定"人们都有一个动机，都有一个特定

---

①　Thomas Nagel, "Rawls on Justice", *The Philosophical Review*, Vol. 82, No. 2, 1973, pp. 6-10.

②　Adina Schwartz, "Moral Neutrality and Primary Goods", *Ethics*, Vol. 83, No. 4, 1973, pp. 302-304.

结构，而任何与这种结构不一致的人类动机都被视为非理性的"。① 实际上，这个假设所涉及的普遍人性只是"某个特殊的文化或社会条件下所产生的东西"②，而非真正的普遍人性。也就是说，希望获得更多基本益品的欲望并非与生俱来，而是由某些特殊社会文化的偶然因素所造成的。这样看来，基本益品平等还不足以成为所有理性个体的共同期望和一致选择，而罗尔斯正是由于对人性做出了一种狭隘的假设，才导致了他对不同个体理性生活的片面理解，以致错误地将基本益品作为平等物，从而造成了一种不问原因地补偿所有益品份额少的人和忽视个人意愿及其选择的尴尬情形。可见，基本益品平等既没有尊重不同个体对其人生目标的选择，也不适于所有人实现自己的合理生活计划，它只不过是罗尔斯基于某种错误预设而推定出的片面结论而已。

（三）基本益品平等未能恰当涵盖个人责任

从《正义论》中的相关论述来看，罗尔斯主张基本益品平等的根本目的是消除因自然和社会的偶然因素所导致的个人劣势，而绝非为个人昂贵的休闲生活提供补贴，因为后者明显违背了人的直觉，会导致对个人本应承担责任的忽视。但实际上，基本益品平等并不能达致罗尔斯的目的，因为它不仅没有消除其本该消除的劣势，反而还会使辛勤劳动者为好吃懒做者埋单，进而造成责任错置的糟糕情形。正因为如此，继诺齐克从反对再分配的视角对基本益品平等提出反驳之后，德沃金又从平等物的视角对基本益品平等忽视个人责任的这一重要缺陷提出了批评意见。

在德沃金看来，人们不应该把非选择的不平等和个人主动选择的不平等等量齐观，前者有理由获得补偿，而后者则需要做出选择的人承担责任。用德沃金的术语来表达即是：要使分配份额"敏于抱负"而

---

① 石元康：《罗尔斯》，广西师范大学出版社 2004 年版，第 147 页。
② 同上。

"钝于禀赋"①。这就是说，当收入和闲暇的不平等反映了不同个体之间的偏好或抱负差别，抑或是反映了他们因吃苦耐劳而产生的劳动强度和劳动时间的差别、在学习或技能培训方面的不同努力程度，而不是反映了他们所不能控制的厄运时，其分配份额上的差异就应当被允许。然而，罗尔斯的基本益品平等恰恰背离了这一道德理念，因为它没有对非选择的不平等和个人主动选择的不平等做出区分，其直接后果就是导致勤劳者为懒惰者的选择代价埋单。换言之，基本益品平等使得勤劳的工作者无缘无故地承担了原本属于好吃懒做者的责任。借用金里卡的话说，这一理论"不仅没有促进平等，反而破坏了平等"。② 如果我们认为，不补偿那些仅仅由于个人不能控制的偶然因素所导致的劣势是不公平的，那么要求他人为自己的选择承担代价也同样不公平。简言之，恰当的平等物理论意味着人应当为自己的选择承担责任，而不是像罗尔斯的基本益品平等那样忽视个人责任且无条件为一切处境最差者提供补偿。

总之，由于罗尔斯的基本益品平等没有在非选择的不平等和个人自主选择的不平等之间做出区分，而是不问原因地补偿所有益品份额最少的人，这就必然导致对个人责任的忽视，进而造成新的不平等。

二　罗尔斯的修正与再阐释

在受到其他学者基于平等物层面的批评之后，罗尔斯小心翼翼地做出了回应。不过，与他最初基于"作为公平的正义"而阐述的基本益品平等不同，这些回应是在平等物的意义上做出的。在回应中，罗尔斯一方面坦诚地承认其理论主张的一些不完善之处，并做出了适度修正。

---

① "敏于抱负"和"钝于禀赋"是德沃金平等物理论的核心思想，集中体现在其代表作《至上的美德——平等的理论与实践》一书中。详见 Ronald M. Dworkin, *Sovereign Virtue: The Theory and Practice of Equality*, Massachusetts: Harvard University Press, 2000. 或［美］罗纳德·德沃金：《至上的美德——平等的理论与实践》，冯克利译，江苏人民出版社 2007 年版。

② ［加］威尔·金里卡：《当代政治哲学》，刘莘译，上海译文出版社 2011 年版，第 80 页。

另一方面，他极力捍卫自己的基本益品平等理论，并尽可能地对这一理论的含混之处做出再阐释。

（一）罗尔斯对基本益品平等的修正

罗尔斯在反思中承认，《正义论》中最大的弱点是他对"基本益品"的解释，因为基本益品清单中没有包括个人闲暇时间，而这将会导致基本益品平等对个人责任的忽视。因此，罗尔斯在重新审视基本益品清单的基础上将个人闲暇时间也纳入其中。具体而言，"这一问题能够以两种方式加以处理：一种方式是假定每个人都做一个标准工作日的工作；另外一种方式是基本益品的指标中包括一定数量的闲暇时间"①。他建议以一种完全客观的衡量标准来测度个人的闲暇时间，比如，在每天的 24 个小时中，如果标准工作日是 8 个小时，那么个人的闲暇时间就是每天 16 个小时。如果有人故意选择不工作，那么他就拥有额外 8 个小时的闲暇时间，其基本益品总份额不会少于他人，因而无法获得任何补偿。这样一来，那些懒惰的冲浪者就必须在工作和闲暇之间做出选择，从而决定自己以何种方式进行生活。

可以看出，通过对基本益品平等的这一修正，罗尔斯将个人闲暇时间纳入到基本益品的清单之中，在一定意义上尊重了个人选择，同时也将这种选择与其相应的责任结合起来，反映了他对平等主义认识上的一种完善和深化。但这种修正并不意味着罗尔斯对基本益品平等立场的动摇，与此相反，它恰恰是为了使基本益品平等得以完善，以便更加有力地回应那些批评意见。

（二）罗尔斯对基本益品平等的再阐释

除了对基本益品的清单问题进行修正，罗尔斯做出更多努力的是对基本益品平等的再阐释，集中体现在下述两个方面。

首先，解释基本益品平等对"基本能力平等"的容纳性。罗尔斯解释说，基本益品平等能够容纳对基本能力平等的考虑。在其后期著作

---

① ［美］约翰·罗尔斯：《作为公平的正义——正义新论》，姚大志译，中国社会科学出版社 2011 年版，第 215 页。

《政治自由主义》《作为公平的正义》《正义论》的修订版以及相关论文中，罗尔斯明确承认森所提到的基本能力对于实现个人合意生活的重要性，但他认为自己的基本益品平等实际上包含了对基本能力平等的观照，问题只在于1971年出版的《正义论》没有对基本益品与基本能力的关系做出详尽的解释。在罗尔斯的后期著述中，基本益品的特征被确定为"人在其完整的一生中作为自由和平等的公民、作为社会政策和充分合作的成员的人都需要的"。[1]为了表明基本益品平等与基本能力平等之间的密切关系，罗尔斯做出了两个方面的补充。其中，一个方面的补充着眼于阐明基本益品与实现两种道德能力之间的密切关系。"基本益品的指标是通过这种追问而被制定出来的：在包含于自由平等的公民观念中的基本能力是既定的情况下，什么东西是公民维持他们自由平等的地位和成为正式的完全的社会合作成员所必需的。"[2]此处，罗尔斯所讲的"正式的完全的社会合作成员"指的是由实现和运用两种道德能力所驱动的人。也就是说，拥有平等份额的基本益品是每一个公民与他人同等运用其两种道德能力的必备条件。一旦基本益品份额不足，人的这两种道德能力就得不到正常的发挥。罗尔斯由此回应说，基本益品平等并非如森所批评的那样不关注人的基本能力，相反，基本益品与基本能力密切相关，并且对它的公平分配是实现基本能力平等的必要条件。另一个方面的补充是通过判断个人是否拥有两种道德能力来对所有社会成员进行划界并区别对待。罗尔斯将社会成员分为两类人：一类是拥有两种道德能力，因而能够参加社会合作的正常公民；另一类则是因严重残疾而失去两种道德能力，因而也无法参加社会合作的人。这样，森等人批评的问题，即基本益品平等忽视对残疾人等弱势群体的考虑，恰好涉及罗尔斯所提到的第二类人群。罗尔斯特别强调说，第二类人群涉及的问题是一个需要做出特殊处理的特殊问题，故而在坚持基本益品

①　《罗尔斯论文全集》，陈肖生等译，吉林出版集团有限责任公司2013年版，第415页。

②　［美］约翰·罗尔斯：《作为公平的正义——正义新论》，姚大志译，中国社会科学出版社2011年版，第204页。

平等时最好将此问题暂时搁置不论。正确的做法是，在选择和落实基本益品平等的原初状态以及立宪阶段中，直接假设"所有公民都具有正常范围内的身体和心理能力"。① 至于这样做的原因，罗尔斯解释说，"正义的首要问题关涉那些终其一生都能正常活动和充分地参与社会合作的公民之间的关系"。② 不过，他转而又指出，"暂时搁置不论"不是说基本益品平等不关注对于残疾人等弱势群体"特殊需求"的补偿问题，而是说对这些特殊问题的解决需要在正义理论确定之后，"根据现存的社会条件以及对疾病和意外的发生概率的合理期望，来决定应将多少社会资源分拨到照顾这样的公民的正常健康和医疗需要服务上去"。③ 进而言之，基本益品平等意味着对残疾人等弱势群体的补偿问题尚未被安排在构思正义观的理论阶段即原初状态和立宪阶段，而是留给了其后的实践阶段即立法和司法阶段去解决。④

其次，阐明基本益品平等对个人责任的重视。在回应中，罗尔斯除了扩充基本益品的清单以外，还明确指出公民应对其形成和培养的终极目标承担责任："对基本益品的使用，预设了一种对我们目的负责的能力。这种能力，是形成、修正和理性地追求一种善观念的能力的一部分。"⑤ 换言之，基本益品平等要求个人对其偏好承担责任。罗尔斯是通过基本益品尺度与幸福尺度的比较来阐述这一点的。在他看来，如果以幸福作为平等物就难以应对人们的昂贵嗜好问题。"设想两个人，一个人每餐有点牛奶、面包和豆类就可满足，而另一个人没有昂贵的美酒佳肴就会发疯。简言之，一个人没有昂贵嗜好，另一个人则有。"⑥ 在

---

① 《罗尔斯论文全集》，陈肖生等译，吉林出版集团有限责任公司 2013 年版，第 417 页。

② 同上。

③ 同上。

④ 此处需要说明的是，罗尔斯认为在一个宪政民主社会中，基本益品平等的选择、确立以及实施分别属于不同的社会阶段，即在原初状态被选择、在立宪阶段被确立、在立法阶段和司法阶段被实施。

⑤ 《罗尔斯论文全集》，陈肖生等译，吉林出版集团有限责任公司 2013 年版，第 418 页。

⑥ John Rawls, *Collected Papers*, Cambridge, Massachusetts: Harvard University Press, 2001, p. 369. 或《罗尔斯论文全集》，陈肖生等译，吉林出版集团有限责任公司 2013 年版，第 417 页。译文有改动。

其他条件都相同的情况下，如果坚持以幸福尺度来衡量平等，就必须为后者提供比前者更高的收入，而这无疑与人们的道德直觉相冲突。罗尔斯由此指出，忽视个人责任只是坚持幸福平等才会遇到的问题，他的基本益品平等非但不会遇到这类问题，反而可以规避它，因为"公民们所接受的基本益品份额，并不能看作是对他们心理幸福感（psychological well－being）的一种衡量……它不尝试去估计个体在多大程度上成功地推进了他们的终极目的，也不去评价这些目的的价值如何（只要这些目的与正义原则是相容的）……基本益品提供了一个所有人都可以接受的公共标准"。① 基于此，罗尔斯在其基本益品平等理论中直接把公民预设为"作为道德的人"，并要求公民"在形成和培育他们的最终目的和偏好中具有某种作用"。② 这就是说，他们能够根据自己的基本益品份额调节和控制自身偏好的形成和发展，如果选择昂贵嗜好的人要求对其昂贵嗜好予以补偿，那么他人就有权利坚持让这些选择昂贵嗜好的人自己承担"缺少远见和自律"的代价③。

（三）对罗尔斯再阐释的思考和评价

罗尔斯对其基本益品平等所做的解释有效吗？仔细分析一下，我们就不难发现，这些解释并没有起到有效的辩护作用。

首先，罗尔斯所讲的基本能力并非森所意指的基本能力，因此，他所认为的基本益品平等与森所谓的基本能力平等之间的密切关系也是不存在的。罗尔斯所讲的基本能力指的是两种道德能力，即人之为人应该具备的道德素养，而森所谈论的基本能力则指的是个人能够做事情所必需的体力、智力等。两者虽不是风马牛不相及，但分别属于不同的概念层面。进一步来说，后者是前者得以实现的前提和保障，只有人的体力和智力得到了基本的保障，才能谈及人应该具备什么样的道德素养。罗尔斯以某种特殊能力（即两种道德能力）来取代森所言的具有普遍意

---

① 《罗尔斯论文全集》，陈肖生等译，吉林出版集团有限责任公司2013年版，第419页。

② 同上书，第418页。

③ 同上。

义的基本能力，这属于偷换概念，不能应对森等人对其基本益品平等所做的批评。此外，尽管罗尔斯的基本益品平等认可森所讲的人际相异性，但它对这一问题的考虑有些滞后。在森看来，罗尔斯实际上没有对人际相异性问题做出正面回应，而是通过对其基本益品平等的一些修正，以另外的分析思路——人际相异性在立宪之后的阶段才会涉及——来削弱森对基本益品平等批评的说服力①，但这样一来就会减损人际相异性在构建正义原则中的重要作用，因为罗尔斯对人际相异性的考虑是在建立起基本制度结构之后才出现的，而那些基本制度的根本特性丝毫不会受到这些"特殊需求"的影响。进而言之，即使这些"特殊需求"后来被关注，罗尔斯也没有试图去接受不同人之间普遍存在的转化能力的差异性，因为他在思考社会安排和设立具体制度时，依旧没有考虑到导致这些差异的根本原因。

罗尔斯为什么会做出这样的回应呢？这主要因为罗尔斯对"人"做出了一个错误预设，以致其基本益品平等忽视了一个人生命存在的客观需要。正如玛莎·C. 努斯鲍姆（Martha c. Nussbaum）所言，罗尔斯在自己的理论大厦中预设了每个个体都具备进行社会合作所需要的最低限度的体力和智力，这种预设排除了对诸如脑损伤者和身体残疾者等弱势群体的考虑，显然没有抓住人之为人所应该具备的最重要特征——身心健康。基于这种错误预设，罗尔斯对满足公民需要的考虑就显得过于简单化，对平等物的考虑也因之而受到了不适当的简化处理。②

其次，尽管罗尔斯扩大了基本益品的范围，但这并不等于说，他由此出发要求个人对其所有偏好负责的观念是完全合理的。表面看来，罗尔斯的观点似乎不存在争议，但它的成立却包含了一个强预设——个人偏好的形成完全是自主的。如果罗尔斯的这一预设能够成立，那么他要求个人为其偏好全权负责的观点就是言之有理的。但事实上，根本不存

---

① ［印］阿马蒂亚·森：《论经济不平等、不平等之再考察》，王文利、于占杰译，社会科学文献出版社 2008 年版，第 296 页。

② Martha C. Nussbaum, *Frontiers of Justice*: *Disability*, *Nationality*, *Species Membership*, Cambridge Massachusetts Harvard University Press, 2007, pp. 98 - 102.

在独立于个人外部环境的、纯粹的自主选择，个人偏好的形成和发展或多或少都会受到一些不可控制的环境因素及资质因素的影响，我们所能负责并且应当负责的只是我们控制之中的事情。正如阿内逊所言，"如果我们只能对处于我们控制之下的东西负责，那么我们至多对我们的偏好负有部分责任"。① 罗尔斯这个结论得出得太仓促太欠考虑了，即使接受他所讲的个人应对其昂贵嗜好负责的观点，平等主义者也只能要求人们为此承担部分而非全部责任。换言之，只要属于无法选择的偏好，个人就有权要求为其寻求补偿。从这个意义上讲，罗尔斯的基本益品平等非但没能提供人们对其偏好全权负责的充足理由，反而还不恰当地夸大了其应担负的责任，进而导致人们要为很多原本属于社会而非他们自己的责任埋单。

至此，我们已经讨论了罗尔斯"作为公平的正义"理论的形成、基本益品作为平等物的原因、其他学者从平等物视角对基本益品平等做出的批评以及罗尔斯后来做出的回应。从中我们可以发现，平等物问题是由罗尔斯的"作为公平的正义"理论所引发的。进而言之，这一问题是从罗尔斯以平等理念取代功利主义最大化理念、作为分配正义主张的平等主义在当代西方政治哲学中占据主要地位之后才产生的问题。对于这个重要但又无法达成共识的问题，本章虽然集中阐述了罗尔斯与其他平等主义者之间的相关争论，但罗尔斯当初毕竟不是直接针对平等物问题而提出基本益品平等理论的。因此，虽说众学者对平等物问题的理解和讨论都是围绕基本益品平等而展开的，但就这一问题本身而言，罗尔斯对基本益品平等的阐述至多只能被算作平等物问题得以探讨的萌芽或开端，其深度和集中程度都远不及之后四位平等主义者所阐述的平等物理论那样，可以说，真正对这一问题做出深入系统的研究则是罗尔斯以后那些平等主义者的事业。

---

① ［美］理查德·阿内逊：《平等与福利机遇平等》，载葛四友《运气均等主义》，江苏人民出版社 2006 年版，第 80—81 页。

第二章　德沃金的资源平等

　　虽然罗尔斯提及基本益品平等，认为平等的实现应体现在对基本益品的分配上，但他起初并没有专门把对这一理论的讨论限定在平等物问题上。相比之下，直接针对平等物问题进行积极探索的学者始于罗纳德·德沃金。德沃金在其代表作《至上的美德——平等的理论实践》中将平等奉为政治社会"至上的美德"（soveregn virtue），认为受到"平等的关切与尊重"（the right to equal concernand respect）是具有这种美德的政府赋予其公民的基本权利。在这部著作中，德沃金虽不否认政治平等及其他领域平等的价值，但他认为与分配正义相关的平等物问题涉及的主要是经济领域，应集中考察"某种形式的物质平等"①，即在现行市场经济条件下，诸社会成员之间如何才能生活得同样好。除了限定平等物问题的研究范围，德沃金还指出了平等物问题研究所应遵循的两个伦理个人主义原则（principles of ethical individualism）：平等的重要性原则（the principle of equal importance）和具体责任原则（the principle of special responsibility）②。在平等物问题上，德沃金基于对幸福平等的全

---

　　① ［美］罗纳德·德沃金：《至上的美德——平等的理论与实践》，冯克利译，江苏人民出版社 2007 年第 2 版，第 3 页。

　　② 平等的重要性原则不要求人们在一切事情上都平等，比如，它不苛求人们都同等地具有理性、同等地善良，也不苛求他们创造相同的人生价值。它所关涉的平等仅仅与每个人的人生都有意义而不被虚度相关，指的是每个人的人生都同等重要。这一原则要求政府采用的法律或政策尽可能使公民的命运不受其经济背景、性别、种族、特殊技能等不利条件的影响，也就是说，政府要排除公民所有的内外部障碍而使其能够自由选择自己的合意生活。相（转下页注）

面批评和对罗尔斯基本益品平等的批判性继承，提出了资源平等的理论。资源平等把基于人们选择的资源组合作为平等物（我们可将这种说法简称为把资源作为平等物或资源平等），实际上是德沃金对罗尔斯基本益品平等的一种重构。这一平等物理论一方面将人的身心健康状况、赚钱能力等无法控制的因素都纳入资源的范围，扩大了资源的范围；另一方面引入了两个市场机制——拍卖机制和保险机制，对平等物问题的考察从人们最终获取资源的同等份额转变为其获取不同资源组合的同等机会，第一次将个人责任明确纳入了平等物问题的考察之中。德沃金把资源作为平等物的理论在当代西方平等物问题研究中具有开创性意义，同时也在学术界产生了巨大的反响。鉴于此，本章将对德沃金的资源平等理论做一个较为全面系统的阐述。

第一节 对幸福平等的批评

和罗尔斯的基本益品平等一样，德沃金对其资源平等的建构也是从对幸福平等的批评开始的。如果说罗尔斯在《正义论》中对幸福平等（即把幸福作为平等物）的批评还局限于功利主义的范围之内，更确切地说，他最初批评的只是功利主义幸福尺度所具有的缺陷，那么德沃金对幸福平等的批评已经完全从功利主义中抽离出来，基于更为宽泛的幸

（接上页注）对于重要性平等原则，具体责任原则更为重要。它不是一条形而上学原则或社会学原则，而是一条关系原则（relational principle），因为它不否认那些从心理学或生物学角度提出令人信服的因果解释，去说明为什么不同的人会选择这样或那样的人生（比如传统而平淡的生活或新鲜而怪异的生活，等等），而是坚持认为，对于一个人所选择的生活方式来说，"在资源和文化所允许的无论什么样的选择范围内，他本人要对做出那样的选择负起责任"。这个原则"要求政府在它能做到的范围内，还要努力使其公民的命运同他们自己做出的选择密切相关"。简言之，具体责任原则在承认每一种人生的成功都同等重要的基础上，要求"个人对这种成功负有具体的和最终的责任"，因为这种生活方式是他自己选择的而不是别人强加于他的。参见［美］罗纳德·德沃金《至上的美德——平等的理论与实践》，冯克利译，江苏人民出版社 2007 年第 2 版，第 6 页。

福主义①视域而展开，进而将这种批评与平等物问题真正关联起来。由于在幸福主义视域中，幸福是一个可以做出多种理解的模糊概念，而对幸福的不同理解和解读则会使幸福平等呈现出不同的平等物类型，因而若想真正否定幸福尺度在平等物问题中的价值，就必须对每一种幸福平等逐一批评，以此达到否定把幸福作为平等物的目的。德沃金遵循的就是这样一条致思道路。在明确给出幸福平等的总体定义即"一种分配方案在人们中间分配或转移资源，直到再也无法使他们在幸福方面更加平等"② 之后，他就分别基于主客观两种不同的理论视角对幸福平等展开了系统批评。

一　主观幸福平等的两大缺陷

在德沃金看来，主观幸福平等（即把主观幸福作为平等物）具有两大缺陷：一是存在人际比较困难；二是容易引发昂贵嗜好问题。

（一）主观幸福平等存在人际比较困难

德沃金对把主观幸福作为平等物的批评集中在人际比较问题上。上一章已经表明，罗尔斯对幸福平等的一个批评是幸福尺度因具有主观任意性而难以做出人际比较，他的这一批评是在将作为个人偏好的幸福与作为快乐感受的幸福并置考虑时提出来的。如果说罗尔斯的贡献只在于对主观幸福平等做了一个笼统的批评，那么德沃金则使这一批评更加全面化和系统化，因为他在将主观幸福区分为"成功"和"感觉状态"的基础上，又分别对这两种幸福平等各个击破，逐一否定。

1. 把"成功"作为平等物所面临的人际比较困难

在德沃金看来，把"成功"作为平等物指的是"资源的分配和转

---

① 德沃金所涉及的幸福主义由阿马蒂亚·森所定义，指的是"对分配正义的定义必须完全根据对个人幸福的某种功能的规定"。对此，德沃金还指出，"我们所研究的幸福平等的不同类型，都是幸福主义的变体"。参见 Ronald M. Dworkin, *Sovereign Virtue：The Theory and Practice of Equality*, Massachusetts：Harvard University Press, 2000, p.62. 或［美］罗纳德·德沃金：《至上的美德——平等的理论与实践》，冯克利译，江苏人民出版社 2007 年第 2 版，第 58 页。译文有改动。

② Ronald M. Dworkin, *Sovereign Virtue：The Theory and Practice of Equality*, Massachusetts：Harvard University Press, 2000, p.12. 或［美］罗纳德·德沃金：《至上的美德——平等的理论与实践》，冯克利译，江苏人民出版社 2007 年第 2 版，第 4 页。译文有改动。

移应达到进一步的转移无法再降低人们在这些成功（指实现个人偏好、目标或抱负等方面的成功，笔者注）方面的差别的程度"。① 这种平等物理论所涉及的幸福含义十分宽泛，可以将政治偏好（political prefer-ences）、非个人偏好（impersonal preferences）和个人偏好（personal preferences）三个方面都包括在内。但是，如果把包含政治偏好的主观幸福作为平等物，就无法应对种族偏见和贵族偏见问题，而这两类政治偏好是一些非平等主义偏好，在道德直觉上无法和其他偏好齐观等视，也无法做出恰当的人际比较。因此，一旦同等程度地满足人们的这些政治偏好，就会背离平等的重要性原则，但倘若不满足它们，又不符合把幸福作为平等物本身的要求，于是德沃金建议将政治偏好从主观幸福平等中排除出去，只讨论包括非个人偏好和个人偏好这两种主观幸福的平等物理论。与此同时，德沃金又指出，有些非个人偏好脱离实际，是现有的资源条件无论如何都难以满足的，比如希望在火星上发现生命、拯救濒临灭绝的野生动物，等等。由于这些非个人偏好也无法和其他偏好一样进行人际比较，因而作为非个人偏好的主观幸福也被德沃金从平等物视野中排除了。

这样，德沃金的批评对象只剩下把个人偏好作为平等物的理论了。在他看来，这种平等物理论的情况稍稍复杂一些，主要指的是一种"个人成功的平等"（equality of personal success）。一般说来，人们对于个人"成功"的理解主要有两种："相对成功"和"总体成功"。德沃金认为把"相对成功"作为平等物的理论十分荒谬，因为不同个体赋予"相对成功"的含义是不一样的。"如果把幸福平等解释成在分配所能做到的范围内使人们的相对成功达致平等，即在他们完成自己所确定的目标的程度上达到平等"②，那么只有取得更大成功的人才能够获得更多的资源。在

---

① ［美］罗纳德·德沃金：《至上的美德——平等的理论与实践》，冯克利译，江苏人民出版社 2007 年第 2 版，第 9 页。

② Ronald M. Dworkin, *Sovereign Virtue: The Theory and Practice of Equality*, Massachusetts: Harvard University Press, 2000, p.31. 或 ［美］罗纳德·德沃金：《至上的美德——平等的理论与实践》，冯克利译，江苏人民出版社 2007 年第 2 版，第 24 页。译文有改动。

这种情况下，把"相对成功"作为平等物就会衍生出这样的理念："人们应当只在相对成功中寻找价值，而不必考虑他们所取得相对成功的人生的内在价值及意义。"① 如果残疾人由于在自己做事情的能力上受到限制，只能做出十分有限的选择，其他人则可以凭借其身心健康的优势而追求更大的目标，那么身心健康者就会获得多于残疾人的资源份额，因为相较于后者，他们的所作所为显得更加成功。不言而喻，这样的平等物理论根本无法对不同个体做出合理的人际比较，更无法实现对残疾人和健全人的同等对待，必将致使残疾人的生活雪上加霜。

在指出了把"相对成功"作为平等物所存在的人际比较困难之后，德沃金又分别基于两个不同层面批评了把"总体成功"作为平等物的这一缺陷。第一个层面的"总体成功"指的是让每个人根据自己的不同价值观而对其本人是否获得成功做出评判。德沃金批评说，不同个体对于"总体成功"的认识各不相同，比如，杰克（Jack）可能认为"巨大成功"和"十分巨大的成功"之间具有重大差别，而乔（Joe）则认为这些概念之间的差别无关紧要。在这种情况下，即使他们对自己"总体成功"的评价相同，其实际境况也可能落差极大，无法进行恰当的人际比较，因而由此推论的平等物理论不能满足平等的重要性原则。第二个层面的"总体成功"指的是采用合理遗憾方法而对个人是否获得成功做出评判。在德沃金的相关论述中，合理遗憾方法指的是"较之资源在社会中进行平等分配时他们各自能过上的最好生活，他们目前的生活在多大程度上不成功，以此来计算他们的总体成功"。② 依据这种方法，如果杰克的"总体成功"大于乔的"总体成功"，那么杰克就需要将额外的资源转移给乔，以此来缩小他们彼此在"总体成功"上的差距。这种平等物理论看起来有效，因为它可以对不同个体之间的生活

---

① Ronald M. Dworkin, *Sovereign Virtue*: *The Theory and Practice of Equality*, Massachusetts: Harvard University Press, 2000, p. 32. 或［美］罗纳德·德沃金：《至上的美德——平等的理论与实践》，冯克利译，江苏人民出版社 2007 年第 2 版，第 24 页。译文有改动。

② ［美］罗纳德·德沃金：《至上的美德——平等的理论与实践》，冯克利译，江苏人民出版社 2007 年版，第 35 页。

状况做出合理的比较，进而满足平等的重要性原则，但对它的落实必须内在地依托一个"人有资格得到什么样的分配份额"即资源平等的预设，因为只有这样，杰克才有理由为自己的资源份额少于其应有的公平份额而抱怨。进而言之，如果采用合理遗憾的方法重新分配资源，就不得不诉诸某种公平的资源份额且依赖某种形式的资源平等理念，超出了幸福平等的界域之外。因此，从本质上说，幸福平等自身不具备人际比较的功能，这种基于"合理遗憾"而评判的"总体成功"也不能作为平等物。

2. 对把"感觉状态"作为平等物的人际比较困难的批评

把"感觉状态"作为平等物的意思是"分配应当努力使人们在其所自觉意识的生活方面或生活质量上尽可能达到平等"，① 也就是要使人们实现"一种感觉状态（conscious state）的数量或程度上的平等"。② 这种平等物理论之中的幸福含义指的是一种令人欲求的感觉状态，它源于早期功利主义者将幸福理解为趋乐避苦的观念。德沃金认为，"快乐"和"痛苦"过于狭隘，不足以涵盖一切感觉状态，比如，某种特定的"快乐"难以描述一部戏或一首诗所带来的幸福体验；与此类似，"痛苦"也不足以表达无聊、不适或沮丧等不幸的感觉。为避免不必要的纷争所引起的麻烦，他就以"享受"和"不满足"来指代一切作为平等物的"感觉状态"都关注的称心状态和不称心状态，并以"享受"的平等来指代这种类型的平等物理论。在他看来，把平等物理解为"享受"与理解为上文提到的"成功"相类似，只不过前者是对主观幸福平等的一种更为主观的表达形式。"人们不但从他们的个人偏好中获得享受，也直接从他们的政治偏好和非个人偏好的满足中获得享受；当他

① Ronald M. Dworkin, *Sovereign Virtue*: *The Theory and Practice of Equality*, Massachusetts: Harvard University Press, 2000, pp. 17 – 18. 或 ［美］罗纳德·德沃金：《至上的美德——平等的理论与实践》，冯克利译，江苏人民出版社 2007 年第 2 版，第 10 页。译文有改动。

② ［美］罗纳德·德沃金：《至上的美德——平等的理论与实践》，冯克利译，江苏人民出版社 2007 年第 2 版，第 36 页。

们的政治偏好和非个人偏好落空时，他们就会感到不满。"① 因此，把"享受"作为平等物的理论中所涉及的幸福含义也涉及三种类型：从政治偏好中获得的享受、从非个人偏好中获得的享受以及从个人偏好中获得的享受。其中，从政治偏好和非个人偏好中所获"享受"的平等与前两类"成功"的平等面临着同样的人际比较困难，因而德沃金对前两类作为"成功"的平等的批评也同样适用于它们。基于这个原因，德沃金并未对这两类"享受"的平等做出深入探讨。至于把从个人偏好中所获的享受作为平等物，德沃金指出，这种理论虽然具有一定的吸引力，即它可以使人们在其"同等看重的东西上达到平等"，但其吸引力不可能持久，因为"实际上人们赋予享受的重要性各不相同，甚至当这个术语在最宽泛的意义上表示感觉状态时也是如此。当他们在一个方面达到平等时，就会在许多人更加看重的其他方面变得不平等"。② 可见，不同个体之间各不相同却又无法通约的"感觉状态"使得政府在按照"感觉状态"的平等落实相应的政策时，再一次不可避免地陷入了人际比较的困境，如果政府仅仅因为人们不满足于自己的享受就分配给其额外的资源，那将同样构成对平等的重要性原则的严重偏离。

(二) 主观幸福平等容易引发昂贵嗜好问题

在德沃金看来，把主观幸福作为平等物的理论除了面临上述困境以外，还存在另一个重大缺陷——容易引发昂贵嗜好问题。在这一点上，德沃金与罗尔斯持有相同的批判立场，即将幸福作为平等物会导致其在责任面前无能为力，但他比罗尔斯的批判更为深入和系统。他不仅指出追求主观幸福平等必然会补偿人们的昂贵嗜好，并由此导致个人的责任缺失，而且还剖析了这种平等物理论之所以难以规避昂贵嗜好问题的根本原因。

与罗尔斯不同的是，德沃金在批评主观幸福平等忽视个人责任问

---

① 同上。

② Ronald M. Dworkin, *Sovereign Virtue: The Theory and Practice of Equality*, Massachusetts: Harvard University Press, 2000, p. 43.

题时，首先在一定程度上肯定了这种平等物理论在直觉上可能具备的吸引力，即它描述了生活本身而非实现合意生活的一些工具性要素。"如果我们决心做到平等，却又从与资源所带来的幸福无关的角度来界定平等，那么我们似乎是错误地把手段当成了目的，沉迷于对我们只应作为工具看待的东西的拜物教幻象之中。"① 换言之，如果政府真想把人作为平等者对待，那就必须使其公民获得自己想要的生活，而不只是使他们的银行账户上具有相同数额的财富。例如，为使那些具有严重的身体缺陷及智力缺陷的人能够享有和其他人一样的幸福水平，政府就应该为他们提供额外的资源份额。但是，德沃金转而指出，这种直觉上的吸引力在另外一种情况中马上就会消失殆尽，比如对于那些爱喝香槟酒的人来说，他们也需要更多的资源才能实现和那些选择喝啤酒的人同样的幸福水平。尽管身患残疾的人和拥有喝香槟酒等昂贵嗜好的人都需要更多的资源，但他们却分别属于不同的类型，前者的困境是由个人自身无法选择的偶然因素所导致，后者的困境则是其自主选择的结果。换言之，前者和后者的生活差异应得到区别对待，前者不应对其困境承担责任，而后者则必须承担责任。德沃金认为，这个反例足以表明，需要更多资源并不是一个人应当获得补偿的恰当理由，但如果把主观幸福作为平等物，就无法合理甄别上述两类困境，进而导致个人责任的缺失。实际上，这也正是幸福平等遭人诟病的一个重要原因。

那么，把主观幸福作为平等物的理论为什么不能规避昂贵嗜好问题呢？或者进一步说，它为何不能提出拒绝补偿昂贵嗜好的恰当理由呢？德沃金再一次从两个不同方面对导致这一问题的原因进行了剖析。他是通过一个关于路易斯（Louis）故意培养昂贵嗜好的例子来做出剖析的：路易斯认为只有陈年的红葡萄酒和凤头麦鸡蛋才能使他获得更多幸福，所以他有意识地培养这种新嗜好，但由于其价钱昂贵，他只有获得更多

---

① Ronald M. Dworkin, *Sovereign Virtue: The Theory and Practice of Equality*, Massachusetts: Harvard University Press, 2000, p. 14. 或［美］罗纳德·德沃金：《至上的美德——平等的理论与实践》，冯克利译，江苏人民出版社 2007 年第 2 版，第 6—7 页。译文有改动。

额外的资源份额才能达到和过去拥有普通嗜好时一样的幸福水平。德沃金认为，如果将这里的幸福理解为一种类似于"享受"的"感觉状态"，那么可以想象诸如路易斯之类的人就会认为，能够享受稀缺的奢侈品是一种美好的生活，因为"从这种生活中可以了解丰富多彩的快乐，或更精致的快乐，或不为人知的快乐"①。在这种情况下，政府就没有任何恰当的理由不提供对路易斯昂贵嗜好的补偿。如果将幸福理解为一种"成功"，那么关于这些"成功"的信念本身不是人们主动培养或选择的，而是在周围的环境氛围中不经意间形成的。"在一个致力于消除幸福差异的社会中，从任何角度去考虑都没有理由忽视由这些信念所产生的幸福差异"②。故此，无论把主观幸福理解为一种类似于"享受"的"感觉状态"还是理解为"成功"，都无法提供不补偿路易斯昂贵嗜好的合理理由。

二 客观幸福平等的不自洽性

在德沃金看来，把客观幸福作为平等物虽不存在人际比较困难和昂贵嗜好问题，但这种理论在逻辑上不能自洽，它要么会背离自由主义多元善观念的道德前提，要么则会转化为某种形式的资源平等。

德沃金设想了把客观幸福作为平等物的两种不同理论，并分别针对它们展开了批评。其中，第一种客观幸福平等，指的是设定一种不同于公民从资源中所获主观感受的客观标准，并以此来检验公民幸福水平的高低。比如，甲实际上不看重友谊，尽管他认为缺乏友谊的生活使他感到孤独、缺少关爱，并且已经意识到别人从友谊中获得的温暖和关爱，但他仍然认为自己所过的生活是一种好生活。德沃金认为，在这种情况下，如果政府根据某种特定的客观标准而判定甲的幸福指数较低，并因之强行赋予他额外的资源，比如对他进行友谊价值的专门教育，那么这

---

① Ronald M. Dworkin, *Sovereign Virtue: The Theory and Practice of Equality*, Massachusetts: Harvard University Press, 2000, p. 52. 或 ［美］罗纳德·德沃金:《至上的美德——平等的理论与实践》，冯克利译，江苏人民出版社 2007 年第 2 版，第 47 页。译文有改动。

② 同上。

种分配方案即便可以实现平等并规避昂贵嗜好问题，也不能被视为一种可取的平等物理论，因为它会违背国家中立性原则并干涉到公民的自由选择。

德沃金所设想的把客观幸福作为平等物的另一种理论，指的是一个人的幸福体现于他所能支配的资源。他认为，平等主义者可从广义和狭义两方面来界定和理解资源。从广义上说，资源既包括各种类型的物质资源（诸如教育、医疗等各种机会），又包括人的体力和智力；从狭义上说，它只包括人们认为最重要的东西。但无论是对资源的广义理解还是狭义理解都不影响对这种平等物理论的解读，因为它可以绕过对资源的具体解读，直接"根据他可以自由支配的某些基本资源"来确定个人的幸福水平①。如果两个人都拥有健康的身体和健全的智力，并且都接受过良好的教育，拥有同样多的财富，那么我们就可以由此推定这两个人获得了同样的幸福水平，丝毫不用考虑他们之中的哪个人由于想过上奢华的生活而感到资源不足，抑或是只喜欢极其节俭的生活而感到资源多余。德沃金认为，这种客观幸福平等虽然易于对不同个体的幸福状况做出比较，也能满足平等的重要性原则，但它实际上只要求人们在一些规定的资源上达到平等即可。从本质上看，把这种客观幸福作为平等物的理论与把资源作为平等物的理论并无二异，至少它可以被视为某些资源方面的平等，或者更确切地说，"它更像是一种用具有误导性的幸福语言来对资源平等做出的阐述"。②

德沃金认为，把这种客观幸福作为平等物的理论虽然能够在不背离自由主义多元善观念的前提下克服昂贵嗜好问题，但若真想要达到这一目的，它就必须诉诸一种关于公平资源份额的方案，进而造成对幸福平等本身轨迹的偏离。为了进一步表明这一点，他又基于"公平份额"而提供了一个不同于路易斯的例子来与之对比。这是一个关于

① Ronald M. Dworkin, *Sovereign Virtue: The Theory and Practice of Equality*, Massachusetts: Harvard University Press, 2000, p. 46. 或 ［美］罗纳德·德沃金：《至上的美德——平等的理论与实践》，冯克利译，江苏人民出版社 2007 年第 2 版，第 41 页。译文有改动。

② Ibid., p. 47.

朱迪（Jude）培养廉价的"昂贵嗜好"的例子。由于清心寡欲，朱迪的收入大大少于其他人，但她却对自己的生活十分知足。直到有一天，她阅读了海明威的小说，并且迷上了西班牙斗牛。她认为这种爱好有助于实现自己的成功生活，因而要求通过一种再分配方案而获得更多的钱。即便如此，她最终所得的钱仍然少于其他人。德沃金说，如果政府遵照这种客观幸福平等而设定一个资源的"公平份额"，根据这个"公平份额"，政府就应该给朱迪而不是路易斯提供更多的钱，其理由不在于路易斯培养的嗜好太费钱（朱迪的新嗜好虽然费钱却属于正当的花费），而在于"路易斯要求在自己的生活中支配的数量，超过了社会资源的平均份额，而朱迪只要求更接近平均份额的数量供自己支配"。[①] 德沃金进而指出，尽管朱迪自觉培养了"昂贵嗜好"，但她不仅获得了比自己先前更多的幸福，而且还成功地获得了比其他人更多的幸福，因此，一个信奉平等主义的政府非但不应否定，反而还应支持对朱迪新嗜好的补偿。这个事例表明，尽管这种客观幸福平等可以有效防止对人们故意培养超出其"公平份额"的昂贵嗜好的额外补偿，但它的存在必须以某种不同于幸福平等的资源平等为前提。从根本上讲，这种客观幸福平等所呈现出来的已经不再是其本来面目，或者更进一步说它已经转换为某种形式的资源平等了。因此，此处所谓的不补偿人们昂贵嗜好的合理理由，实际上是由某种形式的资源平等而非幸福平等本身所提供的。

通过上述对主客观幸福平等的剖析，德沃金已经完成了对把幸福作为平等物及其引发的昂贵嗜好问题的全面批评，并得出了如下结论：无论是主观幸福还是客观幸福，都不可能成为恰当的平等物。德沃金的批评能够站得住脚吗？表面看来，他的分析层层递进，鞭辟入里，令人信服，但仔细琢磨之后我们就会发现，德沃金对幸福平等的批评虽然有力，却不足以彻底摧毁它，因为他对主观幸福平等人际比较困难的批评仅仅是在不对幸

---

① ［美］罗纳德·德沃金：《至上的美德——平等的理论与实践》，冯克利译，江苏人民出版社 2007 年第 2 版，第 54 页。

福含义进行任何必要限定的情况下做出的，如果将其中的幸福含义限定为个人在理想境况下经过深思熟虑之后所拥有的幸福感，再借助经济学的决策树理论将这些幸福感区分为不同的等级，那么这些人际比较困难就能够在很大程度上得以克服。此外，德沃金对幸福平等所引发的昂贵嗜好问题的批评也仅仅是在一种结果平等的预设下展开的，如果脱开结果平等而使个人选择与其获得的幸福感相关联，那么德沃金所做出的一切批评都将丧失其原有的效力。正如 G. A. 科恩所言，如果平等主义者允许对结果平等的背离，并通过使个人幸福反映其选择的方式对幸福平等进行重构，那么德沃金对幸福平等的很多批评就可以得到化解。实际上，对幸福平等的这种重构正是后来的平等主义者理查德·阿内逊所做的努力。当阿内逊用经过严格限定的幸福尺度取代未经任何限定的原初幸福尺度时，当他以体现个人选择和责任的幸福机会取代幸福本身时，德沃金的批评便不攻自破了，因为由此产生的平等物理论不仅能够克服被德沃金所责难的人际比较困难，而且还允许对幸福平等本身的背离。如果这种背离反映了主体的相关选择，那么由此引起的不平等就是主体自身应当承担的责任，因而也是正义的和无须做出任何补偿的。关于阿内逊对幸福平等的重构，本书第三章将做出更为详细的阐述。

第二节　对基本益品平等的两个评价

资源平等的提出除了与德沃金对幸福平等的批评相关，还与他对罗尔斯基本益品平等的反思相关。与对幸福平等的态度不同，德沃金并没有对罗尔斯基本益品平等完全拒斥，而是同时存有认同和批评两种态度。也就是说，德沃金的资源平等是基于对罗尔斯平等物理论的批判性继承而提出的。因此，在阐述德沃金的资源平等之前，我们还需要了解一下德沃金对罗尔斯基本益品平等的认同与批评。

一　对基本益品平等的认同

德沃金认同罗尔斯主张的平等体现在人们实现合意生活所需要的通

用资源上这一重要理念，并认同罗尔斯基本益品平等对个人外部资源的关注。

罗尔斯认为，在一个善观念多元化的现代民主社会中，如果想要实现平等待人，国家无须跟踪也不可能跟踪每个公民的最终生活目标，而只需为他们提供实现合意生活的通用资源即可。基本益品恰好符合这一要求，所以平等应体现在对基本益品的分配上。德沃金完全认同罗尔斯尊重公民合理善观念的道德理念，并将其贯彻到一种法律意义上的权利中，指出国家应对其公民表示"平等的关切和尊重"（equal concern and respect）①。换言之，公民应享有受到国家平等关切及尊重的权利。也就是说，所有人的善观念及其对应的生活方式都应受到国家同等程度的重视，不应被做出孰优孰劣的区分，更不应被贴上支持或反对的标签。和罗尔斯一样，德沃金也认为只有为人们提供这些资源的公平份额，才可能使其按照自己的意愿选择生活方式。相

---

① 德沃金曾在其《认真对待权利》一书中指出，公民受到"平等的关切与尊重"的权利实际上包含了以下两方面内容："受到平等对待的权利"（the right to equal treatment）和"作为一个平等者而被对待的权利"（the right to treatment as an equal）。其中，前者仅指公民在机会、资源和负担方面获得平等分配的权利，它意指一种无差别的对待。最典型的例子是，在一个民主社会中，每个公民都有平等的投票权，实行"一人一票制"，并且每个人的投票都具有相同的权重和价值。而后者则是一种基于更抽象的层面的道德上的平等关切，它同时涵盖无差别的对待和有差别的对待，具体做出哪种判定要视情况而定。比如，在公民投票方面它也要求一种无差别的对待，但在救援或补助方面则不然。德沃金列举了两个例子来说明这一点。第一个例子是，某人有两个孩子，其中一个孩子病情严重、生命垂危，而这个孩子的严重病情使另一个孩子感到身体不适。如果这两个孩子都需要相同的药物来缓解症状，那么在药物有限的情况下，将这两个孩子作为平等者对待就不能对这两个孩子的症状等量齐观，以投硬币的方式来决定谁将得到药物，相反，他应将那些仅有的药物给予病情严重的孩子。另一个例子是，有两个具有相同人口数量的地区都因遭受洪水侵袭而需要援助，但紧急救援基金金额十分有限，无法满足这两个地区居民的全部需求。在这种情况下，将这两个地区的居民作为平等者来对待就要求政府向受灾更严重的居民提供更多的援助，而不仅仅是简单地平等分配这份基金。由此说来，"作为一个平等者而受到对待的权利"在道德上更为根本，也更为重要，而"受到平等对待的权利"则是它的派生物。德沃金认为，从这个意义上讲，"作为一个平等者而受到对待的权利"更能体现他所讲的公民所应享有的"平等的关切和尊重的权利"。参见：Ronald Dworkin, *Taking Rights Seriously*, Massachusetts: Harvard University Press, 1977, pp. 227, 273; 以及 Ronald Dworkin, *A Matter of Principle*, Cambridge, Massachusetts: Harvard University Press, 1985, p. 190。

反，如果人们未能获得这样的资源份额，他们就不应为其基于这个份额的任何选择而责备自己，而应当抱怨那些政治共同体的官员对他们的不公正对待。①

二　对基本益品平等的批评

尽管德沃金认同罗尔斯的上述理念，但这并不意味着他也认同罗尔斯的基本益品平等。在德沃金看来，基本益品平等无法满足一个恰当的平等物理论所必须遵照的平等的重要性原则及具体责任原则，它主要存在以下两类缺陷。

第一类缺陷是：罗尔斯视域中的基本益品只包括社会基本益品，忽视了对个人自主选择能力的考虑，不能满足平等的重要性原则。德沃金认为，要想使个人真正实现对其合意生活的自主选择，除了其自身的善观念以外，还必须具备两个条件：实现这种生活所需要的外部资源（如收入和财富、机会等）以及个人做出这种选择的内在能力（如身体、心智及个性特征等）。罗尔斯的基本益品平等只考虑到前者而忽视了后者，因为它仅以社会成员拥有的基本益品份额来判定谁是处境最差者，是一种从经济上加以区分的僵化方式，据此判定的处境最差者并不能单独构成一个处境最差者的群体。进而言之，基本益品平等无法对这些处境最差者之中不同类型的人做出进一步的区分，比如，哪些人身体健康或能力较强，哪些人身体残疾或能力较差，所以不能对那些身体残疾或才能低下等自然资质的缺乏者的困难处境做出任何反应，更无法使其获得与身体健康者或才能较高者大致相同的选择能力。总之，在德沃金看来，罗尔斯的基本益品平等存在太多的任意性，它只将平等物与某个阶层挂钩，而不是把它在更深层面上与具体的个人相关联，"如果具体应用到每一个人，对平等的这种单一维

---

① ［美］罗纳德·德沃金：《至上的美德——平等的理论与实践》，冯克利译，江苏人民出版社 2007 年第 2 版，第 343 页。

度的分析显然是不能令人满意的"。① 因此，即便人们的基本益品实现了平等，他们也可能因为不同的选择能力而无法实现同等合意的生活。

另一类缺陷在于，基本益品平等是一种结果平等，忽视了个人选择及责任在益品分配中的作用，不符合具体责任原则。在德沃金看来，尽管罗尔斯认为一个现代民主国家应当在各种善观念之间保持中立，即允许公民拥有不同的善观念并选择与其对应的生活方式，但基本益品平等未能真正落实他的这一理念。德沃金分析说，国家中立性理念的真正含义不仅在于国家允许和尊重其公民在不同的合意生活之间做出选择，而且还要求"他本人要对做出那样的选择负起责任"②，因为这种生活方式是他自己选择的而非别人强加于他的。然而，罗尔斯的平等物理论却在一种结果意义上直接假定基本益品的简单平等就是真正的平等，不仅忽视不同个体"抱负、嗜好、职业或消费差别"等个人选择对资源分配的影响③，而且还将造成"那些努力奋斗的人们辛苦赚来的一部分工资被征收并送给那些根本不工作的人"的不公平现象④，最终在个人责任问题上陷入了和幸福平等同样的困境。更形象地说，基本益品平等已沦为幸福平等的"最佳保障"了。德沃金进而指出，如果罗尔斯不承认"基本益品平等是幸福平等的最佳保障"，并拒绝滑入他所反对的幸福平等，那么他的平等物理论就无法应对以下两种情况："如果按照其余人的需求为衡量标准，当那些消费着更多东西的人的剩余物和那些消费更少东西的人的剩余物一样时，这种分配就不是一种对社会资源的平等分配；同样，当选择了更有生产力的职业的人，其最终拥有的资源却

---

① ［美］罗纳德·德沃金：《至上的美德——平等的理论与实践》，冯克利译，江苏人民出版社 2007 年第 2 版，第 115 页。

② 同上书，导论，第 7 页。

③ 同上书，第 115 页。

④ 同上书，第 352 页。

少于选择了休闲的人的资源时，情况也是如此。"① 也就是说，一种恰当的平等物理论应默认以下两类不平等并要求个人对其自身的处境负责：一类是因拥有昂贵嗜好而导致其益品份额最少的处境较差者；另一类是因辛勤劳动而占有益品份额较多的处境较好者。但罗尔斯的基本益品平等显然无法做到这一点。

鉴于罗尔斯基本益品平等存在的上述两类缺陷，德沃金认为基本益品平等是一种不充分的平等物理论。如果想要切实解决基本益品平等所面临的这些困境，就需要对平等物问题做出进一步的思索，进而提出一种既能实现对所有人的平等关照，又能使其对自身选择承担责任的平等物理论，而这一思考恰恰构成了他提出把资源作为平等物的一个重要原因。

第三节　作为平等物的资源

在德沃金看来，无论是把主客观形式的幸福还是把基本益品作为平等物，都无法满足平等的重要性原则和具体责任原则，因而幸福和基本益品都不宜作为恰当的平等物。为了真正落实这两个原则，实现政府对其公民的"平等的关切"，德沃金认为平等物应与人们获取的资源相关，并由此提出了一种把更宽泛意义上的资源作为平等物的理论，即"一种分配方案在人们中间分配或转移资源，直到再也无法使他们在总体资源份额上更加平等"。②

从德沃金的相关论述来看，"资源"又被称为"环境"③，可被划分

---

① Ronald M. Dworkin, *Sovereign Virtue：The Theory and Practice of Equality*, Massachusetts：Harvard University Press, 2000, pp. 116 – 117. 或 ［美］罗纳德·德沃金：《至上的美德——平等的理论与实践》，冯克利译，江苏人民出版社 2007 年第 2 版，第 115—116 页。译文有改动。

② ［美］罗纳德·德沃金：《至上的美德——平等的理论与实践》，冯克利译，江苏人民出版社 2007 年第 2 版，第 4 页。

③ 在资源平等中，德沃金对资源的界定是通过与偏好的对比而做出的。他最初将这组概念区分为资源和偏好，后来由于"资源／偏好"这一区分受到了科恩等人的批评，他就将其修正为"环境／个人"，再后来又修正为"环境／选择"。笔者认为，尽管德沃金的这组概念经过了三次变更，但这三次变更只是名称上的变更，所表达的含义在本质上具有相似性，因而在阐述德沃金的平等物理论时，可以基于相同的理解来运用这组概念而不必作出区分。对资源平等的具体批评意见请参见：G. A. Cohen, "On the Currency of Egalitarian Justice", *Ethics*, Vol. 99, No. 4, 1989, pp. 928 – 929。

为两类，一类相当于罗尔斯平等物理论中的社会基本益品，指的是那些外在于人的可转移资源，主要包括"一个人的财富、由他支配的另一些财产以及在现行法律制度下为他提供的利用那种财产的机会"①，德沃金把它们称为"非人身资源"（impersonal resource）；另一类相当于被罗尔斯所忽视的自然基本益品，指的是那些内在于人的不可转移资源，主要包括一个人的身心健康状况以及创造财富的才能，即创造他人所需购买的物品或所需享受的服务的内在能力，德沃金把它们称为"人身资源"（personal resource）②。

在现实生活中，无论是非人身资源还是人身资源都是不平等的。拿非人身资源来说，不同的个人出生于不同的家庭环境，处于不同的社会条件中，比如，有人生于赤贫，也有人生于富足；有人居住于地震、海啸等自然灾害频发地带，也有人居住于相对安全的地域；有人种植的庄稼大获丰收，也有人因旱涝灾害而颗粒无收；等等。再来看人身资源，不同的个体具有不同的自然禀赋，比如有人能力差、天赋低，也有人能力强、天赋高；有人生来残疾，也有人身心健康；有人面容姣好，也有人相貌丑陋；等等。无论是非人身资源的不平等还是人身资源的不平等，都会直接引起人们总体生活状况的不平等。一般来说，资源份额多的人比资源份额少的人生活得更好。德沃金基于对罗尔斯反应得理论的承袭而认为，这些制约人们生活状况的非人身资源和人身资源都是专断

①　［美］罗纳德·德沃金：《至上的美德——平等的理论与实践》，冯克利译，江苏人民出版社 2007 年第 2 版，第 343 页。

②　目前，国内学术界对 impersonal resource 和 personal resource 的译法有两种：冯克利研究员在其翻译的《至上的美德——平等的理论与实践》一书中将其译为"非人格资源"和"人格资源"（参见［美］罗纳德·德沃金《至上的美德——平等的理论与实践》，冯克利译，江苏人民出版社 2007 年第 2 版）；段忠桥教授在其撰写的《平等主义者的追求应是消除非自愿的劣势——G. A. 科恩的"优势获取平等"主张及其对德沃金的批评》一文中将其译为"非人身资源"和"人身资源"（参见段忠桥《平等主义者的追求应是消除非自愿的劣势——G. A. 科恩的"优势获取平等"主张及其对德沃金的批评》，《清华大学学报》2014 年第 3 期）。笔者认为，如果将 impersonal 和 personal 翻译为"人格的"和"非人格的"，极易让人联想到人的品格、品质等道德素质，与德沃金想要表达的含义风马牛不相及，后者指的是"外在于个人自身的"和"内在于个人自身的"，因而遵照段教授的译法。

的和任意的，由此带来的劣势或优势都是不应得的，因而从平等物的视角来看，它们都应当被平等化。

为了贯彻平等的重要性原则，德沃金认为平等应体现在人们对其非人身资源和人身资源的同等获取上；为了贯彻具体责任原则，德沃金不打算让这两类资源都实现一种结果意义上的份额平等，而是力图实现一种基于个人选择的机会平等。为了将这两个原则都切实贯彻到自己的平等物理论中，德沃金效仿罗尔斯，借助一种思想实验来落实对这两类作为平等物的资源的分配问题。通常来讲，人们都会因市场允许并鼓励财富的巨大不平等而认为它是平等的敌人，拒绝将市场与平等关联起来。但德沃金反其道而行之，他巧妙地将市场机制引入资源平等之中，并将其作为其平等物理论的实现机制。其中，作为平等物的非人身资源可以在荒岛拍卖机制中获得，通过嫉妒检验的拍卖机制来完成；作为平等物的人身资源则可以在虚拟保险机制中获得，通过原生运气向选项运气的转化来达致。

一 非人身资源平等

为使人们都获得作为平等物的非人身资源，在非人身资源方面实现平等（即实现非人身资源的平等），德沃金引入了"荒岛拍卖机制"。"荒岛拍卖机制"是德沃金设想的一个类似于罗尔斯原初状态的思想实验，它所依托的载体是拍卖市场。①

---

① 德沃金的"荒岛拍卖"在一定程度上借鉴了经济学中的瓦尔拉斯一般均衡理论。通过查询可知，一般均衡理论是法国经济学家莱昂·瓦尔拉斯（Leon Walras）于 1874 年在其《纯粹经济学要义》中创立的理论，因而也被称为瓦尔拉斯一般均衡理论或瓦尔拉斯理论。这个理论假定一个市场中存在 m 种可用于生产 n 种商品的资源（即生产要素），并且每个人都持有一定数量的资源，消费者希望获取最大效用，企业家希望获取最大利润，资源所有者希望获取最高报酬。瓦尔拉斯把他们各自的动机用数学公式表示出来，通过求解最终证明，市场中存在一系列均衡的价格和交易数量，可以使所有消费者、企业家以及资源所有者都达到各自的目的，从而使社会处于一种和谐稳定的均衡状态。（参见［法］莱昂·瓦尔拉斯《纯粹经济学要义》，蔡受百译，商务印书馆 2013 年版。）德沃金对这个理论进行了改编，省略了生产者和企业家等与分配正义不相关的环节，因而他对这种一般均衡状态的阐释就被简化为每个竞拍者都能获得平等的资源组合。

德沃金假设了一艘遇难船只的幸存者被海水冲到某个荒岛的场景。岛上物产富饶却荒无人烟，于是这些幸存者们作为岛民而生存下来，共同协商并一致同意接受这样三条原则：一是任何人都遵守拍卖规则，比如不偷盗、不抢劫等；二是所有人都以平等的身份进入拍卖市场，因而对岛上的资源都没有优先权，这些资源只能被平等分配；三是每个人都接受一种名曰"嫉妒检验"（envy test）的检验标准①。在德沃金看来，这是一个检验现有资源分配方案是否平等的重要标准，因为当分配结束时，如果每个人都更喜欢自己的而不是他人的那份资源，那就足以表明所有人都通过了嫉妒检验，个体之间的非人身资源也因之实现了平等。然而，由于资源种类各异，很多资源不可分割，无论怎样分配都不能使所有人都满意，有些人可能既不喜欢别人的资源份额，也不喜欢自己的资源份额，这使得嫉妒检验无法发挥作用。德沃金认为直接对资源做出分配的方案不能实现平等待人，最好的办法就是给每个人分配相同数量的贝壳当作货币使用，同时将各种资源标价出售。由于每个人手中的贝壳数量都相同，当购买到自己中意的资源组合（bundles of resource）②时，他就丧失了购买其他岛民的资源组合的机会。因此，个人必须在所有的资源组合中慎重选择自己偏爱的那一组资源。这样，在拍卖市场

---

① 学术界对嫉妒检验的理解存在争议。有些学者认为嫉妒检验是一种心理检验标准而非德沃金所认为的经济检验标准。比如，伊丽莎白·安德森和迈克尔·奥特苏卡就持这种观点。其中，安德森认为被嫉妒者对于嫉妒者的慷慨态度是基于怜悯而非正义。德沃金在回应安德森的这种批评时，明确指出安德森误解了他的意思，嫉妒检验中的"嫉妒"是一种经济现象而非心理现象，因为德沃金在阐述嫉妒检验时所引证的文献都是经济学文献。经济学意义上的嫉妒检验是检验所有理性的利益最大化者公平所得的一种捷径，这一标准的意思是：当且仅当没有人宁可要他人获得的份额而非其自身的份额，那么这种分配就是公平的。由此不难看出，德沃金确实是在经济学意义上提出和运用嫉妒检验标准的。参见 Elizabeth S. Anderson，"What is the Point of Equality"，*Ethics*，1999，p. 307；Michael Otsuka，"Luck，Insurance，and Equality"，*Ethics*，2002，p. 46；[美] 罗纳德·德沃金《正义与生活价值》，张明仓译，载欧阳康《当代英美著名哲学家学术自述》，上海人民出版社 2005 年版，第 179—180 页。

② 目前，有些学者把 bundles of resource 翻译为资源束，但本书认为这种译法不易于理解，根据有道词典的解释，bundle 一词是一个表示许多的量词，比如：（一）包、（一）捆、（一）束、（一）组、一大批或一大堆，等等，但具体选择哪个量词还要结合它所修饰的名词。由于它在本书中修饰的名词是 resources，其含义为资源，因而将 bundle 译为"组"与其更为匹配，将 bundles of resource 翻译为"资源组合"更为恰当。

中，每个人都会以自己拥有的贝壳购买到中意的资源组合，其结果就是他们都更喜欢自己的而非贪恋他人的资源组合，嫉妒检验得以通过。德沃金采用嫉妒检验的目的在于，尽管每个人的资源组合不同，但他们终其一生都能基于自身的真实兴趣和偏好而做出选择，不会受到那些不公正的非选择性因素的影响和限制。

实际上，嫉妒检验所依托的是经济学中的一个重要概念——"机会成本"。机会成本原指生产商把一定数量的经济资源投入生产某产品时不得不放弃生产其他产品所获得的最大收益。[1] 德沃金在其平等物理论中把个人资源组合的机会成本看作是衡量拍卖市场中其他资源组合价值的标尺，即"把一个人拥有某种可转移的资源（即非人身资源，笔者注）价值确定为他人因此而不得不放弃该资源的价值"[2]。也就是说，当某人拥有某些非人身资源时，他人就无法拥有它们，他人因之而丧失的那些资源价值就是该资源的价值。当一个人拥有的全部非人身资源份额给他人造成的机会成本与他人拥有的全部非人身资源份额给这个人造成的机会成本相等时，个体之间的非人身资源就实现了获取上的平等。从这个意义上讲，德沃金采用嫉妒检验和机会成本的理念使得作为资源的平等物不仅反映了个人偏好，更重要的是，它还反映了与那些偏好相关的代价。由于每个人手中的贝壳数量都是相同的，因而他们可获得资源的机会也是相同的。正因为如此，资源平等的实质被阿内逊概括为"资源机会平等"（equality opportunity of resource）[3]。

二　人身资源平等

德沃金认为，除了非人身资源，人身资源的不平等也是影响个人生活状况的重要因素，因而他不仅关注作为平等物的非人身资源（即非人

---

[1]　参见 http：//baike. so. com/doc/2537317—2680385. html。

[2]　［美］罗纳德·德沃金：《至上的美德——平等的理论与实践》，冯克利译，江苏人民出版社 2007 年第 2 版，第 151 页。

[3]　Richard Arneson，"Equality and Equal Opportunity for Welfare"，*Philosophical Studies*：*An International Journal for Philosophy in the Analytic Tradition*，Vol. 56，No. 1，1989，p. 88.

身资源的平等），而且还关注作为平等物的人身资源（即人身资源的平等）。那么，为什么荒岛拍卖机制仅仅针对非人身资源的不平等，反而置人身资源的不平等于不顾呢？这是因为，尽管德沃金意识到人身资源也应当被平等化，但这类内在于人的特殊资源毕竟不同于那些独立于人的非人身资源，前者是不可转移的，不应被"视为能够根据某种资源平等的解释由政治来决定其所有权的资源"而用于拍卖。① 否则，如果将人身资源也视为拍卖品，那就势必导致高才能者"被奴役"② 的困境，同样也是对平等的重要性原则的一种背弃。

（一）人身资源的平等不应通过拍卖机制而实现

德沃金认为，将人身资源用于拍卖就意味着可以将其简单化为可分离的资源，进而将拍卖扩大到包括个人才能在内的所有资源中，即对劳动力进行拍卖。

为了更清楚地理解劳动力拍卖将会导致高才能者受到"奴役"的困境，笔者从三个方面对劳动力拍卖中的基本前提做出界定。一是所有岛民的劳动力都归他们共同所有，"为整个共同体生产利润，就像岛民上岸后发现的其他有价值的资源一样"，③ 因而没有任何一个岛民可以单独占有自己的劳动力，被竞拍到的劳动力价格也需要直接支付给共同体，而不可能落入被占有劳动力的岛民本人的口袋中。二是所有岛民都拥有同样的机会去购买包括他们自身劳动力在内的所有劳动

---

① ［美］罗纳德·德沃金：《至上的美德——平等的理论与实践》，冯克利译，江苏人民出版社 2007 年第 2 版，第 77 页。

② 约翰·罗默指出，这实际上是德沃金对"奴役"一词的误用，因为低才能者只是占有了高才能者的劳动力，而不是他的整个身体。就这里所谓的"奴役"并非真正意义上的奴役而言，笔者完全赞同罗默的看法，但又认为，德沃金在此只是在一种引申意义上使用"奴役"一词，意在强调当事人所处的一种选择受限的境况，即当事人不得不在非常贫困和被奴役之间做出选择的境况。进而言之，选项的可悲并不意味着一个人已经成为我们平常所理解的奴隶制社会意义上的奴隶。德沃金仅仅在谈，有天赋的人成为他自身天赋的奴隶。相关内容请参见：John E. Roemer, *Theories of Distributive Justice*, Cambridge, Massachusetts: Harvard University Press, 1996, p. 252.

③ ［美］罗纳德·德沃金：《至上的美德——平等的理论与实践》，冯克利译，江苏人民出版社 2007 年第 2 版，第 87 页。

力资源。三是所有岛民都希望通过其手中的贝壳购买到自己需要的资源，过上一种殷实的生活而不受清贫之苦。在这三个前提下，每个岛民都希望尽可能保护自己的劳动力不受他人驱使，因而都会极力购买自己的劳动力，所需支付的价格（即贝壳数量）与他或她能够生产的产品价值及数量恰好正相关。进而言之，一个人在单位时间内能够生产的产品价值及数量越多，其劳动力价格也就越高。

这样一来，所有高才能岛民的劳动力价格都会高于其他岛民。因而，尽管他们主观上都希望保护自己的劳动力，但经过权衡之后所做出的抉择都将是以商业上最盈利的方式来运用自己的劳动力，即放弃购买自己的劳动力，因为如果不这样做的话他们手中的贝壳数量就会比其他岛民的更少，以致无法满足基本的日常开销而生活窘迫。举例来说，如果甲能够通过耕作而生产出大量高质量的蔬菜，因而其他岛民都愿意出大价钱去购买他的劳动力，并获得他所生产的蔬菜。然而，甲的爱好是创作一些与耕作毫无关联的诗歌。若要保护自己的劳动力不受耕作之累而从事自己喜欢的诗歌创作，他的出价就必须高于其他任何人。由于甲和其他人一样也不想遭受贫困，于是就不得不放弃购买自己的劳动力而听凭其他岛民驱使，并为其他岛民义务付出自己的劳动力。由此产生的结果是，甲无疑会嫉妒其他岛民的那些资源组合，因为其他岛民的才能不高，其劳动力价值在拍卖市场中处于低价位置，这使得他们可以轻松地购买自己的劳动力，并尽情享受自己的闲暇时光或从事自己意愿的工作，而甲对这一切却望尘莫及。鉴于此，在对"劳动力拍卖"展开充分设想之后，德沃金认为通过拍卖机制来实现人身资源平等的方式不可取，因而放弃了这种方式。

（二）人身资源的平等需要借助虚拟保险机制来实现

尽管德沃金也力图将个人选择纳入到对人身资源的分配之中，从而实现一种人身资源获取上的平等，但由于用以获取非人身资源的拍卖机制不适于获取人身资源，因而想要实现人身资源平等就需要另辟他径。在这种情况下，德沃金又引入了另一个思想实验——虚拟保险机制。

在德沃金看来，虚拟保险机制是荒岛拍卖机制的补充手段，同时也是人们实现人身资源获取平等的一个重要思想实验。不仅因为通过这个机制，那些自然资质处于劣势的人有机会获得补偿，而且更重要的是因为，正是在这个机制中，这些补偿才可以经由个人选择而获得。换言之，虚拟保险机制能够使得作为平等物的人身资源以一种机会平等的方式呈现出来。德沃金的这一设想是通过两种运气（即原生运气和选项运气）在虚拟保险机制中的转化来完成的。可以说，正是原生运气向选项运气的转化使得个人选择在人身资源被平等化的过程中发挥了决定性的作用。那么，原生运气和选项运气分别指的是什么？虚拟保险机制何以实现它们之间的转化？为了阐明这些问题，笔者在正式讨论虚拟保险机制之前，首先阐述一下德沃金对这两种运气的界定和区分。

1. 原生运气和选项运气的引入

在德沃金看来，个人身心状况的好坏、才能的高低及通过选择所获得的结果都无不关涉到运气的作用。由此，他将运气划分为原生运气和选项运气，认为原生运气（brute luck）是一个"风险降落在那种无法深思熟虑的赌博意义上的问题"，而与原生运气相对的选项运气（option luck）①，则是一个"经过深思熟虑的、可计算的赌博所发生的问题"。②

对于德沃金界定和区分原生运气和选项运气的依据，笔者认为应当基

---

① 目前，国内学术界对 brute luck 和 option luck 的译法主要有两种，冯克利研究员将其译为"无情的运气"和"选择的运气"，葛四友教授、高景柱副教授将其译为"原生运气"和"选项运气"，笔者认为，brute 一词在词典中虽然有残酷无情的、原生或原始的等多种含义，但根据德沃金的语境，brute luck 指的是那些未经选择的、具有偶然性和随意性的运气。由此不难看出，德沃金所意指的运气并没有将好运排除在外，而是同时包括好运和厄运两种类型的运气，只不过这些运气都没有经过个人的自主选择。他此处运用 brute luck 一词是为了和 option luck 形成对比，而后者则是经过个人选择的运气。鉴于此，笔者认为将 brute luck 译为"原生运气"更为妥当。与 brute 一词相对，option 一词包含可供选择的附件或设备、选择、选择权、选择自由等含义，意在强调存在多种备选选项，因此 option luck 指的是个人在拥有多种备选选项的情况下，在选择过程中所产生的运气，故此，笔者认为将其译为"选项运气"比较合适。参见［美］罗纳德·德沃金《至上的美德——平等的理论与实践》，冯克利译，江苏人民出版社 2007 年第 2 版；葛四友编译《运气均等主义》，江苏人民出版社 2006 年版。

② Ronald M. Dworkin, *Sovereign Virtue: The Theory and Practice of Equality*, Massachusetts: Harvard University Press, 2000, p. 73. 或［美］罗纳德·德沃金：《至上的美德——平等的理论与实践》，冯克利译，江苏人民出版社 2007 年第 2 版，第 70 页。译文有改动。

于导致不平等的成因来进行理解。① 根据德沃金的看法，如果两个人过着大致相同的生活，都没有主动参与任何有风险的活动，其中一个人突然失明了，另一个人则终身健康，平等主义者就应把失明者遭受不幸的原因归为原生运气，因为任何人都没有理由说一个人承担着失明的风险而另一个人却没有，并以此来解释他们之间生活境况的差别。但在赌博的例子中却存在不同的情形。个人可以选择参赌也可以不选择，然而一旦参赌就必须承担失败的风险，因为承担风险是其获得高收益的正常代价。据此，我们可以判定：原生运气由环境因素（如个人身心健康状况、才能、成长条件等）所造成，是个人因无法避免的日常活动（比如吃穿住用行等日常行为活动，个人无法选择不从事这些日常行为，否则其身体的基本机能就无法正常运转）所产生的运气。选项运气则由选择因素（如个人抱负、偏好等）所造成，是个人因本可以避免但主动选择的活动（比如赌博和购买彩票、股票、期货合同等，这些活动本身不影响个人生活的完整性，属于个人生活中可有可无的内容）所产生的运气。② 简言之，区分原生运气和选项运气的标准

---

① 目前，就德沃金对原生运气与选项运气的理解而言，国外学者和国内学者都有一定的研究。其中，澳大利亚学者杰里米·莫斯认为，德沃金将原生运气和选项运气的区分对应于环境和选择的区分，因而以个人是否能够做出选择为依据来区分原生运气与选项运气。国内学者高景柱副教授认为，莫斯的区分不符合德沃金的本意，因为根据德沃金的理论立场，即使个人可以选择避免被流星或闪电击中，被流星或闪电击中也是一种选项运气，因而有没有做出选择并非德沃金区分原生运气和选项运气的依据和标准。与此不同，高景柱认为德沃金是以个人能否合理避免某事的发生为依据来对原生运气和选项运气进行区分，如果某事的发生不能合理避免，那么它就属于原生运气，反之则属于选项运气。根据这个区分，被闪电击中恰恰属于个人无法合理避免的事情，理当属于原生运气。两种解读相比，笔者基本赞同莫斯的看法，但又认为莫斯的区分依据存在含混性，因为他没有明确指出这种依据需要对什么做出选择。沿着莫斯的思路，笔者认为德沃金实际上是以个人能否选择可能导致某种霉运发生的活动为依据来区分这两种运气的。具体内容请参见：Jeromy Moss, "Against Fairness: Egalitarianism and Responsibility", *The Journal of Value Inquiry*, Vol. 41, No. 2, 2007, p. 309. 以及：高景柱：《在平等与责任之间：罗纳德·德沃金平等理论批判》，人民出版社2011年版，第154页。

② 这里需要指出的是，原生运气与选项运气都有好坏之分。比如，甲行走时被落下来的流星或闪电击中，但他不可能预测流星或闪电的运行轨迹，更无法避免行走，因而无法适时地躲开。在这种情况下，他的运气就属于坏的原生运气。与此不同，如果乙购买的股票上涨了，我们就可以说他交上了好的选项运气。简言之，如果一个作息规律、生活习惯良好的人患了癌症，那么他就遭受了坏的原生运气；但如果患病的是一个作息不规律且长期酗酒吸烟的人，那么他的厄运就是其坏的选项运气所造成的。

在于鉴别个人在能够自主选择的情况下主动选择有风险的活动还是尽力避免它，而这两者之间的差别恰好是德沃金区分个人能否为其选择负责的关键。德沃金认为，平等主义者应把由选项运气导致的生活差异视为正义之事，个人不仅无权对这种差异索求任何补偿，反而应为其承担责任；同时应把由原生运气导致的不平等视为非正义的事情，个人有权因这种不平等而要求获得补偿，因为它是个人不能也不应为之负责的内容。

2. 通过运气在保险市场的转化而实现人身资源平等

在德沃金看来，除了因糟糕的选项运气所导致的不平等无权要求补偿，那些因糟糕的原生运气所导致的不平等也不应无条件地获得补偿。他建议在原生运气降临之前即在风险发生之前"使人们在对风险进行投保或反对糟糕运气的机会上尽可能平等"。[①] 于是，德沃金在界定和区分原生运气与选项运气之后，就转向了他所集中论述的话题：虚拟保险机制如何完成由原生运气向选项运气的转化？

从一定程度上说，德沃金所设置的虚拟保险机制是对罗尔斯"无知之幕"的效仿。[②] 这体现在，和罗尔斯的"无知之幕"一样，德沃金对虚拟保险机制的设置也采纳了一种反事实的理念，即假设人们都在对自己身体状况及其才能状况无知的情形中来选择是否购买保险。之所以如此是因为，如果根据常理的话，人们只有在进入了拥有选择能力的成年时期，才能决定是否去投保。这时，过去发生的残疾就无法通过选择投保的方式来获得补偿，虚拟保险机制也就会减少甚至失去其应有的效力。然而，如果以反事实的理念来设置虚拟保险机制，则可以轻松地应对一些学者可能提出的类似批评，比如虚拟保险机制只能补偿后天残疾而对先天残疾束手无策，等等。

如果说德沃金和罗尔斯对"无知之幕"的设置还存在些许区别的话，那么这种区别只在于他们二人对"无知之幕"的薄厚设置不同。

---

① Ronald M. Dworkin, "Equality, Luck and Hierarchy", *Philosophy & Public Affairs*, Vol. 31, No. 2, 2003, pp. 190 – 198.

② John E. Roemer, *Theories of Distributive Justice*, Cambridge, Massachusetts: Harvard University Press, 1996, pp. 247 – 248.

正如罗默所指出的，罗尔斯的"无知之幕"较为厚实，而德沃金的"无知之幕"则相对稀薄。处于罗尔斯"无知之幕"后面的立约者对自己的性格特征、偏好和抱负以及自己处于糟糕处境的概率都一无所知，他们几乎是在一种"完全无知"的情况下做出选择的。与此相反，德沃金认为这种厚实的"无知之幕"几乎剥夺了立约者选择的权利，以至于这些立约者所做出的选择并非真正的选择，因而将其资源平等中的"无知之幕"设置得很稀薄，允许"人们作为有足够的自我了解、完整地保持他们自己的个性意识，尤其是对他们生活价值观的意识"。① 不仅如此，德沃金的"无知之幕"还允许人们在拍卖前都知晓自己"遭遇残疾的同等风险，也就是发生风险的同等概率，即参与投保的同等机会"②，他们所不能确定的只是自己在将来的生活中是否真的会遭遇残疾。这里需要指出的是，与罗尔斯要求个人为其一切偏好负责的观点不同，德沃金将某些过度强烈的、近乎疯狂的嗜好（更确切地说是"瘾"）也视为"残疾"。在他看来，这些嗜好不被主体所认同，或者进一步说，它们的存在会干扰个人生活甚至为其带来痛苦，个人如果没有这些嗜好反而会生活得更好。故此，德沃金将这些个人不需要但又无法摆脱的嗜好视同于某种程度的残疾，并将有关这些嗜好的信息屏蔽于他本人所设置的稀薄"无知之幕"后面，认为虽然投保者们不知道自己最终是否会产生这些强烈嗜好，却推定他们中的每一个人都具有产生这些嗜好的同等可能性。

相较于残疾，德沃金对人们才能的无知情形考虑得更为复杂。不同于投保者对自己身体健康状况一无所知的情况，他们清楚地知道自己有何种才能（德沃金意识到，由于才能和抱负总是如影随形、相伴相生，如果假定人们对自己的才能一无所知，那就无法合理地考虑人们的抱负），他们所不能预测的只是由这些才能所带来的经济收益。假设有一

---

① Ronald M. Dworkin, *Sovereign Virtue: The Theory and Practice of Equality*, Massachusetts: Harvard University Press, 2000, p. 118. 或 ［美］罗纳德·德沃金：《至上的美德——平等的理论与实践》，冯克利译，江苏人民出版社 2007 年第 2 版，第 117 页。译文有改动。

② Ibid., p. 77. 同上书，第 74 页。译文有改动。

台超级计算机，竞拍者在拍卖前都自觉地把自己的偏好、抱负、才能以及对待风险的态度、岛上的相关信息输入其中，计算机则会对拍卖结果以及拍卖之后人们从事生产和贸易所产生的收入状况做出预测。在这种情况下，人们只知道自己收入的相关数据和整个社会的平均收入水平，却不知道自己凭借才能所能获得的收入会处于哪一种水平。

德沃金假设：如果在拍卖之前，每个人都拥有以一定比例的贝壳来购买保险的同等机会，其中一个人选择购买而另一个人则没有，那么他们之间选择行为的差别就反映了选项运气的不同。假如甲购买了残疾险，而乙则没有购买，那么即使他们两人都在同一次事故中失明，也只有甲有资格获得补偿；同理，如果甲购买了低才能险，而乙则没有购买，那么在这两个人都遭遇因收入过低而导致入不敷出、穷困潦倒的生活境况时，只有甲才有权利要求补偿。资源平等不会要求将那些已投保者的资源转移到未投保者身上，其原因在于，尽管坏的原生运气的降临和意外的发生是一个人无法选择因而也无法控制的事情，但是否做出购买保险的抉择却是一个选项运气的问题。这种抉择完全可以类比于对参与赌博、购买彩票等自然博彩行为的选择。当然，如果他们都没有失明，那么已购买保险的人也没有理由索要其保费，其选项运气就不如没有购买保险的人那么好。

上文表明，德沃金之所以选择虚拟保险机制来使人身资源得以平等化，是因为他想避免高才能者被奴役的困境。实际上，虚拟保险机制能够克服这一困境的根本原因，还不仅仅在于人们可以通过选择投保的方式来使其人身资源的缺失获得补偿，更在于人们可以通过这个机制来确定投保标准。假定人们为预防残疾和才能不足两方面的不测都会购买一定数量的保险，那么接下来的问题是人们会选择购买什么样投保标准的保险？在德沃金看来，对于任何一个投保者来说，购买高水平的保险都不是一种明智行为。它会使人们面临一种类似于经济劣势的赌博（financially disadvantage bet），因为其成本可能高于收益。如果某人恰好拥有高才能，那么他购买最高水平保险后的处境反而要比不购买时差得多，他不得不拼命劳动赚钱以支付没有给他带来任何收益的高额保险费，又会陷入被自身才能奴役的困境。① 故此，德沃金认为在通常情况下，人们不会购买高水平的保险，而只会购买一种相对低水平的保险。这样一来，如果他们的实际收入低于所购买的保险，就会获得两者之间的差额作为补偿。反之，他们则只需支付那些低水平的保费，不至于损失很大，更不会为其生活前景带来任何恶劣的影响。由此观之，德沃金旨在通过才能保险机制使那些天生才能较差的人能够获得最低生活收入，以便实现一种较为体面的生活。正如他本人所设想的，如果我们假定虚拟保险市场的设计至少给每一个人提供了一种体面的最低限度的生活标准，那么就没有人仅仅因为其可能拥有的关于早期生活的教育、训练、投资、消费等方面的劣势而过一种悲惨的生活。

三　对基本益品平等的超越

如果将德沃金的资源平等与罗尔斯的基本益品平等加以辨析，我们不难发现，尽管这两位学者都赞同将某种形式的"资源"作为平等物，但他们的平等物理论却存在两个明显的差异。德沃金的资源平等在两个方面超越了罗尔斯的基本益品平等。

其一是德沃金的资源平等不仅关注了罗尔斯所讲的基本益品，而且还关注了被罗尔斯所忽视的个人身心健康能力，有助于使平等落实到个人。被德沃金试图平等化的资源不仅包括罗尔斯式的类似于社会基本益品的非人身资源，而且还包括被罗尔斯所忽视的个人身心健康状况、才能等内在于个人自身的那些类似于自然基本益品的人身资源。可见，德沃金提出的资源平等有助于对所有社会成员之中不同类型的人做出进一步的区分，对于那些处于非人身资源劣势和人身资源劣势的人予以区别对待，提供与其相对应的不同类型的补贴，在一定程度上实现了将平等落实到个人而非群体的平等待人理念，克服了罗尔斯基本益品平等判定处境最差者的僵化模式。

其二是德沃金的资源平等不像罗尔斯的基本益品平等那样在结果意义

① ［美］罗纳德·德沃金：《至上的美德——平等的理论与实践》，冯克利译，江苏人民出版社 2007 年第 2 版，第 91—95 页。

上要求每个人都必须拥有既定数量的资源（即基本益品），而是倾向于使人们在不同资源组合（bundles of resource）之间自由选择。与罗尔斯不同，德沃金一方面通过荒岛拍卖机制的思想实验，以一种机会平等的方式有效克服了基本益品平等的结果平等模式，进而规避了本书第一章中所涉及的关于基本益品平等所面临的两个问题：施瓦兹描述的诸如无私的社会主义者和清心寡欲的僧人的需求问题，以及幸福平等难以应对的昂贵嗜好问题。就前者而言，无私的社会主义者和清心寡欲的僧人完全可以凭借手中的贝壳购买适用于自己的资源组合，而不必为如何安置那些依照基本益品平等的分配理论所获得的不适用资源而感到痛苦。就后者而言，拥有昂贵嗜好的人们完全有机会竞拍到能使其昂贵嗜好得以满足的物品，但同时他们也丧失了与这些物品对应的原本可以竞拍其他物品的贝壳数量，即使他们抱怨自己的资源份额较少也无权获得任何补偿，因为这一切都源于他们的自主选择。另一方面，德沃金还通过虚拟保险机制的思想实验，以一种自愿投保的方式赋予了每一个进入保险市场的岛民对自己可能遭受的人身资源劣势进行投保的机会，与此同时也要求每个人对其所遭受的劣势承担责任。这样看来，德沃金的资源平等第一次实现了将人们获得的资源与其选择的有效结合，在一定程度上使平等体现于个人自身的选择之中，从而将个人选择与其应当承担的责任有机结合起来。

由此看来，德沃金的资源平等不仅落实了平等的重要性原则，而且还创造性地将具体责任原则贯穿到对平等物的考量之中，在当代西方平等物问题研究乃至平等主义研究中具有十分重要的价值与意义。德沃金的这一创见赢得了学术界的普遍认同和高度评价，诚如乔纳森·沃尔夫（Jonathan Wolff）所言，德沃金在平等主义理论中第一次实现了选择和责任的结合，在一定程度上回应了右翼自由主义者对平等主义在个人责任缺失问题上的诘难。① 又如 G. A. 科恩的盛赞："德沃金为平等主义理论做出了重大贡献，他把反平等主义武器库中最有力的观念即选择与责任纳入了平

---

① Jonathan Wolff, "Fairness, Respect, and the Egalitarian Ethos", *Philosophy & Public Affairs*, Vol. 27, No. 2, 1998, p. 100.

等主义理论之中。"①

第四节　资源平等存在的缺陷

在平等物问题上，尽管德沃金的资源平等相较于罗尔斯的基本益品平等来说具有积极意义，但它实际上并不如德沃金设想得那般精密化。资源平等提出以后，许多学者都基于不同的视角对其提出了批评。一些学者批评说，资源平等只关注资源维度而不关注幸福维度，以致那些虽能自如行动却伴之以巨大痛苦的个体无法获得应有的补偿。② 另一些学者批评说，资源平等只考虑到大多数人普遍发生的那些风险，忽视了一些严重残疾或特殊风险，因而没能实现对所有投保者的同等补偿。还有一些学者指出，资源平等只是站在高才能者的立场来考虑免遭奴役，忽视了对低才能者被奴役处境的避免，无法体现人身资源的平等。③ 不过，在这众多批评当中，最主要也最致命的批评集中体现于资源平等所存在的拜物教缺陷和对个人责任的过度要求两个方面。

一　拜物教缺陷

我们知道，德沃金为克服罗尔斯基本益品平等的拜物教缺陷，已将一些个人能力（比如，身心健康状况以及由此产生的创造财富的能力）纳入到其资源的范围之中，并称之为人身资源。在德沃金看来，这些内在于人的身心健康能力、创造财富的能力与那些外在于人的益品一样都应被视为一种资源，因为它们的缺失都会直接影响个人生活目标的选择和实现。无疑，资源平等将这些重要能力也纳入平等物考量范围的理念，相较于基

① G. A. Cohen, *On the Currency of Egalitarian Justice, and Other Essays in Political Philosophy*, Princeton and Oxford: Princeton University Press, 2011, p. 32.

② ［英］G. A. 柯恩：《论均等主义正义的通货》，载葛四友《运气均等主义》，江苏人民出版社 2006 年版，第 121 页。

③ Miriam Cohen Christofidis, "Talent, Slavery and Envy in Dworkin's Equality of Resources", Ronald Dworkin & Justine Burley eds., *Dworkin and His Critics: With Replies by Dworkin*, Oxford: Blackwell Publishing Ltd., 2004, pp. 40 – 41.

本益品平等来说确实是一个很大的进步。不过，德沃金考虑得仍然不够充分，也不够彻底，因为平等主义者所关注的是人的实际生活本身，而不是或至少不仅仅是其身心健康能力。就这两者的关系来说，影响人们生活状况的因素除了其本人的身心健康能力以外，还有其生存和成长的社会环境，忽视其中任何一种因素都会直接导致人们实际生活的巨大差异。但问题在于，德沃金的资源平等仅仅关注前者而忽略对后者的考虑。这样一来，那些外在于人的社会环境等因素对个人生活的影响就无法被划分到德沃金平等物的范围之中，这就直接导致资源平等与真正的平等之间产生了巨大的鸿沟。进一步说，资源平等对于平等的实现来说仍不够充分，这使得它最终也和基本益品平等一样陷入了拜物教的泥潭。

对资源平等提出如上批评意见的学者主要有阿马蒂亚·森、安德鲁·威廉姆斯（Williams Andrew）以及罗纳德·皮耶里克（Roland Pierik）、英格丽德·罗宾斯（Ingrid Robeyns）四位学者。在他们看来，资源只是人们实现平等的工具，而人们拥有的实际生活才是平等所要考虑的核心内容，但资源平等所关注的能力仅仅局限于个人自身的身心健康能力，没有注意到这些能力与外部世界的关系，以致有些弱势群体在拥有被资源平等所平等化的能力之后，仍因社会环境的阻力而未能实现与他人一样的生活。这四位学者由此指出，资源平等深陷于拜物教的泥潭却浑然不觉。

森是第一个对德沃金资源平等的拜物教缺陷提出批评的学者。他的批评虽然简单，却十分有力：保险市场不能解决所有的问题，个人追求某些目标的失败"并不是因为其自身的原因（比如残疾）所造成，而是由个人所处的环境所引起的"，但在"由个人客户构成的保险市场里，很难有针对非个人因素的保险产品"。[①] 换言之，由于适用于人身资源平等的保险机制所提供的补偿，仅对个人身心健康及其创造财富的能力不足较为有效，而对那些因社会环境对个人实际生活所造成的不利影响则无能为力，因此资源平等至多只能被视为实现个人合意生活的一种手段和工具，是

---

① ［印］阿马蒂亚·森：《正义的理念》，王磊、李航译，中国人民大学出版社 2012 年版，第 248 页。

"从收入转移的角度理解对于残障者的补偿"的一种途径而已。在此之后，资源平等又陆续遭到威廉姆斯、皮耶里克和罗宾斯的相关批评。这三位学者完全赞同森对资源平等拜物教缺陷的批评，他们的批评都是沿着森的致思路径继续前行的。不过，他们结合具体的实例来说明问题，从而使得森的批评不仅得到了更为有力的印证，而且更加细致化和彻底化。

威廉姆斯与另外两位学者所举的例子十分相似，描述的都是一对非人身资源和人身资源极为相似的异性双胞胎。比如，他们具有相似的自然禀赋和理想抱负、接受了相同的教育、具有相同的健康状况，等等。其中，在威廉姆斯提供的例子中，女孩安（Ann）和男孩鲍勃（Bob）无法享受到追求其所偏爱的生活方式的同等机会，这主要因为他们分别属于同一个社会中不同性别的成员。在这个社会中，男女之间的职业偏好很不对称。一般来讲，男性更愿意把时间花在有偿就业上，而女性则更愿意把时间花在养育子女上。威廉姆斯由此指出，安将发现自己比鲍勃更难找到一个愿意共同照顾孩子的搭档。如果她确实想找一个搭档，那就必须在以下两者之间做出选择：要么比鲍勃做出更大的职业牺牲而独自承担照顾孩子的重任，要么则放弃生孩子的想法。[1]

相较于威廉姆斯，皮耶里克和罗宾斯提供的双胞胎例子更易于说明资源平等存在的拜物教缺陷。[2] 在描述这个例子时，这两位学者不像威廉姆斯那样直接表明这对双胞胎的职业偏好，而是借用了罗尔斯对"无知之幕"的设计：尽管拥有相似非人身资源和人身资源的双胞胎兄妹本（Ben）和艾米（Amy）都希望能与某个异性伙伴组建一个家庭，但他们对自己在工作和生活之间平衡关系上的具体偏好都不清楚，而只知道自己与其他同性别的人相类似，具有三种职业偏好：理想的工作者、家庭工作者和共同承担家庭义务者。此外，为排除拜物教以外的其他因素

---

① Williams Andrew, "Dworkin on Capability", *Ethics*, Vol. 113, No. 1, 2002, pp. 30 – 31.

② Roland Pierik & Ingrid Robeyns, "Resources versus Capabilities: Social Endowments in Egalitarian Theory", *Politacal Studies*, Vol. 55, 2007, pp. 138 – 140.

对个人实际生活的影响，皮耶里克和罗宾斯还假定：无论本和艾米的最终偏好是什么，其偏好的形成都基于自主性而不是被强制，拍卖市场价格公道且遵循诚信原则，没有欺诈行为发生。在此基础上，这两位学者进一步指出，社会其他成员的偏好具有如下特征：一半男性偏向于共同承担家庭义务，另一半男性偏向于成为理想的工作者；一半女性对共同承担家庭义务和成为理想的工作者都不关注（即三种工作都可以），40%的女性愿意或者共同承担家庭义务，或者成为家庭主妇，10%的女性只希望成为理想工作者。

由此推论，当本是一个理想工作者时，他有40%的机会找到搭档；当他是一个共同承担义务的人时，他有90%的机会找到搭档；当他是一个家庭主男时，他有60%的机会找到搭档。当艾米是一个共同承担义务的人时，她有50%的机会找到搭档；当她是一个家庭主妇时，她也有50%的机会找到搭档；但当她是一个理想工作者时，她就找不到任何搭档，因为没有男性愿意成为家庭主男（见图2—1）。这样，为求找到搭档，艾米就失去了成为理想工作者的任何机会。

通过上述两个形象的例证，威廉姆斯、皮耶里克和罗宾斯三位学者都力图表明：由于不同个体所面临的社会环境不同，资源平等与人们实际生活的平等之间还存在很大的差距。进而言之，即便德沃金所言的资源都得以平等化，个体之间仍然存在一些非正义的不平等。这体现在，在由这些学者所提供的例子中，双胞胎男孩和女孩都能够满足资源平等的条件，即拥有平等的非人身资源和人身资源，但却无法由此得出他们之间的生活状态是平等的，因为女孩安和艾米选择自己合意生活的机会受到了某种限制，而男孩鲍勃和本的选择却不受这些限制。也就是说，男孩所能选择的生活方式要远远多于女孩，因为他不仅拥有女孩的所有选项，而且还拥有女孩所不能选择的其他选项，比如威廉姆斯所提供例子中的"愿意共同照顾孩子的搭档"①，以及皮耶里克和罗宾斯所提供

---

① Williams Andrew, "Dworkin on Capability", *Ethics*, Vol. 113, No. 1, 2002, p. 31.

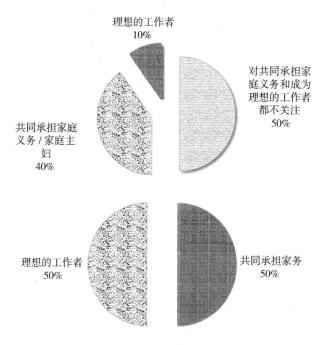

图2—1　男性和女性对职业和生活的偏好图

例子中的"理想的工作者"①。从更大程度上讲，女孩的劣势源于大多数社会成员的偏好对于其生活计划的影响，即社会环境对个人自主选择所产生的作用，而男孩却不存在这样的劣势。社会环境对个人生活的影响如此之大，以至于即使那些被德沃金视为人身资源的个人身心健康能力和非人身资源都被平等化，个体之间也无法实现真正平等的生活。然而，这种影响个人生活的重要因素却被德沃金所忽视，由此导致他错误地将平等物聚焦在一种宽泛的资源之上，并和罗尔斯的基本益品平等一样陷入了拜物教。

德沃金为什么会犯这样的错误呢？笔者认为，这主要因为他仅仅基于一种理想情境而非现实的社会生活来构建其平等物理论，在他所设置的拍卖机制和保险机制中，岛民的选择都是基于能够反映其实际利益的真实偏好，现实社会中的压迫和偏见等非个人因素并没有被纳入考虑之

① Roland Pierik and Ingrid Robeyns, "Resources versus Capabilities: Social Endowments in Egalitarian Theory", *Politacal Studies*, Vol. 55, 2007, p. 138.

中。正因为如此，当资源平等被用于分析现实社会时就会出现与德沃金设想情景的不一致之处。正如森所总结的，"个体所拥有的'资源'或所持有的'基本善'可能并不是（个体可做某事或不做某事的）自由的一个完美指标。……不同个体之间的生理特征和社会特征差异非常大，这就会导致在将'资源'和'基本善'向自由的转化过程中，表现为生理特征和社会特征的人际差异会使转化结果也极为不同"。① 从根本上讲，德沃金的失误就在于他仅仅基于一种虚拟理想的思想实验来构思其平等物理论，以致这种平等物理论处于一种与世隔绝的真空状态，只从单一的"物"的意义来理解和解读对所有公民的同等对待，忽视了除这些"物"以外的其他因素对个人实际生活的影响。正是这一重要原因使得资源平等陷入了和基本益品平等一样的拜物教深渊。如果德沃金想使资源平等脱出拜物教而探究平等的真正实现，就不能将平等物建立在对"资源"的比较之上，而必须重新审视这一问题并扩展其理论视野，进而使其平等物理论中的聚焦点能够同时涵盖个人身心健康能力和被社会认可的双重视角，全面考察个人实际拥有的选择范围。只有这样，才可能使人们拥有同等的实质性选择机会，从而实现真正的平等。

二 对个人责任的过度要求

从动机上看，德沃金之所以采用荒岛拍卖机制和虚拟保险机制的思想实验来论证资源平等，是因为他基于这样一个预设：正是个人的偏好和选择决定了他所过的生活。只要个人认同其偏好，那么无论是他据此选择的非人身资源组合，还是据此投保的人身资源类型，都是由其自主选择的选项运气所产生的结果，个人都需要为其选择结果承担相应的责任。然而，德沃金的这个预设看似周密，但实则不成立，因为人们进行选择所依赖的偏好具有主观任意性，其形成和发展都掺杂了太多原生运

---

① ［印］阿马蒂亚·森：《论经济不平等、不平等之再考察》，王文利、于占杰译，社会科学文献出版社2008年版，第256页。

气的因素，即便这些偏好已经得到人们的认同，要求他们为其负责的观点也难以令人信服。正因为如此，学术界产生了对德沃金资源平等的另一个重要批评：资源平等过度追究个人责任，以致个人承担了许多本不应该负责的不平等。

提出这类批评的学者主要是理查德·阿内逊和 G. A. 科恩。在这两位学者看来，竞拍者进入市场时的偏好具有主观任意性，这种主观任意性是被资源平等所忽视的、个人不能为之负责的因素。阿内逊认为，个人进入拍卖市场之前已经有了既定的偏好，这些偏好永远不可能自主形成和自主改变，必然会受到天性、环境、风俗和宗教信仰等多种个人自身无法控制的原生运气的影响，并不完全处于其自身的掌控中。因此，平等主义者不能仅凭个人选择和不选择某些偏好的简单区分，就轻率地判断其是否应为自己遭受的不平等承担责任。然而，这种区分恰恰被德沃金所疏忽了。以个人认同的昂贵嗜好为例，德沃金的平等物理论只强调个人要为其负责，而不去进一步区分这些被认同的昂贵嗜好是个人有意培养的还是不自觉形成的。如果从它们形成的原因来看，只有前者才属于个人能够为之负责也应该为之负责的内容。这就意味着：即便接受德沃金所讲的个人应对其认同的昂贵嗜好负责的观点，平等主义者也只能要求其为此承担部分而非全部责任，因为"我们至多应对处于我们控制力之中的事情负责"[1]。

继阿内逊的批评之后，德沃金的资源平等又受到来自科恩的进一步反驳。如果说阿内逊的批评重在指出，资源平等没有注意到个人不能控制的偏好，那么科恩的反驳则旨在表明，当个人拥有一种曾经不自主形成、现在却无力改变的昂贵嗜好时，平等主义者应当予以相应的补偿而不是像资源平等那样要求其为自己的偏好负责。科恩以喜欢摄影的保罗（Paul）和喜欢钓鱼的弗雷德（Fred）为例对此进行了说明：由于摄影和钓鱼所需要

---

[1]　Richard Arneson, "Rawls, Responsibility, and Distributive Justice", Marc Fleurbaey, Maurice Salles & John A. Weymark, eds., *Justice*, *Political Liberalism*, *and Utilitarianism*: *Themes from Harsanyi and Rawls*, New York: Cambridge University Press, 2008, p. 98.

的费用不同（摄影的费用较高而钓鱼的费用较低），因而弗.雷德可以轻松地享受他的乐趣，但保罗却因无法承受摄影的昂贵成本而生活乏味。如果依照德沃金的平等物理论，保罗根本无法获得任何补偿，因为根据嫉妒检验标准，他本可以像弗雷德那样轻松地承担钓鱼的费用。但科恩指出，保罗的问题在于他对钓鱼的厌恶是与生俱来而非后天培养的，与此相应，他对摄影的偏爱也属于一种非自主形成的昂贵嗜好。在这种情况下，对保罗的摄影嗜好提供一定程度的补偿是平等主义的应有之义。

阿内逊和科恩对资源平等的批评十分有力。从中我们可以得知：鉴于偏好形成和改变的不可控制性，个人对其偏好的认同不能构成平等主义者要求个人为其偏好承担全部责任的充分条件，因为偏好之中也有个人无法控制的原生运气，由此做出的选择也并非完全基于个人的自主性。从这个意义上讲，德沃金的平等物理论非但没能提供个人对其偏好全权负责的充足理由，反而还不恰当地夸大了个人所应担负的责任，进而导致个人要为很多原本属于社会而非其自身的责任埋单。

总体看来，在平等物问题上，德沃金的资源平等较之罗尔斯的基本益品平等具有一定的推进作用，比如扩大了作为平等物的资源的范围，并将个人选择和责任纳入了资源平等之中，使得平等物问题研究由一种对结果平等的关注转化为一种对基于个人选择的机会平等的关注，开启了后来学者探究平等物理论的新纪元。不过，由于德沃金基于一种理想化的思想实验来解读平等的实现，对平等物的理解仍局限于一种"物"的意义上，忽视了社会环境对个人生活的重要影响，使得资源平等陷入了和基本益品平等相类似的拜物教深渊。此外，由于他过度注重个人选择和责任，忽视了偏好形成的不完全自主性，以致个人背负了过多本不属于其自身的责任。正因为如此，资源平等引发了诸多学者的质疑和批评，但德沃金却始终未能基于其资源平等本身的立场对上述问题做出有效的回应。① 实际

---

① 根据目前所找到的文献，笔者认为，在平等物问题上，德沃金只针对阿内逊和科恩的批评做出了一些回应，但这些回应并没有起到应有的效力。具体内容请参见：Ronald Dworkin & Justine Burley, eds., *Dworkin and His Critics: With Replies by Dworkin*, Oxford: Blackwell Publishing Ltd., 2004, pp. 339 - 350, 354 - 357。

上，如果德沃金确实想使自己的平等物理论更具有说服力，就必须改变其原有的致思路径，对平等物范围和个人应承担责任的范围做出更为深入的思考。不过不可否认的是，德沃金的资源平等在当代西方平等物问题研究中占据重要地位，因为正是其理论缺陷促使后来的研究者对平等物问题做出了更为深入的思考，催生了许多新的理论成果。

第三章　阿内逊的幸福机会平等

　　由于罗尔斯和德沃金都认为平等物应集中于人们实现合意生活所需要的必要资源上，因而他们的理论可被统称为资源主义（resourcism）平等物理论。继罗尔斯和德沃金之后，理查德·阿内逊基于幸福主义的分析理路提出了与资源主义平等物理论不同的致思路向。[①] 在阿内逊看来，资源主义平等物理论一方面因过度集中于"物"而忽视了人的主观幸福感，另一方面又在个人应负责任和不应负责任的问题上出现了错位，不能被称为一种恰当的平等物理论。此外，针对德沃金所批评的主观幸福平等的缺陷——人际比较困难问题和昂贵嗜好问题，阿内逊认为可以通过对幸福平等的某些修正而使其得到克服。这样，在确定把人的主观幸福感视为平等主义者应该关注的核心问题之后，阿内逊又基于对资源主义平等物理论的批判性分析和对原有幸福主义研究路径的适度修正，提出了把幸福机会作为平等物的理论。幸福机会平等不仅将人的主观幸福感纳入了平等物的范围，而且在一定程度上规避了人际比较困难问题和昂贵嗜好问题。尽管它仍存在另一些尚未解决的问题，但也足以构成当代西方平等物问题研究中的一个重要环节，具有十分特殊的地位和意义。为此，本章将集中阐述阿内逊的幸福机会平等理论。

---

　　① 在当代西方平等物问题研究中，学术界通常把幸福平等和幸福机会平等归为探讨这一问题的幸福主义路径，而把基本益品平等和资源平等归为探讨这一问题的资源主义路径。遵照这一思路，笔者将前者称为幸福主义平等物理论，将后者称为资源主义平等物理论。参见姚大志《能力平等：第三条道路?》，《浙江大学学报》2014 年第 6 期。

第一节　对资源主义平等物理论的质疑

从直觉上看，幸福是人们追求的终极目标，是其所有行动的共同指向，因此，要在个体之间实现一种基于正义的平等，就必须密切关注人的幸福。正因为如此，阿内逊认为平等物问题研究必须聚焦于个人幸福本身。不过，阿内逊提请平等主义者关注的不是那种客观意义上的幸福，因为在善观念多元化的现代社会中，如果把客观意义上的幸福作为平等物，又使其不依赖于任何"公平的资源份额"，就需要直接以某种特定的善观念作为标准来规范人们的生活，进而导致一些不可接受的道德成本及后果（比如违背自由主义多元善观念和国家中立性原则等），并陷入被德沃金所指摘的困境。阿内逊认为，尽管幸福对于平等的实现来说至关重要，但作为平等物的幸福只能被界定为人的主观幸福感而非客观幸福。

一　对个人幸福感的疏离

阿内逊指出，罗尔斯和德沃金之所以反对把幸福①作为平等物，其中一个十分重要的原因在于幸福尺度太过主观，难以进行人际比较（interpersonal comparison）。在这种情况下他们才会认为，要想实现平等就必须接受资源主义平等物理论，因为这种理论只强调客观的资源份额②而不对个人幸福做出人际比较。由于资源主义者所意指的资源都是实现幸福生活的手段，因而在他们看来，只要拥有了这些资源，人们就可以发展自己崇尚的善观念并追求自己中意的生活方式，至于人们用它们去做什么，那都是他们自己的事情，国家不应过问。

实际上，资源份额的多少和个人幸福感并无必然联系。正因为如此，

---

①　这里指的是人的主观幸福感。若非特殊说明，下文出现的幸福尺度也是就人的主观幸福感而言的。

②　阿内逊把罗尔斯所讲的基本益品和德沃金所讲的资源统称为资源。在他看来，尽管德沃金把人的身心健康状况以及创造财富的才能等因素也划入资源的考虑范围，但他对个人才能的界定却是基于客观事物而非主观幸福感的意义。

阿内逊十分反对资源主义平等物理论。他首先指出了资源主义平等物理论的一种类型，即罗尔斯的基本益品平等在这方面的两个缺陷：其中一个缺陷是同等的幸福感不一定需要相同份额的益品。比如，一个拥有诸多令人欲求特征（比如天赋较高、面容姣好且社交广泛等）的人，可能对休闲的偏好远胜于对赚钱的偏好。即使他银行账户上的收入和财富少于他人，也不等于说他没有赚钱的能力而不得不过较差的生活，相反，他因清心寡欲而生活得很惬意。可见，一个人金钱的多少与其幸福感的高低并不总是正相关，即便拥有较少的益品份额也可能实现和他人相同的幸福感。然而，罗尔斯的基本益品平等却把这类人和那些因赚钱能力差而生活窘迫的贫困者相提并论，这显然是不恰当的。另一个缺陷在于，由于个体之间存在差异性，不同个体从相同资源中获得的幸福感（即个人合意目标的实现）是不一样的。例如，如果给予身体健康的琼斯（Jones）和双腿严重残疾的史密斯（Smith）同等份额的资源，那么"史密斯必须将他的大部分资源花在拐杖（crutches）上，而琼斯则能够用她的资源份额来更大程度地实现她的目标"。① 较之于史密斯，琼斯拥有更多追求自己合意生活计划的机会。由此看来，罗尔斯根据基本益品份额所确定的处境最差者似乎是一个异质群体，它把各种因不同原因而导致的不同生活状况的人杂乱无章地混合在一起，根本不能识别出真正处境最差的人。故此，阿内逊认为，平等主义者不应依据人们拥有的基本益品份额来判定谁是处境最差者，并使所有处境最差者最终获得较多的益品份额，而应在他们选择那些需要更多基本益品份额才能实现其合理生活计划的情况下，为其提供更多的益品份额。② 也就是说，对处境最差者的真正关注应当是在人们主观需要的时候给予其额外的基本益品份额，而不应无视其主观需要而将益品强加于他们。

---

① Richard Arneson, "Equality and Equal Opportunity for Welfare", *Philosophical Studies*: *An International Journal for Philosophy in the Analytic Tradition*, Vol. 56, No. 1, 1989, p. 78.

② Richard Arneson, "Rawls, Responsibility, and Distributive Justice", Marc Fleurbaey, Maurice Salles and John A. Weymark, eds., *Justice*, *Political Liberalism*, *and Utilitarianism*: *Themes from Harsanyi and Rawls*, New York: Cambridge University Press, 2008, p. 86.

　　如果说罗尔斯的基本益品平等只是一种结果意义上的平等物理论①，那么德沃金的资源平等可被视为一种机会意义上的平等物理论，因为后者不要求所有的人都拥有同等份额的资源，而是直接赋予人们在不同资源组合中选择的机会。即便人们手中的资源组合不同，但只要他们自己喜欢这些资源组合，平等就得以实现。尽管如此，资源平等最终也无法规避和基本益品平等相类似的缺陷，因为如果人们的生活目标相同，对资源组合的偏好也相同，那么这种平等物理论所意指的机会平等就转化为结果平等，基本益品平等面临的问题也就随之降临到资源平等上。其第一个缺陷是，实现同等的幸福（即实现相同的目标）所需要的资源不同。举例来说，从结果上看，史密斯和琼斯最终都能购买到他们各自喜爱的邮票类型，但是史密斯得来不费吹灰之力，只要穿越街道就可买到，而琼斯却需要长时间穿越沙漠、历经千辛万苦、克服重重困难才能买到。从这个意义上讲，他们二人虽然都获得了同等幸福感，但其中一个人耗费的资源却远比另一个人多。其第二个缺陷是，相同的资源份额所实现的幸福感也不尽相同。比如说，人们的资源在进入拍卖市场的某一初始时刻是平等的，但在随后的生活中，有人因过失行为而不得不陷入落魄的生活，有人则因超强的能力而过上了富裕的生活。

　　由此可见，关注人们拥有的资源份额不等于关注幸福本身。如果仅仅关注前者而忽视后者，就会舍本逐末地忽视平等物问题研究的核心内容。阿内逊正是敏锐地捕捉到这一点，才对资源主义平等物理论提出了切中要害的批评，指出无论是罗尔斯的基本益品平等还是德沃金的资源平等，都不同程度地犯了类似的错误。

---

　　① 学术界对基本益品平等存在两种不同的看法。一种看法把它视为结果平等，因为由基本益品为尺度的差别原则不问原因，就使收入和财富的分配份额向所有处境最差者（即益品份额占有最少的人）倾斜。另一种看法把它视为机会平等，意指每个人被沦为处境最差者的机会是平等的。笔者遵照第一种说法。

二 对个人责任的错置

责任问题是保守主义对平等主义提出的一大诘难，同时也是任何一种平等物理论难以回避的重要问题。为应对来自保守主义的批评，罗尔斯和德沃金都将个人责任纳入了其平等物理论之中。阿内逊赞同他们的这一观点，但他同时又指出，想要真正解决平等与责任的关系问题，就必须在个人能负责任的不平等和不能负责任的不平等之间做出区分，消除那些个人不能为之负责的不平等。然而，罗尔斯和德沃金的资源主义平等物理论都没能消除这样的不平等，因为它们都未能准确把握个人责任的范围。

（一）基本益品平等对应负责任的忽略和对不应负责任的强加

在阿内逊看来，尽管罗尔斯的基本益品平等力图使国家义务和个人责任相互结合（既补偿处境最差者，又要求个人为其选择负责）的理念展现出一种巨大的吸引力，但实则未能如愿，因为这一平等物理论仍存在以下两方面的缺陷。

其一是它忽略了个人本应承担的责任。罗尔斯把不平等区分为由个人持有益品份额差异所产生的不平等和由个人选择所产生的不平等，将前者视为平等主义者需要解决的首要问题，而将后者视为个人需要自己负责的事情。阿内逊批评了罗尔斯的这一观点，认为它没有区分个人自愿选择所造成的不平等与非选择性因素所造成的不平等，更没有区别对待这两类不平等。他假设，史密斯和琼斯拥有相同的天赋，他们二人也拥有同样良好的童年社会化经历。在各自的生活历程中，史密斯选择了一种能让他获得较高收入及其他资源预期水平的生活计划，而琼斯却因不愿意过这样的生活而做出了相反的选择。这样一来，琼斯的生活状况刚好符合罗尔斯所描述的处境最差阶层。根据罗尔斯的基本益品平等，国家应该通过税收或转移支付等政策，把诸如史密斯之类的"处境较好者"的资源重新分配给诸如琼斯之类的"处境较差者"。但问题在于，琼斯自愿追求与资源份额最大化无关的生活计划，这或许因为她的价值观和审慎判断促使她没有选择资源份额最大化的生活方式，或许因为她

渴求支持某些崇高的事业而不惜牺牲自己的生活前景。应当肯定的一点
是，无论上述哪种情形，如果琼斯愿意的话，她就能够轻而易举地实现
其幸福目标，这与那些渴求实现某一目标但由于缺乏意志力或忍耐力等
落实选择的能力而不得不中途放弃的情形完全不同。如果说琼斯的幸福
缺失完全出于自愿选择，因为她"最终选择的是追求与资源份额最大化
无关的人生目标，在做这种选择时，她完全是自由的"，① 那么与之相
对的后一种情况中的幸福缺失则是个人自身难以控制的。故此，那些因
缺乏落实选择目标的能力而不得不放弃其目标的人无须对自己选择的结
果负责，但本例中的琼斯却需要负责，对她进行任何转移资源都会有失
公平。由此可见，罗尔斯的基本益品平等没能在个人应当负责的事情和
无须负责的事情之间做出区分，更无法恰当地体现个人责任。

其二是它要求个人为其不能负责的事情承担责任。罗尔斯之所以主
张基本益品平等，是因为在他看来，每个人都能够确定并修正自己的善
观念。因而，一旦拥有平等的基本益品份额，人们就可以实现各自认可
的合理生活计划。如果其中一些人拥有某种昂贵嗜好而另一些人没有这
样的爱好，那么他们就应承担因善观念差异而带来的不同生活结果。这
就是说，国家或社会没有义务因个体持有某种善观念或做出某种选择所
遭遇的坏运气而补偿他们。简言之，个人应为自己的偏好负责。然而在
阿内逊看来，这种观点是有失偏颇的，因为个人偏好的形成和发展十分
复杂，常常会受基因遗传、家庭条件以及社会环境等诸多因素的影响，
并不完全处于个人自身的掌控之中。因此，平等主义者不应仅凭个人选
择和不选择某些偏好的简单区分，就轻率地判断其是否应为自己的不平
等承担责任。就此而言，罗尔斯平等物理论的问题恰恰在于，它在没有
对个人偏好是个人有意培养还是被迫选择做出区分的情况下，就片面强
调个人要为其偏好负责。如果从偏好形成的原因来看，只有前者（即个

---

① Richard Arneson, "Rawls, Responsibility, and Distributive Justice", Marc Fleurbaey, Maurice Salles and John A. Weymark, eds., *Justice, Political Liberalism, and Utilitarianism: Themes from Harsanyi and Rawls*, New York: Cambridge University Press, 2008, p. 90.

人有意培养的偏好）才是个人能够为之负责也应该为之负责的内容。

根据阿内逊的看法，"我们至多应该对处于我们控制力之中的事情负责"。[1] 他进而指出，"即便两个人都自愿将其基本目标从 A 转变为 B，这对一个人来说可能会面临困难或成本昂贵，但对另一个人来说却十分容易或成本低廉。假如他们都坚守目标 A 的话，即便每个人都可以通过自愿选择来改变自身的目标，他们所应承担的责任也不相同"。[2] 由于阿内逊根据某种不平等的发生是否处于个人控制之中来判定个人是否应对其承担责任，国内学术界就将阿内逊的这种看法称为"控制性责任观"[3]。也就是说，如果某种不平等是由个人控制范围内的事情所引起的，那么个人就应对该结果承担责任。与此对应的是，社会不应对该结果做出任何补偿。通过这种"控制性责任观"不难看出，即便平等主义者接受罗尔斯所讲的"个人应对其偏好负责"的观点，也只能要求个人为此承担部分责任而非全部责任。从这个意义上讲，罗尔斯的平等物理论非但没能提供个人对其偏好全权负责的充足理由，反而还不恰当地夸大了其应承担的责任范围，进而导致公民要为很多原本属于社会而非其自身的责任埋单。

由此可见，罗尔斯的基本益品平等既没有要求个人对其本应负责的事情承担责任，又不恰当地要求个人对其本不能负责的偏好承担责任，这就造成个人责任在平等物问题研究中的错置。为解决这两个问题，摆正个人责任的位置，阿内逊试图对罗尔斯的基本益品平等进行修正，即对这一理论采取"规范时刻"（the canonical moment）的简化设置。基本益品平等的"规范时刻版本"（the canonical moment version）要求，

---

① Richard Arneson, "Rawls, Responsibility, and Distributive Justice", Marc Fleurbaey, Maurice Salles and John A. Weymark, eds., *Justice, Political Liberalism, and Utilitarianism: Themes from Harsanyi and Rawls*, New York: Cambridge University Press, 2008, p. 98.

② Richard Arneson, "Equality", Roert E. Goodin and Philip Pettit and Thomas Pogge, ed., *A Companion to Contemporary Political Philosophy*, Vol. 1, Oxford: Blackwell Publishing Ltd. 2007, p. 598.

③ 姚大志:《论福利机会的平等》,《学术月刊》2015 年第 2 期; 或参见高景柱《当代政治哲学视域中的平等理论》, 天津人民出版社 2015 年版, 第 190 页。

在每个人进入成年期之始，都能得到社会提供的基本益品的公平份额，这个公平份额并非简单地使基本益品的分配政策向实际份额最少的人倾斜，而是使这一政策向益品获取能力最小的人倾斜，优先考虑他们对基本益品份额的需求预期。这样，规范时刻的基本益品平等就把个人持有基本益品份额的不平等与其刚迈入成年期在益品获取能力上的不平等区别开来（前一种不平等无法在个人可自主选择的选项和无法自主选择的选项之间划界，后一种不平等则单独针对个人无法选择的不平等），忽视前一种不平等而对后一种不平等提供补偿，因而可以自如应对类似于琼斯式的益品不平等问题。然而，它仍难以应对阿内逊所提到的由个人无法控制的偏好所产生的不平等问题，因为它几乎不涉及对个人可以控制的偏好和其无法控制的偏好的区分，更谈不上对后者的补偿了。

（二）资源平等对个人不应负责任的强加

阿内逊认为，德沃金的资源平等与修正过的基本益品平等面临的困境相似，即对个人责任矫枉过正。这两种平等物理论的共同点是要求为个人无法选择的能力差异提供补偿，同时又要求个人对其自愿选择所产生的结果承担责任。[1] 然而，这里的问题是，个人依据偏好所做的自愿选择早在一个公平的资源份额获取之前就已经完成，而他们之间最明显的差异则体现在做出选择和落实选择的能力不同。[2] 这就是说，即使所有人在其成年之始都面临等价的选项，这些选项也会因其做出选择及落实选择的能力不同而对他们各自产生不同的效果，因而人们无法对其做

---

[1] 罗尔斯认为，由于不同出身和社会地位的人拥有由政治制度以及社会经济环境所决定的不同的生活期望，这种基本益品份额的不平等是非选择性的，个人无法对其负责，但在此基础上的其他不平等都是自愿选择的，个人应该对其负责。因此，正义的首要话题就是解决基本益品份额分配的初始不平等，而不是由个体"自愿选择"所产生的不平等。德沃金提出资源平等的目的在于，如果每一个人在其起始阶段都拥有假想的拍卖市场所提供的公平资源份额，并且任何后续的资源占有不平等都是由选项运气而非原生运气所导致，那么人与人之间就实现了资源占有上的平等。可见，罗尔斯对基本益品份额不平等和其他不平等的区分，与德沃金对由原生运气导致的不平等和由选项运气导致的不平等的区分十分相近。

[2] Richard Arneson, "Rawls, Responsibility, and Distributive Justice", Marc Fleurbaey, Maurice Salles and John A. Weymark, eds., *Justice*, *Political Liberalism*, *and Utilitarianism*: *Themes from Harsanyi and Rawls*, New York: Cambridge University Press, 2008, p. 88.

出选择和落实选择的能力承担同样的责任。

阿内逊以复杂推理中的两个决策问题为例对此予以阐明。比如，有两个人为了做出同一个谨慎的选择，都付出了同样的努力，但是其中一人拥有较好的推理能力，因而选择成功，另一人则因缺乏这种推理能力而选择失败。可见，尽管此二人起初都面临等价的选项，但最终还是因选择能力的差异而未能做出同样谨慎的选择。阿内逊又假定，此二人都轻松地解决了选择问题，但落实这一选择目标却需要超强的意志力和执行力，其中一人比另一人幸运地拥有更强大的意志力和执行力，故而能够成功地落实已经做出的决策，但另一人却因意志力薄弱或执行力较差而未能达致其决策目标。我们可以通过下面这个例子来进一步理解阿内逊的这一观点：甲和乙做出了相同的决策，都以登上珠穆朗玛峰为幸福目标。其中，甲拥有更强大的意志力和执行力，经过努力后成功登上珠峰，而乙则因不具有此能力而始终未能实现该幸福目标。不难看出，尽管甲、乙二人都做出了相同的选择，但由于他们在落实选择目标的能力上存在差异，以至于在实现选择目标的最终结果上截然不同。阿内逊所描述的上述两种情况都反映了个人无法控制的能力差异（一个是选择能力的差异，另一个是落实选择目标的能力差异）所产生的不同结果。其中，高才能者的处境优于低才能者的处境，对于这两种个人无法控制的、不同性质的能力不平等，当事人非但不应对其承担任何责任，反而应当获得相应的补偿。但是，这两种决策情况却是资源主义平等物理论所无法应对的，因为对它们而言，"正义只要求补偿人们对其无法选择的才能差异，而不要求补偿由其落实选择能力的不同而导致的幸福差异，这就对赞同补偿和反对补偿都产生了自相矛盾的悖论"。①

也许有人仍会认为这个结论下得过于草率，因为他们推定这只是基于"规范时刻版本"的基本益品平等所面临的问题，而非德沃金的资

---

① Richard Arneson, "Rawls, Responsibility, and Distributive Justice", Marc Fleurbaey, Maurice Salles and John A. Weymark, eds., *Justice, Political Liberalism, and Utilitarianism*: *Themes from Harsanyi and Rawls*, New York: Cambridge University Press, 2008, p. 88.

源平等面临的问题，因为后者可以通过保险市场解决阿内逊所提出的诘难。比如，个人可以通过事先为自身做出选择及落实选择的能力投保，然后再按照自己的喜好随心所欲地选择和规划自己的生活。这样一来，即便事后出现诸如做出选择的能力或落实选择的能力不足等问题，那些选择投保的人也可以获得对这些能力缺失的补偿，进而使其原本不公平的初始资源份额得到调整。但实际上，资源平等通过保险机制来体现个人获取其人身资源的理念是成问题的：一方面，通过保险机制来补偿人身资源缺失的方式在实际操作中会面临诸多困难，比如个人是否愿意投保具有主观任意性，补偿金额会受市场稀缺度和供求关系的影响，等等；另一方面，由于资源平等没有把落实选择的能力视为人身资源，因而保险市场对这种能力的缺失也表现得无能为力。更重要的是，即便暂时搁置德沃金平等物理论中的这些缺陷，直接假设平等主义者能够对人们的初始资源份额做出恰当的调整，这种调整结果也可能因他们自身的错误决定而变得于事无补。阿内逊举例说，在初始资源得到"公平"分配的情况下，如果某人以低能力、低水平的投注策略从事高风险的赌博行为，那他就可能失去全部资源份额。具体来说，某人起初拥有一份"公平"份额的初始资源（the fair initial shares of resources），但有一天才能不高的他在判断所骑摩托车的车速时发生失误，以致他在一条废弃的道路上超速行驶，造成了重大的交通事故且导致身体残疾。这使他失去了全部的初始资源份额，以后的生活前景因此而严重缩水。① 由于此类错误决定受到个人成长环境和先天性格特征等无法控制因素的制约，个人不能也不应对其承担全部责任，但德沃金的资源平等却把它划分到个人应负责任的范围内，听之任之而不给予丝毫的补偿。

　　总之，阿内逊认为，在个人责任问题上，罗尔斯的基本益品平等面临两类困境，即便经过修正，它也只能消除其中一类困境，即对个人意

① Richard Arneson, "Rawls, Responsibility, and Distributive Justice", Marc Fleurbaey, Maurice Salles and John A. Weymark, eds., *Justice, Political Liberalism, and Utilitarianism: Themes from Harsanyi and Rawls*, New York: Cambridge University Press, 2008, p. 90.

愿的不尊重，而另一类难以消除的困境恰恰是罗尔斯和德沃金的资源主义平等物理论所共同面临的主要问题，即对个人应负责任的矫枉过正。

第二节　作为平等物的幸福机会

为了规避德沃金所批评的幸福平等存在的问题，阿内逊批判地继承了德沃金"敏于抱负"和"钝于禀赋"的平等主义理念，并在对原有幸福平等做出修正的基础上，提出了把幸福机会作为平等物的理论。

一　对幸福含义的重新界定

与资源主义平等物理论的客观主义立场相反，阿内逊所捍卫的平等物理论采取了一种"分配的主观主义"立场，即根据对个人幸福感的同等对待来实现平等。换言之，阿内逊认为平等物应体现在人的幸福感上。

（一）限定幸福的具体含义

阿内逊所讲的幸福感并非无所不包，它专指偏好的满足，并且仅仅指"自利性偏好"（self‐interested preferences）的满足。自利性偏好指的是一个人在排除了对他人的无私关心之后所偏好的东西。① 这就是说，就某人偏爱 X 胜于 Y 而言，如果这个人对 X 的偏好不是出于其自身的原因而是出于某种宗教或道德承诺，那么他的这种偏好就被排除在阿内逊平等物理论的考虑范围之外。在给出了自利性偏好的定义之后，阿内逊又区分了影响自利性偏好的三个不同因素②：（1）行为倾向（behavioral dispositions）；（2）某种情感或欲望（feelings or desires of a certain sort）；（3）个人价值判断（judgments of personal value）。这三个因素虽从概念上看相互独立，但实则相互关联。当一个人说"比起 X 来，我

---

① Richard Arneson, "Liberalism, Distributive Subjectivism, and Equal Opportunity for Welfare", *Philosophy & Public Affairs*, Vol. 19, No. 2, 1990, pp. 160 – 161.

② Ibid. , p. 162.

更喜欢 Y"时，与此对应的三种情况分别是：在其他条件都相同的情况下，（1）对于 X 和 Y 两个选项，我倾向于选择 X 而非 Y；（2）当这个问题在我的脑海中浮现时，我觉得我更想要 X 而不是 Y；（3）我判断 X 比 Y 对我自身来说更有价值。阿内逊指出，当一个人的行为倾向、情感欲望和价值判断这三个因素都一致的时候，我们很容易就能判断出某人对 X 的偏好胜于 Y；但当（1）（2）与（3）发生冲突、（1）与（3）或（2）与（3）相互冲突时，（3）具有一种判断上的优先性。

考虑到个体的生活状况取决于其在信息充分条件下、审思之后的偏好被满足的程度，阿内逊又将代表幸福含义的自利性偏好限定为一种"经过个人价值判断"的偏好，并称之为"虚拟理想境况下经过深思熟虑的偏好"，有时也直接简称为虚拟合理偏好（hypothetical rational preference）或合理偏好（rational preference），指的是"我在拥有关于偏好的充分信息、以平静的心情清楚地思考且不犯任何理性错误的情况下，对自己的偏好做出彻底审思之后，我将具有的那些偏好"。①

这样，阿内逊就通过对个人偏好的三个限定（即作为目的本身而非实现他物手段的限定、信息充分的限定和深度审思的限定），对幸福含义做出了全新的界定，一方面把那些歧视他人或使他人处于不自由处境等不合理偏好都拒之门外，避免了所有将不同类型及性质的快乐或偏好相提并论的观点，并使个体之间的幸福感在原则上易于做出人际比较；另一方面则充分关注到个人幸福感对其生活质量的重要影响，规避了资源主义平等物理论所存在的拜物教缺陷。

考虑到人们在前平等状态遗留下来的实际偏好，即当人们基于平等而思考自己偏好的时候已经拥有一些先前遗留的偏好，阿内逊进而把合理偏好分为两种类型："最优偏好"和"次优偏好"。其中，"最优偏好"指的是个人为了使自己生活得更好，在选择信息充分的情况下通过理性判断能够无成本地纠正其错误偏好。相比之下，"次优偏好"的目

---

① Richard Arneson，"Equality and Equal Opportunity for Welfare"，*Philosophical Studies：An International Journal for Philosophy in the Analytic Tradition*，Vol. 56，No. 1，1989，p. 83.

的虽然也是为了使个人生活得更好，抉择方式也是在选择信息充分情况下的深思熟虑，但除此之外还涉及更多其他因素，比如需要关注个人在现实世界中改变实际偏好所需要付出的代价、改变实际偏好尝试成功的可能性及其在实际生活中是否进行这种尝试的可能性等许多复杂情况。①在这种情况下，合理偏好就要根据个体所需付出的代价来计算。基于此，"次优偏好"就是指个体"根据对自身实际偏好和改变它们遇到的阻力的充分知识，以理想的方式对其自身偏好进行审思之后所具有的偏好"。②为了进一步理解和比较个体的"最优偏好"和"次优偏好"，我们可以根据阿内逊给出的定义来设想一个例子：甲的"最优偏好"是成为一名钢琴演奏家。但是由于某些原因，他已经成为一名音乐教师好多年了。这么多年来，他已经习惯于从教别人弹奏钢琴中获得稳定收入的生活方式。如果他现在放弃做音乐教师转而从事钢琴演奏家的职业，那今后的生活质量将会大大降低，甚至入不敷出。考虑到偏好改变的代价，甲现在更乐于继续做一名音乐教师。由此我们可以认为，甲的"次优偏好"是成为一名音乐教师。

（二）对偏好变化的合理解释

根据阿内逊的看法，平等主义者应该基于人的主观幸福感来衡量其所持有的资源份额及由此产生的生活状况，我们不难推断出这样的结论：只有满足个人一生的偏好才是最重要的。但实际上，个人偏好并非一成不变，同一种资源在不同的人生阶段可能会产生截然不同的幸福感。例如，史密斯的资源今天对他没什么用处，但将来可能对他大有用处。那么，把幸福界定为一生偏好的满足究竟该如何权衡过去和现在的偏好？

从较长的一段时间内来看，个人在其生命不同阶段所拥有的偏好经常会发生冲突。例如，甲想成为一名诗人，需要经过一些步骤才能达到

---

① Richard Arneson, "Liberalism, Distributive Subjectivism, and Equal Opportunity for Welfare", *Philosophy & Public Affairs*, Vol. 19, No. 2, 1990, p. 165.

② Richard Arneson, "Equality and Equal Opportunity for Welfare", *Philosophical Studies: An International Journal for Philosophy in the Analytic Tradition*, Vol. 56, No. 1, 1989, p. 83.

此目标，结果他成功地实现了自己的目标，但他马上又后悔自己选择了这个目标以及追逐目标的过程，后来他可能再一次改变想法，抛弃了自己曾经后悔选择和追逐这个目标的想法。由于每个个体的偏好可能会随着时间的推移而发生变化，再加上他们自身不可能接受某种完备性善观念的指导，使其一生中不同时期的、各种互相冲突的偏好能够合并到一个偏好排序清单中，故此，理查德·布兰特（Richard Brandt）认为在阿内逊的平等物理论中，对个人主观幸福感的人际比较是没法得到明确答案的。如果把对个人曾经拥有但后来不再拥有的合理偏好的满足仍然看作是对其终身幸福的提升，这种思考幸福的方式就是不合理的。布兰特认为，在决定我们现在做什么才能被算作审慎思考的范畴时，不应关注过去的欲望。①

　　阿内逊从否定和肯定两个方面对布兰特所指责的合理偏好因变化不定而导致的人际比较问题做出了回应。首先，阿内逊从否定方面回应了布兰特的质疑。他指出，合理偏好一般不容易发生变化，也不会经常出现由此产生的人际比较问题。如果说在满足自利性特征的前提下，合理偏好仍然发生了变化，那必定是因为其余两个限定条件（即深思熟虑的判断和充足的选择信息）没有得到满足。具体来说，偏好变化的一个重要原因在于个人认知的缺乏。"在一定条件下，当主体认识到那些前提的虚假性时，基于那些错误前提的偏好就让位于其他偏好。"② 假设我想成为一名诗人，原因是我认为自己有作诗的天赋。可一旦发现自己缺乏作诗的天赋，我就会发现自己实际上并非真正想成为一名诗人。在阿内逊看来，当个体对其偏好的真实价值缺乏认知时，满足那些基于错误前提的偏好本身并不能促进其合理偏好的满足，故而平等主义者不应把从我先前想成为诗人到我后来不想成为诗人之间的转换看作是合理偏好的完全改变，因为在这种情况下，"尽管我的实际信念已经发生了改变，

　　① Richard Brandt, *A Theory of the Good and the Right*, Oxford: Prometheus Books, 1998, pp. 247－253.

　　② Richard Arneson, "Liberalism, Distributive Subjectivism, and Equal Opportunity for Welfare", *Philosophy & Public Affairs*, Vol. 19, No. 2, 1990, p. 165.

但我潜在的最优偏好仍然保持不变"。① 也就是说，个人之所以会选择错误的偏好是因为他对其自身偏好的认知错误。此外，偏好变化的另一个重要原因是选择信息的不充分。比如，在曾经缺乏相关的选择信息时，我想成为一名诗人；但是现如今有了更充分的信息，在经过对这些信息更为深入的思虑之后，我便不再持有这样的想法，此时我的最优偏好仍然没有发生变化。阿内逊对合理偏好变化问题的澄清旨在表明，个人在审慎思考和信息充分的情况下做出的选择是不会轻易发生变化的。

当然，合理偏好不会轻易发生变化并不等于说它永远不会发生任何变化。阿内逊非但没有完全否认合理偏好变化的可能性，反而认为个人在不同环境的生活经历及其变化确实会导致一些合理偏好的变化，并就此对布兰特的质疑做出了肯定方面的回应。为了更加充分地回应布兰特的质疑，证明合理偏好即使发生了变化也可以进行人际比较，阿内逊专门阐述了一种能够反映合理偏好变化的、关于偏好满足程度的计算方法。其步骤如下②：（1）每个人都可以在其人生的不同阶段确定一个合理偏好集的相关内容，这些合理偏好可能与其过去、现在及未来的任何一个时期相关；（2）每一种偏好都被视为个体在做出选择的那个特定时期是合理的，因而都可以通过个体的不同重视程度而被赋予不同的权重；（3）确定在这个人的一生中，那些始终难以释怀的偏好在何种程度上得到满足；（4）统计总数。在其他条件不变的情况下，总数越大，这个人的生活越如意。

在阿内逊看来，布兰特之所以将人们曾经拥有、后来又放弃的偏好排除在其幸福感之外，部分原因在于他认为人们当前的欲望在认知上优于过去的欲望。但情况并非总是如此。如果暂时抛开布兰特所意指的上述特殊情况，他的观点就是不合理的。阿内逊举例说，如果某人在临终之前的几个月内经历了一个偏好彻底转变的过程，那么在计算这个人一生的幸福感时，就不能仅仅考虑他生命的最后几个月中偏好的满足程度。再如，如果

---

① Richard Arneson, "Liberalism, Distributive Subjectivism, and Equal Opportunity for Welfare", *Philosophy & Public Affairs*, Vol. 19, No. 2, 1990, p. 165.

② Ibid., p. 166.

史密斯 1969 年的合理偏好是想在 1989 年挑战自我，通过一条艰难路线去攀登雷尼尔山（Mount Rainier）①，他的这种偏好恰好在 1989 年得到了满足。尽管自 1979 年起他就再没有为爬山这件事花过一点儿心思，但平等主义者仍可以据此判定他一生的幸福水平得到了提高。总之，根据阿内逊的看法，以个人一生合理偏好的满足来界定幸福含义的想法是有价值的。在计算幸福感的时候，平等主义者应将个人过去的偏好（即那些被认知上不具有优越性的偏好所取代的偏好）与那些用于替代的偏好同等对待。

总体看来，阿内逊对幸福含义的界定呈现了一个不同于资源主义平等物理论的重要维度——个人幸福感，是当代西方平等物问题研究中的一大贡献。如果我们暂时搁置对幸福感能否取代资源而成为适宜平等物的思考，那么至少可以肯定的是，阿内逊把幸福感纳入平等物研究范围的理念大大启发了后来学者（尤其是科恩）对罗尔斯和德沃金资源主义平等物理论缺陷的深刻认识，促进了其对平等物问题的进一步探究。正如科恩所指出的，阿内逊的幸福机会平等可以有效化解罗尔斯和德沃金等资源主义者对幸福尺度的批评，并有效阻止那些试图以资源取代幸福的平等物研究路径，因为对那些虽然能够自如行动但又因之忍受无比痛苦的残疾人来说，为他们提供缓解疼痛的药物并非基于他们对德沃金式的人身资源缺乏的补偿，而只能被看作是一种对阿内逊式的幸福缺乏的补偿。阿内逊的平等物理论启发了科恩等平等主义者探究平等物发展的新思路，业已成为他们探索自己平等物理论的必经之途。由此可见，就平等物所应聚焦的范围而言，阿内逊对个人幸福感的关注在当代西方平等物问题研究中发挥了承前启后的特殊作用，其积极意义值得肯定。

二 对幸福机会的同等关注

阿内逊对幸福平等的另一个修正是从关注幸福本身到关注实现幸福的

---

① 雷尼尔山位于美国华盛顿州西部，西雅图的南面，海拔 4323 米，远远超出周围 1800 米高的群峰。从西雅图能看见数百座山，但每当提及"那座山"的时候，几乎所有人都知道指的就是雷尼尔山。一个多世纪以来，雷尼尔山深深吸引了来自世界各地喜欢挑战的登山爱好者。

机会。第二章已经表明，德沃金批评幸福平等的一个重要原因是，它无法应对因个人责任缺失而导致的昂贵嗜好问题。阿内逊赞同这个批评，但他在一定程度上修正了德沃金所讲的个人应为其偏好负责的观点，根据个人对其偏好形成或发展的控制程度来对个人能否负责的偏好做出区分。在他看来，凡是那些受基因遗传、家庭社会环境等因素影响而形成的、不完全处于个人掌控之中的偏好，平等主义者至多只能要求主体承担部分而非全部责任。与此相反，对于那些个人可以在不同偏好之间轻松地做出选择的、完全处于个人控制之中的偏好，平等主义者就应要求其全权负责。具体来说，个人对其偏好应负的责任可以分为三种情况：第一种责任含义很强，指的是个人偏好的形成和发展完全在其自身的控制之内，主体应对其承担全部责任。第二种责任含义较弱，指的是尽管个人偏好的形成超出了其自身的控制范围，但现在却处于其控制能力之中，主体应对其承担部分责任。换言之，只要偏好主体付出某些代价，就可以改变这种偏好。在这种情况下，主体对其偏好的形成不应承担责任，但应对其偏好的发展负有责任。第三种不涉及任何责任含义，指的是个人对其偏好的形成和发展都无能为力，因而也不应为此承担任何责任。①

究竟该以何种方式来对个人应负责任的偏好和不应负责的偏好做出区分呢？在阿内逊看来，这一区分的关键在于判断个体之间的幸福机会是否平等。如果幸福机会是平等的，个人就应对自己的偏好承担责任且无法获得补偿，反之则不应承担责任且有理由获得补偿。由于阿内逊所理解的幸福是就合理偏好而言的，而他语境中的机会则是"一个人如果想谋求某种益品的话他能获得它的可能性（这种可能性是就概率意义上而谈的，笔者注）"。② 因此，幸福机会指的就是一个人实现其合理偏好的概率，幸福机会平等则指的是每个人都拥有实现自身合理偏好的同等概率。在明确幸福机会平等的内涵之后，阿内逊又通过有效等价的决策

---

① Richard Arneson, "Equality and Equal Opportunity for Welfare", *Philosophical Studies: An International Journal for Philosophy in the Analytic Tradition*, Vol. 56, No. 1, 1989, pp. 79 – 80.

② Ibid. , p. 85.

树方法对人们幸福机会是否平等的判断做出了详细的阐释。

（一）有效等价的决策树方法

决策树方法在经济学中广为流行，指的是一种基于概率论原理并以树状图形作为分析工具来选择合理方案的系统分析法。这种方法有助于人们在现有的社会条件下，凭借自身的能力选择和确立某一行动目标的最优方案，但它本身不能排除任何自然或社会的偶然因素对个人选择的影响。为了避免这些偶然因素的制约作用，进而使人们只对自己控制中的事情负责，阿内逊对这种方法做出了有效性和等价性的限定。

对决策树选项的等价性限定只能排除社会偶然因素对个人选择的影响。以两个成年人为例，拥有等价的决策树就意味着这两个人处于相同的决策点、拥有相同的选项集，并且他们都知晓自己对其拥有的最优的、次优的……第 N 优的各选项的偏好程度以及各选项的实现概率，在头脑清楚且不犯任何错误的情况下，审慎地计算和比较各偏好的期望值，并据此做出选择而获得相应的结果。为了说明选项的等价性，阿内逊设想了这样一个例子[①]：你和我都拥有两个相同的选项，都既可以成为一名银行家，又可以成为一名传教士。此外，我们都清楚地知道每个人从这两个选项中所获得的幸福期望是相等的。如果你选择了银行家，并因之获得了较高的幸福水平，而我则成了传教士，只能获得较低的幸福水平。在这种情况下，尽管我们最终没有获得相同的幸福水平，但我们所拥有的选项却是等价的。然而，如果你的传教士选项中包括没有蚊子的阿拉斯加和蚊子猖獗的非洲，而我的传教士选项中则只包括一个蚊子猖獗的非洲，那么即使你和我的传教士选项不存在其他任何差别，幸福机会平等所要求的选项的等价性也会遭受到破坏，因为我们两人的次优选项不同，你拥有免遭蚊子叮咬的选项，而我却没有这样的选项。

阿内逊进而指出，如果仅以选项的等价性来理解幸福机会平等，这种平等物理论就是不完整的，因为不同个体对决策树中不同选项的认知程度

---

① Richard Arneson, "Liberalism, Distributive Subjectivism, and Equal Opportunity for Welfare", *Philosophy & Public Affairs*, Vol. 19, No. 2, 1990, p. 178.

各有不同，做出选择的能力和落实选择的能力也存在高低之别。即便每个人都拥有等价的选项，能力低的人也无法和能力高的人一样把握住其最优选项，因而仅凭等价的决策树还不足以使个体之间的幸福机会都同等有效。进而言之，要想全面排除一切自然和社会的偶然因素对个人选择的制约，还需要做出进一步的条件限定，即在等价决策树的基础上增加有效性的限定。有效等价的决策树主要用以调节个人能力（包括做出选择的能力和落实选择的能力）与其选项之间的落差，具体体现在以下三种情况：个体之间的能力等价，选项也等价；个体之间的能力虽不等价，但人际能力差异会被其选项差异所抵消；尽管人际能力与其选项之间存在无法抵消的差距，但这种差距却是由其自身的原因所造成的。在阿内逊看来，当所有决策树的各选项在某一时刻都有效等价、所有人都处于冷静且不犯错误的情况下，只要满足这三个条件之一，他们之间的幸福机会在那一时刻就实现了平等。例如，甲和乙都处于其成年的同一时刻，甲的最优选项比乙的更好，但他因选择能力不如乙而不能像乙那样准确地把握其最优选项。倘若他们两人选项的不等价恰好能被其能力的不等价所抵消，那么从这种意义上说，他们两人的幸福机会就实现了平等。

值得注意的是，阿内逊主张的幸福机会平等并非意指一个人一生的选项全部都有效等价，而是指他在其成年的某一时刻拥有同他人有效等价的选项。阿内逊把这一时刻称为"规范时刻"，认为平等主义者能够识别个人生命中的规范时刻。在这一时刻，"个人不能对其偏好的形成负责，却被视为可以对其偏好的进一步改变负责，因为那是他故意选择的生活选项所导致的结果"。① 阿内逊对"规范时刻"的设定是由这一思想所激发——在儿童和成人之间存在一个道德上的重要界限，儿童不需要对其偏好负责，但成人却需要。这个设定代表了个人从儿童到成人连续生活过渡中的一个重大转折。不过，阿内逊并没有赋予这一设定严格的时间限制。如果我们要求青少年在其成熟时期对某些影响其偏好及幸福前景的选择负

---

① Richard Arneson, "Liberalism, Distributive Subjectivism, and Equal Opportunity for Welfare", *Philosophy & Public Affairs*, Vol. 19, No. 2, 1990, p. 179.

责，那就需要规定，在做出这个选择的时候，他们已经拥有了成年人所必需的同等幸福机会。也就是说，如果人们在其童年时期被赋予了一个可接受的偏好，在接受过完全教育而进入成年之后仍然坚守它，那么这种偏好将为其提供一个道德上非任意性的起点。在这种情况下，平等主义者就可以认为这些人的合理偏好在其青少年时期就已经形成。

阿内逊把这种基于规范时刻的幸福机会平等视为一种"扩展意义的幸福机会平等"①。在扩展意义的幸福机会平等条件下，不同个体所选择的不同路径都可被视为其自主选择或个人疏忽的产物，由此导致的任何不平等都无法基于正义的要求而获得补偿。也就是说，当拥有有效等价的决策树时，如果一个人本可以不发展某种昂贵嗜好但实际上发展了，那么他对由此引起的不幸应承担责任且无权要求补偿。同理，如果一个人为了增加幸福而自愿冒着幸福丧失的危险去赌博时，或是他浪费了被他人抓住的幸福机会时，抑或是他因献身于一种要求自我克制的理想而选择放弃幸福时，他的幸福缺失也不应得到任何补偿。相反，如果个体之间的幸福机会没有实现平等，那么他与别人幸福前景的差异就属于其不应为之负责的不平等。对于这类幸福不足，国家应该做出相应的补偿，使其获得自主选择合意生活的实质机会。

（二）对朱迪"廉价的昂贵嗜好"与路易斯"昂贵嗜好"例子的再考察

第二章已经谈到，德沃金在批驳主客观幸福平等无法应对昂贵嗜好问题及证明资源平等的直觉吸引力时，曾举过两个有关"昂贵嗜好"的例子。在其中一个例子中，他设想了一个名叫朱迪的人。尽管朱迪缺乏资源，但她欲望寡淡，对自己的一切都很满足，所以能够享受到与他人同等程度的幸福感。后来，朱迪的嗜好发生了一些变化，她乐忠于观看斗牛并且主动培养了这一新嗜好。即便如此，朱迪满足自己的新嗜好所需的资源份额仍低于社会分配给其他成员的资源份额。换言之，朱迪后来培养的

---

① Richard Arneson, "Equality and Equal Opportunity for Welfare", *Philosophical Studies: An International Journal for Philosophy in the Analytic Tradition*, Vol. 56, No. 1, 1989, p. 85.

新嗜好相对于她以前过度廉价的嗜好而言只是一种廉价的"昂贵嗜好"。另一个例子描述的是一个名叫路易斯的人。路易斯开始拥有的资源份额就远高于社会平均水平,后来,他又主动培养了一种新的昂贵嗜好。在培养了新嗜好之后,除非路易斯能够获得一份比以前更大份额且与其新嗜好相匹配的资源份额,否则他将比其他社会成员享有更低的幸福水平。德沃金认为,如果平等主义者想要给朱迪而不是路易斯提供满足其"昂贵嗜好"的额外资源份额,唯一的理由只能通过资源平等来做出回答,因为无论个人偏好是昂贵的抑或是廉价的,这本身并不影响其应享有的公平资源份额。

在阿内逊看来,这个例子使我们走向的并非德沃金的资源平等,而是他本人所提出的幸福机会平等,因为资源平等不能像幸福机会平等那样对偏好形成的原因做出明确的说明。如果朱迪最初的廉价偏好是因她先前持有的、可怜的资源份额而受到扭曲,那么平等主义者就理当为她分配额外的资源,支持她从这种扭曲的偏好中解脱出来。相反,路易斯并不缺乏初始资源份额,他的昂贵嗜好完全是自己主动培养的,他应对自己嗜好的形成负有完全责任。故此,阿内逊认为基于偏好形成的原因来分析,只要对路易斯和朱迪因初始资源份额占有不同而形成的不同偏好做出划分,就足以将平等主义者对朱迪和路易斯的不同反应区分开来。德沃金所引以为豪的"只有资源平等才能够解释人们对于朱迪和路易斯的不同反应"的说法就会不攻自破。

假设朱迪和路易斯一样,都拥有满足其偏好的初始资源份额,这样就可以消除导致偏好扭曲的因素。设想路易斯和朱迪的幸福机会都能得到同等满足,有效等价的不同选项为他们提供了相同的幸福前景,但前者拥有昂贵嗜好,后者则拥有廉价嗜好。后来,朱迪培养了一种昂贵嗜好,若非得到相应的补偿,这种新嗜好就会使得其幸福水平下降。朱迪应该得到补偿吗?阿内逊认为,从幸福机会平等的观点来看,答案取决于朱迪的偏好是自愿形成发展的还是非自愿形成发展的。"如果这种昂贵嗜好是朱迪谨慎选择的结果,或者如果对它的获取是自愿选择行为的一种副产物,那就没有必要进行资源再分配，因为根据描述，朱迪的状况满足了幸福机会平等。"① 简言之，我们应该允许由任何自愿选择所产生的幸福差异。但是，如果朱迪之所以获得这个偏好是因为他经历了一系列个人无法控制的事件，一些连保险机制都无能为力的灾难，例如，一块陨石的碎片不幸击中了朱迪的脑袋，这导致其偏好在疗养期间发生了始料不及的变化（比如痴迷于某种特定的奢侈品）。在这种情况下，幸福机会平等就要求对朱迪的不幸进行补偿。由此可见，路易斯或朱迪在昂贵偏好上的变化并不能为那些以公平分配为目的、拒绝补偿个人偏好的资源主义平等物理论提供任何正当理由。阿内逊据此指出，资源主义者所坚持的偏好是自愿选择结果的观点，恰恰给了我们接受幸福机会平等的正当理由。

（三）幸福机会平等对个人责任问题的推进

第一章和第二章已经表明，罗尔斯的基本益品平等要求个人对其一切偏好都承担责任，无论他是否对这些偏好产生认同感；德沃金的资源平等把那些个人不愿意拥有但又无力摆脱的偏好看作是一种"困扰"或"瘾"，并将其视为一种特殊的资源缺失而无须承担责任，但对于除此以外的其他偏好，个人都要对其负责。阿内逊对个人应负责任的看法不同于他们二人。在阿内逊看来，偏好的形成和发展都具有很多个人不能控制的不确定性，即便是个人认同其偏好，也可能无法对其全权负责。进而言之，个人只能对自己控制范围之内的偏好承担责任。根据这种"控制责任观"，个人对其偏好应负的责任具有三种形式：个人对其偏好的形成和发展承担全部责任；个人只对其偏好的发展承担责任，不对其偏好的形成承担责任；个人对其偏好的形成和发展都不承担责任。

由此可见，阿内逊在个人应承担的责任和不应承担的责任之间的新划分，不仅是对罗尔斯和德沃金资源主义平等物理论在个人责任问题看法上的超越，而且也极大地影响了后来的平等主义者 G. A. 科恩对个人责任问题的看法。这一理念使科恩意识到，仅仅依据个人对其偏好的认同与否来

① Richard Arneson, "Liberalism, Distributive Subjectivism, and Equal Opportunity for Welfare", *Philosophy & Public Affairs*, Vol. 19, No. 2, 1990, pp. 184 – 185.

区分他是否应对其偏好负责的观念是不充分和不恰当的，因为这个依据中还涉及偏好形成和发展的不可控性以及改变偏好的不同代价。只有那些个人能够毫无代价地选择的偏好（比如苦行僧在物质条件充裕的条件下仍然坚持艰苦生活的偏好）才是其应该负责的内容。除此以外，无论个人是否认同其偏好，就偏好产生和发展的不可控制性来讲，他都不能为之负责因而也不应为之负责。

如同幸福机会平等关注个人幸福感所具有的重要价值一样，它对个人责任问题的关注也同样在当代西方平等物问题研究中做出了特殊贡献，业已成为平等物问题研究演进和发展过程中不可或缺的一个重要环节。

第三节　幸福机会平等面临的困境

尽管阿内逊的幸福机会平等是对平等物问题研究的进一步发展，但这一平等物理论还"没有好到对平等主义做出正确解读的地步"[①]，它仍存在一些没有解决的困境，主要体现为两个方面：一是幸福机会无法体现对平等物的恰当设定；二是幸福机会不是实现平等的充分条件。

一　无法体现对平等物的恰当设定

尽管阿内逊指出了资源主义平等物理论的种种缺陷，同时也展现了幸福机会作为平等物的种种优点，但实际上，幸福机会平等本身并没有阿内逊设想的那么完美，以至于可以完全取代资源主义平等物理论、成为对平等物的恰当设定。正因为如此，阿内逊的幸福机会平等和资源主义平等物理论一样，也招致了不少学者的批评。归纳起来，这些批评集中于以下两方面。

首先，阿内逊所要求的合理偏好并不必然存在于人们的现实生活中。对阿内逊而言，幸福机会平等成立的前提和基础是合理偏好的真实存在。

---

① G. A. Cohen, *On the Currency of Egalitarian Justice, and Other Essays in Political Philosophy*, Princeton and Oxford: Princeton University Press, 2011, p. 13.

但实际上，阿内逊设想的这一前提在现实生活中不一定存在。在现实生活中，人们的偏好在很大程度上都会受到其所处环境的影响，偏好的形成永远不可能是自主的。阿内逊虽然也考虑到人们在面对有效等价的决策树之前已经拥有了一些其他偏好，并对合理偏好中的"最优偏好"和"次优偏好"做出了区分，但是由于生存环境的影响，改变原有偏好的代价或难度可能很大，一些人的"最优偏好"几乎很难实现。这样一来，阿内逊平等物理论中的"最优偏好"就失去了意义。此外，"次优偏好"也很难逃脱"酸葡萄"问题的责难。如果长期处于某种不利于自身发展的环境，人们即使确实需要某种东西可能也不会去追求它，甚至在选择信息充分的情况下也不会考虑它，而只会根据现有的条件和长期以来形成的畸形心态，习惯性地选择那些适应性偏好。[1] 这种情况被乔恩·埃尔斯特（Jon Elster）形象地称为"酸葡萄"问题[2]——放弃自己想要却得不到的东西。对此，约翰·罗默（John E. Roemer）举例说，伊芙（Eve）学着适应甚至喜欢她被剥夺的境况，因为不这样做她就无法忍受现有的生活。后来她成功地适应了，并因之而认为选择成为政府官员或律师对女人来说是一件非常荒诞的事情。于是，伊芙开始笃信，女人的位置只在家里，女人最好的选择就是成为一个"温顺的家庭主妇"。罗默指出，在这种情况下，伊芙想成为"温顺的家庭主妇"的"次优偏好"就不能在充分意义上体现阿内逊所要求的深思熟虑的判断。相反，"形成'温顺的家庭主妇'偏好的过程是一种认知失调"[3]。在认知失调的情况下，即便个人拥有实现其偏好的机会，抑或是其偏好得到了满足，也不能表明他就处于良好的生活环境。如果以阿内逊所讲的幸福机会平等来判断谁是处于劣势的人，就会漏掉很多诸如"温顺的家庭主妇"等群体，甚至产生严重的错

---

① 适应性偏好是指那些长期处于被剥夺状况下的人们无法改变自身的处境时，通常会调整自己的欲望，使之限定在自身有可能获得的极为有限的东西上。

② ［美］乔恩·埃尔斯特：《酸葡萄——功利主义和欲求的起源》，载［印］阿马蒂亚·森、［英］伯纳德·威廉姆斯《超越功利主义》，梁捷等译，复旦大学出版社 2011 年版，第 11 页。

③ John E. Roemer, *Theories of Distributive Justice*, Cambridge, Massachusetts：Harvard University Press, 1996, p. 268.

误，导致一些非正义的不平等现象发生。罗默进而分析说，导致阿内逊把平等物范围限定于一个现实中不存在的合理偏好，并对其做出区分的原因是，"阿内逊对于一下子解决将来的和过去的不平等太过雄心勃勃，而过去的不平等则有必要区分最优的和次优的合理偏好"。①

其次，幸福也不能涵盖人的所有生活状态。即使阿内逊要求的合理偏好在现实生活中必定存在，幸福也不足以涵盖个人的所有生活状态。这是因为很多弱势群体虽身体残疾但从不认为自己缺少幸福，比如在一个聋哑人共同体中，大部分聋哑人都不认为聋哑对于他们的正常生活来说是一个巨大的缺陷，也不认为自己的能力逊色于那些拥有听力的健全人。正如狄更斯的小说《圣诞颂歌》中的小蒂姆（Tiny Tim），虽然身体残疾却生性乐观，根本不认为自己缺乏幸福。依照聋哑人及小蒂姆自己的判断，他们对自己的能力和生活状况都非常满意，无意索取任何帮助，更不必寻求实现这些帮助的机会。这样，如果根据幸福机会平等，平等主义者就会认为他们享受到了好的原生运气，因而不会对其做出补偿，但这显然不符合人的道德直觉。诚如科恩所批评的，一个人的非选择性劣势包括两个维度：资源缺乏和幸福缺乏，如果以幸福或幸福机会作为平等物，就只能涵盖其中一个维度的劣势——幸福劣势，幸福机会平等仅仅关注对非自愿的幸福缺乏的补偿，而没有考虑对非自愿的资源缺乏的补偿。② 这就是说，对于那些遭遇严重身体残疾的弱势群体来说，平等主义者应为他们提供拐杖、轮椅等资源，并且这样做并非由于残疾降低了其幸福水平或减少了其幸福机会，而是因为他们需要充足的资源以达到和正常人相近的活动能力。因此，无论这些残疾人是否因拥有额外的资源份额而感到幸福，抑或是否因其乐观的性格而享有获得幸福的其他机会，平等主义者都不应拒绝为他们提供这些资源。进而言之，资源的分配并不能由一个人的幸福或幸福机会的多少而决定，而是直接取决于残疾本身，是对残疾本身的一种补偿。

---

① John E. Roemer, *Theories of Distributive Justice*, Cambridge, Massachusetts: Harvard University Press, 1996, p. 267.

② G. A. Cohen, *On the Currency of Egalitarian Justice, and Other Essays in Political Philosophy*, Princeton and Oxford: Princeton University Press, 2011, p. 15.

"只有我们把对资源缺乏的补偿与对幸福缺乏的补偿区分开来，前者才能够享有平等主义者的独立青睐。"①

二　不能成为实现平等的充分条件

除了没能对平等物做出恰当的设定，幸福机会平等面临的另一个困境在于它不能成为实现平等的充分条件，因为它不能证明所有因个人选择而产生的不平等都是正义的。

具体来说，幸福机会平等要求人们为某些自然选择而导致的不平等承担责任，没有体现平等待人的道德理念。按照阿内逊的解释，人的生活状态是伴随其决策树的进程而逐渐出现的。然而，在他所设想的决策树中，等价选项实际上指的是在博彩效用具有人际比较性的基础上，使所有人都拥有平等的博彩偏好，即"每一个选项分支都具有同等的效用期望值"。②这就是说，从某一特定时间来看，当甲和乙分别从其决策树各分支上获得相同的效用期望时，他们的幸福机会就是平等的。由此我们不难发现，阿内逊所意指的这种基于博彩的偏好期望或效用期望只不过是一种期望而已，具有明显的不确定性。

这里的不确定性表现在：当每个人面临有效等价的决策树时都存在两种不同类型的选择。一种是个体选择。譬如，两个人都知晓某两个火山岛上火山的喷发概率，对此做出过精确的预测，并且都审慎地选择了在这个岛上生活。另一种是自然选择。譬如，其中一个火山岛上的火山突然喷发，居住在这个岛上的人因之而不幸遇难，但另一个火山岛上的火山却始终没有喷发，居住在那个岛上的人因之而幸运地得以善终。阿内逊的幸福机会平等要求个体为自己的选择负责任，这是毫无争议的，然而哪个火山会喷发，什么时候喷发，这是一种自然选择的结果，是无论哪个个体都无法预知也无法控制的事情。就此而言，幸福机会平等只提供了事前平等或

---

① G. A. Cohen, *On the Currency of Egalitarian Justice, and Other Essays in Political Philosophy*, Princeton and Oxford: Princeton University Press, 2011, p. 15.

② John E. Roemer, *Theories of Distributive Justice*, Cambridge, Massachusetts: Harvard University Press, 1996, p. 265.

程序平等，"这对于一个小心谨慎的人是一个小小的安慰，但仍可能受害于极端坏的选项运气"。[①] 这种理论在要求个体为其自身选择负责任的时候，同时也包含了为其所不能掌控的自然选择承担责任。因此，"阿内逊的理论没有为不坏的不平等结果确定一个充分条件"[②]。换言之，由于阿内逊的"机会"只具有一种概率意义而非确定性意义，其决策树中不包含一个"不涉及风险并且有效等价的选项"供人们选择，故而个体选择所带来的结果并非总是与其做出什么样的选择之间保持一致。进一步来说，由于自然博彩的作用，即使两个人面临有效等价的决策树，我们也无法得出这两个人过得不一样好是因为他们自身的选择失误，并应当为之负责的结论。

也许有人会认为，如果对机会含义做出某种修正，或许可以规避其不确定性。对此，一些学者发表了自己的看法，其中比较有代表性的是卡斯帕·利普特－拉斯姆斯。拉斯姆斯认为，对幸福机会平等进行修正是没有意义的，因为这种修正只能体现在为其有效等价的决策树增加"不涉及风险并且有效等价的选项"。一旦做出这种修正，阿内逊平等物理论的适用范围就会局限于人们具有同样好且不涉及任何风险的备选选项，然而问题却在于，"所有真实生活的可选项都涉及风险，因此任何真实生活的不平等都会超出阿内逊的平等物理论的这种修正版本之外"。[③]

在遭受众学者的质疑和批评后，阿内逊为摆脱其幸福机会平等面临的困境，也曾试图对其进行各种修正，但终因这些修正会引发其他问题而不得不以失败而告终。[④] 最终，他不得不承认："无论幸福机会平等最初的吸引力是什么，以上描画的理想（指幸福机会平等，笔者注）还是有明

---

① Elizabeth S. Anderson, "What Is the Point of Equality?", *Ethics*, Vol. 109, No. 2, 1999, p. 299.

② Kasper Lippert－Rasmussen, "Debate: Arneson on Equality of Opportunity for Welfare", *The Journal of Political Philosophy*, Vol. 7, No. 4, 1999, p. 483.

③ Ibid. .

④ 为避免困境，阿内逊试将幸福机会平等修正为"严格的幸福机会平等"。关于修正后的幸福机会平等及其引发的问题请参见 Richard Arneson, "Debate: Equality of Opportunity for Welfare Defended and Recanted", *Journal of Political Philosophy*, Vol. 7, No. 4, 1999, pp. 490－493。

显的缺陷",因为"从道德的观点来看,具有根本重要性的不是一个人的机会而是这种机会所产生的结果"。① 当然,我们不能仅仅由于阿内逊最终放弃了幸福机会平等,就否定这一平等物理论的重要意义。虽说幸福机会平等的价值和意义还不足以用"里程碑"之类的标志性语汇来形容,但值得肯定的是,无论是主观幸福感在平等物范围上对以往研究的有效拓展,还是幸福机会在个人责任问题上对以往研究的积极推进,无疑都构成了当代西方平等物问题研究过程中的一笔宝贵财富,推动着后继者的相关研究朝着更加深入全面的方向发展。

---

① Richard Arneson, "Debate: Equality of Opportunity for Welfare Defended and Recanted", *Journal of Political Philosophy*, Vol. 7, No. 4, 1999, p. 497.

第四章　森的可行能力平等

在平等物问题上，除了前面谈到的资源主义平等物理论（即罗尔斯的基本益品平等及德沃金的资源平等）和幸福主义平等物理论（即幸福平等及幸福机会平等），另外一种影响重大的平等物理论就是前文多次提及的由印度籍学者阿马蒂亚·森提出的可行能力平等。森之所以主张可行能力平等，是因为他考虑到一个被先前学者所忽视却又对个人实际生活影响至深的重要现象——人际相异性，即个人在成长环境、身体状况、性别等方面的差异。由于这些差异的普遍存在，同等份额的资源或幸福转化为个人实际生活的能力不尽相同，但这种能力差异却是资源主义平等物理论和幸福主义平等物理论都无法应对的，因为前者只关注实现这种生活所需要的资源，过度强调人的客观方面，后者则只关注人们从这种生活中获得的幸福感，过度强调人的主观方面。从根本上说，这两种平等物理论都忽视了人际相异性，更未能考虑到由人际相异性所产生的介于拥有资源和获得幸福这两者之间的个人欲求状态，因而都不能成为恰当的平等物理论。

与上述平等物理论不同，森提出的可行能力平等以人际相异性为基点，直接关注人们实现合理生活计划的实际能力。这一理论最初只关注人的基本能力，聚焦于一种在资源和幸福之间的个人状态；后来逐渐扩展为对实现功能的可行能力①的关注，不仅强调人们最终获得的个人状态，更强调其在不同合意生活方式之间选择的自由。在平等物问题上，森后来提

---

① 目前，国内大部分学者在谈论森的可行能力平等理论时大都未对其前后期思想做出区分，或者干脆只谈论其思想后期的实现功能的可行能力平等，目前可在各类著作（转下页注）

出的可行能力平等是对其先前理论的一种深化和完善，同时也是对资源主义平等物理论和幸福主义平等物理论的超越及对当代西方平等物问题研究的有力推进。鉴于此，本章将对森的可行能力平等做出较为系统全面的阐述。

第一节　"什么的平等"

我们知道，平等物问题基于一种分配正义的意义而被命名不是森的贡献，因为森最初提出的"什么的平等"（Equality of What）是一个可以包容功利主义、自由至上主义等实质上属于反平等主义理论的抽象的道德平等论域，还不能等视于真正的平等物问题。然而，一个不容置疑的事实却是，这一论域是继罗尔斯的《正义论》之后首次被明确提出的、与平等物问题密切相关的重要研究领域。正是森提出的"什么的平等"，将平等主义者的研究视角从先前笼统地追求或捍卫平等逐渐转移到"应使什么保持平等"的具体路径上来，开辟了平等主义研究的新方向。

一　"什么的平等"与人际相异性

在森看来，"什么的平等"之所以应当被关注，是因为依据不同的平等域就会导致对平等的不同看法，而这个令人困扰的问题之所以出现，则是源于一个经验事实即人际相异性（human diversity）的存在。

在森看来，与笼统地捍卫或反对平等主义相比，对"什么的平等"的讨论显得更为重要。因为纵然平等十分重要，但要想使人们生活的所

（接上页注）及中国知网上搜索到的只有吉林大学姚大志教授的期刊论文《能力平等：第三条道路？》。姚教授在这篇论文中提到，可行能力概念在森致思平等物问题的前后两个思想时期分别具有不同的含义。（参见姚大志《能力平等：第三条道路？》，《浙江大学学报》2014 年第 6 期。）笔者认为，尽管森后期思想中所涉及的可行能力概念也包含了对基本能力的考虑，但为了全面深入地理解其可行能力平等的整个发展历程及其对其他平等物理论的超越，仍有必要对森不同时期的可行能力概念分别阐述。

有方面都实现平等是不可能的事情。比如，一个人可能收入颇丰但并不健康；可能很健康但不满意当前的生活状况；可能对生活很满意但没有多少选择的机会；等等。在这种情况下，倘若分别以人们的收入或财富、幸福感以及选择机会为关注点，就会得出关于平等或不平等的不同结论，以某一特征为尺度所实现的平等，如若换作以其他特征为尺度时就会变得不平等。换言之，世界上不存在一种包容一切的平等主义理论，任何平等的实现都是以其他方面的不平等为代价的。

上述情况的产生均源于人与人之间在各方面的不同，森称之为"人际相异性"。在他看来，正如世界上没有完全相同的两片树叶一样，人类也是如此。在现实社会中，人际相异性不仅表现在人的外部环境上，而且还表现在人的内部特征上。① 其中，外部环境的差异主要体现在两个方面：一是自然环境的多样性。这些自然环境均源自个人生活的地理位置及物质环境，前者指的是气候特征、环境污染、地震海啸等自然地理条件的宜居程度，后者指的是建筑、道路、桥梁及交通和通信等手段的稳定性。二是社会环境的多样性，主要包括社会基本条件的差异，比如公共医疗卫生、公共教育资源的不同配置状况、犯罪和暴力事件以及传染病问题的不同控制程度，等等。无论是自然环境的差异，还是社会环境的差异，对个人生活都会产生极其重要的影响。即便拥有相同的益品份额，处于恶劣环境的人与处于优越环境的人所拥有的生活状况也极为不同。除了上述外部特征的两大差异，人际相异性还体现在人的内部特征上。内部特征的差异主要指的是性别、年龄、智力、身体免疫力、新陈代谢等身体差异。如果一个人在这些方面处于劣势，那么受到限制的远不止于他的赚钱能力，还有他将既定收入转化为所欲求生活的能力，因为这些劣势使之与他人在其他条件都相同的情况下，更难达致与他人相同的生活目标。

如森所言，人际相异性不仅存在于一些个别的经验事实中，而是普

---

① ［印］阿马蒂亚·森：《以自由看待发展》，任赜、于真译，中国人民大学出版社2012年版，第59页。

遍存在于一切人类生活中。如此一来，我们就不难理解从收入、幸福感等不同方面来判定平等和消除劣势所推定的平等域的多样性。"人际相异性使得某一领域的平等主义必然拒斥另一领域的平等主义。"① 在这种情况下，当我们审视这些具有不同特征的平等域的时候，就不得不直面这样一个问题：究竟什么样的平等域才是平等主义者的正确选择？要想回答这一问题就必须立足于人际相异性，关注不同个体的实际生活状况，并在"中心的"平等域与"外围的"平等域之间做出区分，重视前者而忽略后者，由此确定一种更为根本的平等域，进而使国家的制度设计关注到"中心"的平等域。反之，如果不重视甚至漠视人际相异性，那么据此确定的平等域就无法合理地诠释平等，因为它往往包含着许多道德上难以接受的不平等。

由此可见，人际相异性对于"什么的平等"问题的探讨而言并非一个可有可无的次要因素，毋宁说它恰恰是探讨这一问题的核心着眼点。

二　资源主义平等物理论对人际相异性的忽视

尽管森最初在提出"什么的平等"这一问题时，将功利主义、自由至上主义等非平等主义的内容都囊括其中，但这种囊括实际上只是一个虚设。森在思考"什么的平等"这一问题时，只是简单地提及那些不属于分配领域的理论主张，而没有把这些内容作为重点批判的对象，因为那些理论主张虽然被冠名以"边际效用平等""权利平等"的虚名，但它们在分配问题上丝毫不考虑弱势群体的困难处境，从根本上排除了对人际相异性这一重要因素的考虑。

森着重批评的是那些主观上想要关注并且自以为很关注、但实则忽略人际相异性的、涉及分配正义的理论主张，即平等物问题上的相关理论。在平等物问题上，森和罗尔斯、德沃金等平等主义者一样，也认为现代社会是一个善观念多元化的民主社会，因而也接受探讨这一问题的

---

① ［印］阿马蒂亚·森：《论经济不平等、不平等之再考察》，王文利、于占杰译，社会科学文献出版社 2008 年版，第 219 页。

道德前提，即对公民不同善观念的同等尊重而不拘泥于任何一种特定的完备性善观念。但在森看来，仅仅基于这一点来看待平等是不够的，因为一个人最终选择的生活目标不仅会受到他所追求的善观念的影响，而且还会受到他将"基本益品"或"资源"转化为实现目标的能力的影响，并且后者所发挥的作用丝毫不会因为前者的存在而减少。① 如果将这两个因素做个比较，那么后者发挥的作用更大一些。即使两个人的善观念一致，他们也会因其转化能力的差异而未必拥有实现所欲求目标的同等机会。可见，个人将益品或资源转化为欲求目标的能力差异应成为平等物问题研究集中关注的中心内容，同时也构成了评判平等是否得以真正实现的核心要素。就此而言，罗尔斯和德沃金所坚持的资源主义平等物理论虽然秉持了一种尊重人们多元善观念的道德理念，却因忽视人的实际转化能力的差异而陷入了一种拜物教。

（一）资源主义平等物理论无法确保人们实现相同的生活目标

森认为，当人们之间的善观念及其对应的生活目标保持一致时，资源主义平等物理论无法确保实现其所欲求的生活目标。具体来说，由于相同份额的基本益品或资源会对不同个体产生不同的价值，故而平等地拥有它们并不等于平等地拥有实现合意生活的能力。即使面对相同的生活目标，不同个体所需要的益品或资源份额也是不一样的，残疾人、孕妇、新陈代谢较快的人及慢性病患者等弱势群体需要更多的份额才能达到和正常人一样的生活水平，比如说需要更多的食品才能达到和其他人同等的营养状况。即便是同一种资源，它对具有不同身体状况的人所能提供的方便程度也是不一样的。比如，一辆自行车对四肢健全及协调能力好的人来说能够实现极大的便捷，但对于身体残疾或协调能力差的人来说就难以发挥其应有的作用。在这种情况下，纵然后者拥有与前者同样的益品或资源，仍有可能处境更差。此外，人们实现合意生活目标的程度因其所处社会的性质及富裕程度的不同而存在差异。就拿"参与社

---

① ［印］阿马蒂亚·森：《论经济不平等、不平等之再考察》，王文利、于占杰译，社会科学文献出版社 2008 年版，第 298 页。

区生活"这样一个目标来说，同样的益品或资源对于身处富裕国家的人来说就比身处贫穷国家的人所能达到的参与程度更低。换言之，富裕国家的人需要花费更多的钱或消费更高级的益品或资源，才有可能实现与贫穷国家的人相等价的目标。再者，气候差异、家庭内部差异（比如：有无重男轻女的倾向）等其他因素也会对不同个体实现其合意目标的程度产生不同的影响。在拥有同等益品或资源份额的情况下，受上述因素制约的人显然不可能生活得和其他人同样好。可见，单纯拥有基本益品或资源的平等份额还不足以在不同个体之间实现平等，基本益品或资源至多可算作实现人们不同合意生活的一个因素。简言之，它们只是实现人们合意生活的必要条件而非充分条件。

森进而指出，资源主义者之所以会把基本益品或资源作为平等物，从根本上讲是因为他们忽视了不同个体的差异，没有考虑到个体将其拥有的基本益品或资源份额转化为做事情的能力之间的多种可能性，而这必将陷入一种拜物教思维模式，以致忽视了不同个体在实现既定目标方面出现的不平等。就罗尔斯的基本益品平等来说，人际相异性的普遍存在使得这一平等物理论面临的"并非仅仅是忽视少数棘手的个案，而且还包括忽略了极为广泛而实际的困难"。进一步来说，"纯粹依据基本益品来判断优势，就会导致一定程度上的道德盲目性"。① 但问题在于，基本益品平等只关注人们拥有的益品份额，而不考虑益品"能为人们做什么"。实际上，基本益品只有在和人发生作用时才会产生相应的价值，并且其价值的大小取决于它们对人所产生的作用。故此，对于平等的实现来说，重要的是益品对人产生的不同价值，而不是益品本身。

同埋，德沃金的资源平等虽然从表面上看与基本益品平等存在差别，它在一定程度上将个人身心健康状况都包括在作为平等物的"人身资源"范围之内，但从本质上说，它仍然和基本益品平等面临类似的困境。这是因为，人身资源与个人选择目标的机会之间并不总是保持一

---

① Amartya Sen, "Equality of What?", In Sterling M. McMurrin, ed., *The Tanner Lectures on Hunan Values*, Vol. 1, Clare Hall: Cambridge University Press, 2011, p. 62.

致，只有部分机会的不足由个人自身的原因所造成，比如残疾和才能低下等个人因素，而其他机会缺失则是由个人以外的其他原因所导致，比如性别歧视、社会习俗等社会因素。然而，由于德沃金所设定的保险机制仅仅基于一种理想的思想实验，完全没有考虑到现实生活中存在的针对任何非个人因素的保险产品，因而这些非个人因素就这样被资源平等无端地忽视了，由非个人因素所导致的机会不足也无法得到弥补。总之，在森看来，资源主义平等物理论的问题在于，其框架中缺乏一种将基本益品或资源转化为实现个体生活能力的东西，故而不可避免地陷入了益品拜物教①的困境。

（二）资源主义平等物理论无法确保人们选择各种合意生活的同等机会

森对资源主义平等物理论的批评，除了上文阐述的无法保障不同个人实现相同的生活目标，还包括另外一个方面，即不能提供人们选择及实现各种合意生活的同等机会。后一个方面的批评是针对个体之间因

---

① 拜物教的英文词是（fetishism），又可被译为恋物癖。从词源学的角度看，这一术语源于拉丁文，最初的含义是"人工的、制造的"，也有"化妆、伪装"的意思；后来，这个词又在人类学和宗教学的意义上被使用，指的是人对无生命的物或人工制品的崇拜。在马克思那里，拜物教是一种隐喻，它是商品社会的一种特有现象，指的是观念和精神的物化，即在精神层面接受和认同物对人的支配和统治（参见张有奎《拜物教之"物"的分析》，《现代哲学》2015年第3期）。对此，马克思曾专门指出："商品形式的奥秘不过在于：商品形式在人们面前把人们本身劳动的社会性质反映成劳动产品本身的物与物的关系掩盖着人与人的关系，人在观念和行为方面认同物的逻辑的性质，反映成这些物的天然的社会属性，从而把生产者同总劳动的社会关系反映成存在于生产者之外的物与物之间的社会关系。由于这种转换，劳动产品成了商品，成了可感觉而又超感觉的物或社会的物……商品形式和它借以得到表现的劳动产品的价值关系，是同劳动产品的物理性质以及由此产生的物的关系完全无关的。这只是人们自己的一定的社会关系，但它在人们面前采取了物与物的关系的虚幻形式。因此，要找一个比喻，我们就得逃到宗教世界的幻境中去。在那里，人脑的产物表现为赋有生命的、彼此发生关系并同人发生关系的独立存在的东西。在商品世界里，人手的产物也是这样。我把这叫做拜物教。劳动产品一旦作为商品来生产，就带上拜物教性质……"（参见《马克思恩格斯文集》第5卷，人民出版社2009年版，第89—90页。）笔者认为，森对拜物教一词的使用与马克思的使用在一定程度上具有相似之处，即认同物对人的支配和统治，但森的用法又与马克思的用法不完全相同，马克思以这个术语来表示在商品社会中，物与人的关系掩盖了人与人的关系，而森则借用这个术语来批评罗尔斯只关注益品本身而忽视了益品与人之间的关系，实际上是以物本身遮蔽了物与人之间的关系。

善观念不同而导致生活目标不一致的情况而提出的。为了表明一个处于劣势地位的人无论拥有什么样的善观念或追求什么样的生活目标，他从相同的基本益品或资源中获得的选择机会都比他人少，森举了一个残疾人的例子：有甲和乙两个人，甲是健康人，乙是在身心方面有缺陷的残疾人。对于 A 和 B 两种目标，甲更偏好 A，而乙更偏好 B，但是他们都偏爱 2A 胜于 2B，或 2B 胜于 2A。如果对其追求的目标进行排序可以得知：甲的排序是 2A、2B、A、B，乙的排序是 2B、2A、B、A，这两个排序代表了他们各自理想目标的相关部分。在个体基本益品或资源既定的情况下，甲可能达到 2A 或 2B，也可能只获得 A 或者 B，然而乙由于生理缺陷却只能达到 A 或 B。森认为，从这个例子可以看出，甲通过努力可以实现其偏好的最好结果——2A，而乙倾尽全力也只能实现其偏好中的 B，选择范围远远小于甲。由此可知，关注一个人对基本益品或资源的占有与关注其不同选择目标的机会之间是不能画等号的，"问题并不在于我们基于某种特殊的完备性学说来看乙居于劣势地位，而在于无论我们看重哪种完备性学说，乙的结果都会比甲差"。① 换言之，无论甲和乙以什么样的完备性学说来确定自己的善观念及其对应的目标，相同份额的基本益品或资源都会使乙的选择机会少于甲的选择机会。

由此可见，个人将益品或资源转化为选择能力的差异直接制约着其选择机会的多少。就这一点来说，不管是罗尔斯的基本益品平等还是德沃金的资源平等都只关注益品或资源份额本身，而不关注这些份额对个人生活所产生的作用，更不关注它们对个人选择机会的制约。如果基于森提出的三类人际相异因素对这两种资源主义平等物理论进行分析，那么罗尔斯的基本益品平等几乎没有考虑到上述任何一类转化因素，德沃金的资源平等则至多关注到内在于个人自身的转化因素，仍没有触及个人以外的、因不同自然环境及社会环境所导致的两类转化因素。从根本

---

① Amartya Sen，"Justice：Means Versus Freedoms"，*Philosophy & Public Affairs*，Vol. 19，No. 2，1990，p. 119.

上说，这两种平等物理论都受制于拜物教思维模式的束缚，对于实现不同个人选择不同合意生活的机会来说是不充分的。然而，罗尔斯和德沃金非但没有注意到自己平等物理论的这一缺陷，反而还把人们选择目标的差异仅仅归因于其自身持有的善观念差异，这就愈加导致了道德上难以接受的不平等。

三 幸福平等对人际相异性的忽视

和资源主义平等物理论一样，森也反对幸福平等。他在一定程度上赞同罗尔斯和德沃金对幸福平等的批评，并进而从人际相异性的视角出发，对幸福平等做出了更为全面和深入的批评。

由于幸福平等以追求所有人同等的幸福总量为目标，幸福总量有时也被称为效用总量①，因而幸福平等也被森称为"总效用平等"。在森看来，同基本益品或资源不能体现平等的原因一样，幸福感之所以不能体现平等，其根本原因也在于它对人际相异性的忽视，讲得具体一点就是对个体之间幸福差异的忽视。由于不同个体的幸福差异使得幸福无法在人与人之间做出合理的比较，于是坚持幸福平等就会导致两方面的后果。

其中一个后果是导致对他人利益或自由的忽视甚至侵犯。森虽不否认幸福感的重要性，但他认为个人生活中还存在一些诸如权利或自由等其他重要的非效用价值。由于人际相异性的存在，不同个体的幸福感来源各不相同，其中一些来源的幸福感与那些非效用价值无关，另一些来源的幸福感则会与之发生冲突。在这种情况下，一旦主张幸福平等就可能造成对非效用价值的侵犯，因为它"不直接关注那些差异化（非效用化）的特征，而只关注与个人相关的效用或幸福。但同样的效用数字在某些情况下可能会违背基本的人类自由，或者可能会否定某些公认的

---

① 由于"幸福"一词在幸福主义传统中也被称为"效用"，描述个人拥有的一种良好的主观心理状态，因而笔者在使用过程中对这两个词做出区分。

个人权利"①。这里，森十分赞同罗尔斯的观点：个人幸福感具有主观任意性，坚持幸福平等就会把不同性质和类型的幸福（比如从歧视他人的行为中获取的幸福与其他幸福）相提并论，进而导致对个人权利和自由的践踏。森认为罗尔斯的这一论证不仅驳斥了功利主义，而且也驳斥了幸福平等，"大体上是对幸福主义的一种抨击"②。实际上，森对幸福平等的上述批评不仅与罗尔斯的相关批评相类似，而且也与德沃金的批评十分相像，因为德沃金在反对包括一切政治偏好、非个人偏好和个人偏好的幸福平等理论时曾指出，某些政治偏好会涉及种族主义等歧视性偏好，这类偏好不能与其他偏好进行人际比较，如果将这种幸福感作为平等物就可能导致对个人权利的侵犯。

坚持幸福平等的第二个后果是它会导致对人们实际生活状况的不实反映。在森看来，即使不考虑诸如自由、权利之类的非效用价值，仅凭幸福感根本无法获得对个人实际生活的可靠反映。这主要由于幸福感是一种因人而异的心理状态，即便是面对同一种生活状况，有人可能会感到幸福，有人却无法从中获得相应的幸福感。因此，"将幸福的程度作为一个人境况的表征，只能分别用于单个个体——两个人的幸福程度是无法比较的，因而不能以幸福作为判断不平等或公平诉求的标尺"。③ 换言之，不同个体的幸福感与其自身的实际生活状况并不总是保持一致。

这种不一致之处主要体现于两个方面。首先，那些源自个人生活以外但被其珍视的幸福感不能如实反映其自身的实际生活状况。森指出，影响个人幸福感的因素有两个：一个是源于个人生活内部的因素，比如其营养状况、身体健康状况、所处的自然及社会条件，等等；另一个是源于个人生活以外的因素，比如由于对他人不幸的同情所带来的痛苦。

---

① ［印］阿马蒂亚·森：《正义的理念》，王磊、李航译，中国人民大学出版社 2012 年版，第 263 页。

② Amartya Sen, "Equality of What?", In Sterling M. McMurrin, ed., *The Tanner Lectures on Hunan Values*, Vol. 1, Clare Hall: Cambridge University Press, 2011, p. 211.

③ ［印］阿马蒂亚·森：《正义的理念》，王磊、李航译，中国人民大学出版社 2012 年版，第 261 页。

如果某种不幸降临到一个人的亲人、朋友或他所喜爱的其他人身上，那么即使这种不幸与他本身无关，对他而言也是一种伤害。森认为，尽管这两个因素都会对个人幸福感产生影响，但只有前者才真正与个人自身的实际生活状况相关。倘若以幸福感作为平等物就会造成一种误判，难以恰当地度量个人自身的实际生活状态。

个人幸福感与其实际生活状况的第二个不一致之处在于，源于个人自身的幸福感会产生适应性偏好，同样不能如实反映个人自身的实际生活状况。这个批评是罗尔斯和德沃金均未考虑到的内容，也是森深入剖析幸福平等缺陷的具体体现。在森看来，过度集中于诸如快乐、幸福、愿望等心理特征时，就会产生极大的局限性，因为人们的愿望和快乐虽然会随着具体环境而调节，但这种调节能力却因人而异。具体来说，把幸福感作为平等物对于某些人（比如那些心理调节能力恰好能够如实反映其实际生活状况的人）来说可能不存在什么异议，但对于那些身处逆境且生活条件长期得不到改善的人来说却极为不妥，因为他们为求生存而不得不强迫自己承受许多本不应属于自己的东西。比如，对于那些长期处于对立情绪严重的社区中遭受压迫的少数族裔们、在血汗工厂里长期超时工作的雇员们、靠天吃饭却又朝不保夕的佃农们、在严重性别歧视的社会中被迫屈从的家庭主妇们来说，将幸福感作为平等物就是非常不公平的。由于长期遭受压迫，那些人早已丧失了改变现状的勇气，出于单纯的生存需要和对受压迫状态的麻木性，他们往往只会根据可能得到的东西来调节自己的愿望和预期，甚至将自己的预期降低到最卑微的生存需求程度，而这种调节自身欲望来适应环境的能力都是通过幸福感来得以体现的，这就产生了因幸福感而产生的扭曲效应。"如果就幸福或愿望的实现而言，受压迫者所面对的不公会显得比他们实际遭受的小得多，而后者所依据的，是对于他们所受剥削和不自由的更为客观的分析。"① 可见，由于不同个体所处环境的异质性，把幸福感作为平等物

---

① ［印］阿马蒂亚·森：《正义的理念》，王磊、李航译，中国人民大学出版社 2012 年版，第 264 页。

就会忽视那些因适应性偏好而导致的不平等。

实际上，森对幸福平等难以应对适应性偏好的批评不仅适用于作为结果平等的幸福平等，而且对于阿内逊所主张的幸福机会平等也同样有效。无论是结果平等还是机会平等，无论是被迫改变自己欲望的人还是生性乐观且清心寡欲的人，平等主义者对其困境的反应都不应受到个人所获幸福多少的影响。不管在什么情况下，一个人的乐观性格及其勇于面对逆境的气质特征都不应构成不为他提供补偿的恰当理由。由此看来，尽管幸福主义者不强调资源（如食物）本身而直接关注人们从资源中获得的幸福感，避免了拜物教的缺陷，但他们关注的只是一个人的精神反应（比如：进食后，个人从食物中吸收营养之后所获的效用，而不是他从食物中所获得的营养），这样的理解对于"获得"本身的含义来讲未免太过狭窄了。

总之，在森看来，无论幸福感被解释为快乐还是偏好的满足，都是一种主观心理因素。由于不同个体的主观心理各不相同，仅凭对这一因素的考察根本无法可靠地判断出其实际生活状况。故此，幸福主义平等物理论在道德上是难以立足的。

第二节 作为平等物的可行能力

森的可行能力平等最早提出于1979年，集中体现在他提交给坛纳讲座的会议论文《什么的平等？》之中。在这篇论文中，森一方面赞同罗尔斯对功利主义边际效用平等和总效用平等的批评，对其缺陷做出了较之罗尔斯更为深入系统的剖析；另一方面又指出罗尔斯的基本益品平等存在拜物教问题，并基于此而提出了旨在规避上述两类缺陷的新的平等物理论——基本能力平等。

一 基本能力平等

森在《什么的平等？》一文中指出，即便我们把基本益品平等与幸福平等相结合，也无法借助它们之间的某种平衡来构造出一种恰当的平

等物理论，因为这其中仍然欠缺一种他称之为"基本能力"（basic ca-
pability）的东西①。为了进一步说明这一点，森以一个残疾人为例剖析
了将两者结合之后仍存在的缺陷，并由此凸显基本能力的重要性。对于
一个残疾人来说，如果他所拥有的益品份额不比别人少，基本益品平等
的坚持者就不会对他有所帮助；如果他生性乐观、欲望水平较低，可以
从除身体障碍以外的简单生活中获得无穷的乐趣，所拥有的幸福感不比
别人的差，那么幸福平等的坚持者也不会补偿他。如果平等主义者在直
觉上仍觉得这个残疾人应该得到某种补偿，那么补偿他的理由就必须诉
诸于人的基本能力。

在森看来，如果说"基本益品由于关心有益的食物而遭遇了拜物教
的障碍，……基本益品关心的仍然是有益的事物，而非这些益品对人类
产生的影响"，"效用关心的是这些事物对人类产生的影响，但它所使
用的衡量标准只关注个人的精神反应而不关注其能力"②，那么，即使
将基本益品与效用相结合，这种思考中仍然缺乏一种使个人能够做某些
基本事情的能力，而这正是森提请平等主义者关注的基本能力。在森看
来，基本能力既不会受客观益品或主观效用的制约，也不会受这两者任
何组合的制约，而是介于它们之间，直接指向了人的实际生活本身。从
这个意义上说，基本能力才是真正能够体现平等的东西，也是平等主义
者在直觉上认为这个残疾人应该得到的东西。森由此认为，要想实现平
等就必须脱开基本益品平等和幸福平等的狭隘视野，将注意力从对基本
益品及其产生的效用的关注转移到对基本能力的关注上来，并以基本能
力平等来取代上述两种平等物理论。

基本能力平等要求平等主义者同等关注人们所能做的基本事情。想
要理解这一平等物理论并不需要关注所有介于益品和效用之间的个人能

①　在《什么的平等》一文中阐述这一问题时，森是将基本益品平等、幸福平等结合功利
主义边际效用平等一起讨论的，由于本书是在平等物的范围内展开阐述的，所以忽略了森对功
利主义相关内容的讨论。

②　Amartya Sen, "Equality of What?", In Sterling M. McMurrin, ed., *The Tanner Lectures on
Hunan Values*, Vol. 1, Clare Hall: Cambridge University Press, 2011, p. 218.

力，而是需要甄别什么样的能力才能被算作是基本的。对此，森举了一些例子，比如能够四处走动的能力、满足营养需求的能力、购买体面的衣物以及参与共同体生活的能力，等等。一旦拥有达致这些状态或参与这些活动的同等能力，人们的基本生活也就得到了同等程度的保障，这也正是基本能力平等成为不同于幸福主义及资源主义平等物理论的"第三条道路"的主要原因。对此，我国学者姚大志教授通过森所列举的这些例子总结出基本能力所包含的两个理念：一是"需要"的理念。也就是说，基本能力应当按照人的需要来解释，除此之外都应被排除出去；二是"急迫性"的理念。这一理念是对"需要"理念的进一步解释，指的是人的需要应当按照急迫性加以解释，不属于急迫性的那些需要都应当被排除出去。[1] 如果将这两种理念结合起来，基本能力平等体现出来的就是一种同等"满足人的迫切需要"的理念。进一步来讲，森所强调的人们所能获得的介于益品和幸福之间的能力是一种满足其迫切需要的最基本能力，而不是其更高级的选择能力（后一种能力是森在其思想后期才形成和发展的，本章下一节将对其做出专门阐述）。

这里需要指出的是，在分配正义领域，提及基本能力的学者并非只有森一人，努斯鲍姆的思想中也包含着基本能力。努斯鲍姆在《妇女与人类发展：能力路径》《寻求有尊严的生活：正义的能力理论》《正义的前沿》等诸多著作及相关论文中都明确提到了实现人类尊严所必备的十项"主要的人类能力"（central human capabilities）：（1）生命（life）：正常长度的预期寿命；（2）身体健康（bodily health）：良好的健康状况、充分的营养、体面的居所；（3）身体健全（bodily integrity）：迁徙的自由、免于暴力攻击（包括性骚扰和家庭暴力）的安全、性满足以及在生育事务上的选择机会；（4）感觉、想象和思考（senses, imagination and thought）：大众基础教育、言论自由、宗教信仰自由；（5）情感（emotions）：爱的能力、痛的能力，在没有恐惧和焦虑的状态下发展情绪的能力；（6）实践理性（practical reason）：有能力形

---

① 姚大志：《能力平等：第三条道路？》，《浙江大学学报》2014 年第 6 期。

成自己的价值理念、进行有关人生规划的批判性思考；（7）归属感（affiliation）：生活在有归属感的群体内，发生各种形式的互动，表达相互之间的尊重，不会受到基于种族、性别、性倾向和宗教信仰的歧视；（8）其他物种（other species）：人与动物、植物、自然界的和谐相处；（9）娱乐：闲暇、娱乐、享受休闲活动；（10）对环境的控制（control over one's environment）：政治意义上的参与权，物质意义上的财产权和工作权。① 在努斯鲍姆看来，这十项能力标示了人的内在规定性，也构成了有尊严的人类生活。如果不具备它们，人所能实现的仅仅是一种"植物灵魂"，而非真正的人类存在。这十项能力由低到高呈阶梯型递进排列，前三项能力与生俱来，因而最为基本；第（4）、（5）、（6）项能力较之前三项能力较为高级，会随着人的成长逐渐完善，但仍属于基本能力的范畴；其余四项能力则是基于前六项能力实现之后才可能涉及的更高级能力，是一些将外界环境与内在能力相结合的综合能力。② 通过上述归类可知，被努斯鲍姆视为基本能力的应是其所列清单中的前六项能力。

仔细比较森和努斯鲍姆对基本能力的论述，我们不难发现，两者具有极大的相似之处：他们所界定的基本能力都是发展更高级能力的必要基础，同时也是平等主义者产生道德关注的依据。然而，我们决不能就此将这两位学者语境中的两类不同基本能力混为一谈，因为努斯鲍姆所讲的基本能力虽然也关注一种介于益品与幸福之间的个人状态，但它们却不同于森视域中的基本能力。前者指向的是每一个健康者都具有的能

---

① Martha C. Nussbaum, *Women and Human Development：The CapabilitiesApproach*, Cambridge：Cambridge University Press, 2000, pp. 78 - 80. 或参见 Martha C. Nussbaum, *Frontiers of Justice：Disability, Nationality, Species Membership*, Cambridge, Massachusetts：The Belknap Press of Harvard University Press, 2006, pp. 78 - 80；Martha C. Nussbaum, "Capabilities as Fundamental Entitlements：Sen and Social Justice", Alexander Kaufman, ed., *Capabilities Equality：Basic Issues and Problems*, New York and London：Routledge Taylor & Francis Group, 2006, p. 57.

② 努斯鲍姆语境中的第三类能力即第（7）（8）（9）（10）项能力与森语境中的实现功能的可行能力相似。由于在平等物问题上，森的可行能力平等更具有影响力，因此本书特选取其理论主张为代表来进行阐述，必要时才对他们二人理论主张的差异做出区分。

力，比如吃饭穿衣的能力、讲话和语言的能力、表达爱和感激之情的能力，等等。[①] 这些能力内在于个人自身，无须借助外部环境或经过特殊培养就可以获得，因而是绝对的，在对其进行人际比较时不必考虑个人所处的自然社会环境。相较于努斯鲍姆，森对基本能力范畴的界定更为宽泛一些，他虽然没有像努斯鲍姆那样为基本能力划定明确的界限，但从其提供的例子（如不受饥饿之苦、参与共同体生活等）中不难发现，他所谈论的基本能力不仅与那些内在于个人自身的能力相关，而且还与个人所处的自然社会环境相关，因而这种基本能力是相对的，会随着所处环境的不同而发生变化。简言之，森所强调的是一种满足不同生活条件的、不同个人实现体面生活所必备的基本能力。故此，根据森的平等物理论，我们在判定人们是否拥有同等的基本能力时，应当将其所处的自然社会环境全部纳入考虑之中。

实际上，森的这一理念来源于亚当·斯密（Adam Smith）对实现人的体面生活所需要的生活必需品理念。在谈到何为体面生活这一问题时，斯密认为生活必需品"不仅仅指维持生命存在的不可缺少之物，而且指由一个国家风俗决定的、作为一个体面的人，哪怕是最底层的人的不可缺少之物"。[②] 这就是说，必需品的外延会因地域、风俗等条件的不同而存在差异。就拿一件亚麻衬衫来说，希腊人和罗马人即使没有它也会过得很舒服，但在欧洲大部分地区，一个体面的打工者如果没有一件亚麻衬衫，他在公众面前就会感到抬不起头来。同理，皮鞋在英国也属于生活必需品。作为一个体面的贫困者，无论男女，如果在公众场合没有皮鞋可穿，就会感到难堪和羞耻。受斯密的影响，森也基于生活必需品的视角来衡量个人生活状况，他提出基本能力平等的用意就在于界定出实现人们同等体面生活所必需的最低能力，即无羞耻地出现在公众面前以及参与社群生活的能力，而不仅仅是为人们提供统一份额的实际

---

① Martha C. Nussbaum, *Women and Human Development: The CapabilitiesApproach*, Cambridge: Cambridge University Press, 2000, p. 84.

② Adam Smith, *Wealth of Nation*, Oxford: Clarendon Press, 1976, pp. 469 – 471.

收入或益品，抑或是从收入或益品中获得的效用。在他看来，只有在获得与他人同等程度的基本能力时，个人才可能过上真正有尊严的生活。

尽管森尚未对基本能力平等做出太过详尽的描述，但他以基本能力取代幸福和基本益品作为平等物的理念本身就是当代西方平等物问题研究中的一个巨大飞跃，因为这一理念不仅摆脱了幸福平等对人的心理反应的过度依赖，而且还克服了基本益品平等的拜物教倾向，提供了一种对每个人来说都能过上有尊严生活的同等保障。就其本质而言，基本能力平等"是罗尔斯的路径在非拜物教方向上的扩展"，其关注点则是"罗尔斯对基本益品之关切的自然扩展，即把注意力从有益事物转向了有益事物对人类所产生的影响"。①

二 实现功能的可行能力平等

随着对自由主义多元善观念的深入思考，森在提出基本能力平等以后逐渐对"什么的平等"问题的看法产生了转变。他后来更清楚地意识到，一种生活之所以为人们所珍视，不仅因为这是一种合意生活的实现，而且还因为这种生活本身包含了一定的选择。森由此指出，平等的实现不仅需要赋予人们做某些基本事情的能力，更需要使其能够在不同生活方式之间进行选择。继《什么的平等?》一文被提交之后，森所讲的能力不再简单地指向基本能力，而是指向了一切有助于实现人们在不同生活方式之间自主选择的综合能力，这种综合能力被森称为实现功能的可行能力。

功能（functioning）这个词源于古希腊哲学家亚里士多德的《尼各马可伦理学》。在亚里士多德的语境中，功能指的是事物的内在规定性，是一事物区别于其他事物的根本所在，比如说，看是眼睛的功能，听是耳朵的功能，理性是人的功能，等等。如果这些功能尚未实现，那么它

---

① Amartya Sen, "Equality of What?", Sterling M. McMurrin, ed., *The Tanner Lectures on Hunan Values.*, Vol. 1, Clare Hall: Cambridge University Press, 2011, pp. 218 – 219.

们就会表现为潜能①。简言之，潜能是个体未实现的功能，功能则是实现了的潜能，二者是同一事物中可能性与现实性的关系。森正是在这个意义上借鉴了亚里士多德的理念，引入了功能的概念并以此来对能力做出描述。在后来的相关论述中，森所强调的已经不再是基本能力，而是实现功能的可行能力（capability）②，即个人拥有实现其所珍视的功能的实际可能性或实质机会。不过，森对功能的定义与亚里士多德给出的定义不同，他不像亚里士多德那样将其界定为一种人之为人的抽象特征，而是更为具体地指向了人的追求目标，即森本人所讲的"所是"或"所为"（being or doing）。③ 这些所是或所为是个人在实现其合意生活的过程中希望获得的状态和设法去实现的成就，其涉及范围十分广阔，既

----

① 在古希腊语中，亚里士多德用以表示尚未实现的功能的词是 dunamin，这个词有时候被译作"潜能"，有时也被译作"存在着的或行动的能力"。

② 国内学术界对 capability 一词持有两种不同的译法。王文利和于占杰在其翻译的《论经济不平等、不平等之再考察》一书中译为"能力"；任赜和于真在其翻译的《以自由看待发展》一书中、王磊和李航在其翻译的《正义的理念》一书中均译为"可行能力"。本书采取第二种译法。参见 [印] 阿马蒂亚·森《以自由看待发展》，任赜、于真译，中国人民大学出版社 2012 年版；[印] 阿马蒂亚·森《正义的理念》，王磊、李航译，中国人民大学出版社 2012 年版；[印] 阿马蒂亚·森《论经济不平等、不平等之再考察》，王文利、于占杰译，社会科学文献出版社 2008 年版。

③ 杰里米·莫斯形象地把森语境中的这两类功能分别对应于被动接受的事情和主动完成的事情，其中，前者指的是无须主体参与的营养充分、避免传染病等状态，后者指的是需要主体参与的读书写字或参与社会生活等活动。彼得·瓦伦泰恩（Peter Vallentyne）则进一步指出，被动接受的功能对应于人的肉体及精神状态（physical and mental states），主动接受的功能对应于人的肉体及精神活动（physical and mental activities），并认为一个完整的功能概念不仅应该包括森所谈及的那些有价值的功能，比如快乐的状态，而且也应该包括那些没有价值或具有负面作用的功能，比如痛苦的状态。瓦伦泰恩还认为，目前，人们之所以只讨论有价值的功能概念是因为他们对这一概念进行了简化。在笔者看来，瓦伦泰恩对功能的理解存在偏颇。因为尽管功能本身是个中性词，其内涵同时包括具有正面价值的功能和具有负面作用的功能两种类型，但如果基于一种规范意义来讨论作为分配正义主张的平等物问题，对功能的讨论就需要集中于人们应当追求的状态或活动。就此而言，森把功能的含义限定于一种积极意义并不是对这一概念的简化理解，而是对一些值得欲求的状态或活动的恰当描述。相关内容请参见：[澳] 杰里米·莫斯《平等和能力授予》，载尼古拉斯·巴宁、邱仁宗主编《政治哲学总论》，中国社会科学出版社 2010 年版，第 163 页。以及 Peter Vallentyne，"Capability Versus Opportunity for Well-being"，Alexander Kaufman，eds，*Capabilities Equality：Basic Issues and Problems*，New York and London：Routledge Taylor & Francis Group，2006，p. 82.

包括一些基本的个人欲求状态，如营养充分、健康状况良好、避免传染病和过早死亡等，又包括另一些更为复杂的成就，如参与共同体生活、获得自尊与幸福，等等。

森这样界定功能的目的，不仅仅是想要赋予这个词以新的含义——个人希望获得的状态及活动，更重要的是对功能和他更为关注的可行能力做出区分。不同于资源主义平等物理论仅仅关注个人占有的益品份额，也不同于幸福主义平等物理论仅仅关注个人从益品中获得的效用，森所讲的所是和所为这两类功能关注的是人的实际生活本身，即"以所有或使用的方式所占用的可供使用的实物"。① 如果把益品—功能—幸福看作一个链条的话，那么罗尔斯只关注这个链条的起点，幸福主义者只关注它的终点，而森所意指的功能则处于链的中间，既包括了益品，同时也兼顾了幸福，是联结"拥有益品"和"拥有幸福"的桥梁。与功能不同，可行能力指的是个人能够获得的、实现不同功能的选择机会。故此，使平等物聚焦于可行能力不等于聚焦于功能本身，前者的目标是使人们拥有平等的可行能力集。一般来讲，一组相互关联的"功能"构成了一个功能的 n 元组合（functinning n – tuple）②，一系列功能的 n 元组合则构成了个人已实现的全部生活。可行能力集（capability set）则反映了一个人所能实现的所有 n 元功能组合的集合，通过对全部可获得益品的利用来实现，体现了个人在不同生活方式之间选择的实质机会。

之所以说可行能力集体现了一种实质机会，是因为人们一旦拥有了以某种方式实现其功能的可行能力，就拥有了一种真正的而非形式的机会去实现那些功能。可行能力集所赋予的，并不是"没有人阻拦和干涉一个人去做某事"的形式机会，这种形式机会与个人能够真正做成某事是不一样的。如果说 A 想去巴黎，那么没有人阻拦和干涉他去巴黎是一

① ［印］阿马蒂亚·森：《正义的理念》，王磊、李航译，中国人民大学出版社 2012 年版，第 237 页。

② 也可以理解为 n 元向量。

回事，他能够轻而易举地承受购买机票的费用以及拥有飞越大西洋的良好身体素质则是另外一回事，但只有后一种情况才能被视为一种实质机会。简言之，如果一个人拥有做某事的可行能力，那他只要想做这件事就一定能够取得成功。

为了进一步表明可行能力平等对个人选择的充分重视而非对个人意愿的强迫，森举例说，就所摄取的食物或营养量来说，一个因某种宗教信仰而斋戒的人和一个因赤贫而挨饿的人没有本质的区别，但两者的可行能力集却大为不同：前者本可以选择充足的食物而得到良好的营养，这个虔诚的教徒所处的斋戒状态是基于他自己的选择而非被迫；后者则没有任何选择的机会而不得不挨饿。因此，如果把可行能力作为平等物，平等主义者会为那些因赤贫而挨饿的人提供更多的食物，但却丝毫不会干涉宗教信徒选择斋戒的自主权。

由此可见，尽管同样关注介于客观资源和主观心理之间的个人欲求状态，但森在其思想后期所阐述的实现功能的可行能力平等已经明显跃出了其早期提出的基本能力平等的视域，后期所意指的可行能力已经不再局限于"能做某些基本事情"的范畴，也不再将人们应该拥有的能力直接等同于其实际获得的状态，而是直接指向了不同个体选择和实现自己合意生活的实质机会。从一定程度上讲，实现功能的可行能力平等是对基本能力平等的补充、完善和发展，更是对当代西方平等物问题研究的一大推进，正如科恩所赞扬的，"森对他自己问题的回答是这个论题在当代反思上的一个巨大飞跃"。① 这种飞跃主要体现在两方面：其一是扩大了平等物所包含的范围，开启了平等主义者探究平等物理论的新方向和新路径，使其意识到平等物既不应局限于个人客观资源存量的同等份额（例如他的食品供应），也不应局限于其主观幸福感的同等水平（例如他从食品消费中获得的愉悦或欲望的满足），而应着眼于一种能够依据自身不同善观念来追求和实现不同合意生活的同等可行能力。也就是说，只有实现了可行能

---

① ［印］阿马蒂亚·森：《什么的平等？论福利、善和能力》，载［印］阿马蒂亚·森、［美］玛莎·努斯鲍姆《生活质量》，龚群译，社会科学文献出版社 2008 年版，第 12 页。

力平等，人们才有可能在更大程度上实现平等。其二是深化了平等主义者对各种不平等现象的认识和评估，有助于人们摆脱那种仅从单一维度的资源缺失或幸福缺失来看待不平等现象的狭隘视野，从而意识到实际生活的不平等并非仅仅源于资源或幸福的缺失，更重要的是源于那些易被忽视的可行能力缺失。如果个人的可行能力不足，那他不仅无法实现与他人同样的既定目标，而且还无法获得与他人同样的选择不同生活目标的机会，从根本上制约了平等的最终实现。

三 可行能力与自由

为了突出和强调选择机会的重要性，森有时也将可行能力平等赋予人们的实质机会称为实质自由，它所实现的是人的一种"福祉自由"（well–being freedom）。森对福祉自由的界定是通过与"主体性自由"（agency freedom）的对比而做出的。在森看来，主体性自由关注的是一个人所拥有的追求各种主体性成就的选择自由。① 主体性成就（agency achievement）指的是一个人认为值得珍视的目标，无论它们能够促进其自身的利益还是与自身利益相冲突。与个人自身相冲突的主体性成就主要包括实现

---

① 森对主体性自由的界定与马克思对人的自由全面发展的理解具有很大的相关性。从很大程度上讲，前者正是受到后者的启发和影响才得以产生。马克思从人的本质是自由自觉的活动这一视角出发，批判了前资本主义社会存在人身依附关系的人的"不自由"和资本主义制度中工人的"形式自由"，认为理想社会应该致力于促进人的自由全面发展。这一理念涵盖了人之为人的本质特征——自由。其中，自由体现在自觉自愿性上，而全面则体现在人的需要、能力及个性等各方面的充分发展。一个人只有能够根据自己的兴趣、爱好及社会需要而自由充分地发展自己的能力时，他才能充分实现自己的本质。"每个人的自由发展是一切人自由发展的条件"，因此，马克思把人的自由全面发展当作共产主义社会应追求的最高价值和目标，把人的解放视为社会应该努力的终极方向。在马克思看来，共产主义社会就是一个"自由人的联合体"，一个"以每个人的全面而自由的发展为基本原则的社会形式"。未来新社会的本质特征是"建立在个人的全面发展和他们共同的社会生产能力成为他们的社会财富这一基础上的自由个性"。一旦实现了这样的自由全面发展，个人就会跃出那些只有资产阶级才能享受的与普通民众无关的"形式自由"，进而深入到实现个人自主选择生活方式的"实质自由"。（参见《马克思恩格斯文集》第 2 卷，人民出版社 2009 年版，第 53 页；《马克思恩格斯文集》第 5 卷，人民出版 2009 年版，第 683 页。）可以说，正是马克思"人的自由全面发展"理念，激发了森对个人生活的关注，使其对理想生活的解读不局限于个人所实现的成就，而是扩展为在不同可欲生活（包括为个人认为重要但与其自身幸福无关的事业而献身）之间选择的自由。

诸如挽救落水者的生命、拯救濒临灭绝的野生动物等目标，这些目标可能与个人利益无关，甚至还会牺牲其自身的利益。与主体性自由的出发点不同，福祉自由指的是一个人所拥有的追求不同福祉成就的选择自由。福祉成就（well‐being achievement）关注的不是一个人所考虑的所有目标和价值，它只聚焦于那些有助于促进个人自身利益的事情，并且只关注对个人利益本身的促进而不考虑是哪些原因（比如说：是因为个人自身的决定和行动？还是因为他人或政府的决策和行动？或者是个人自身和其他因素共同发挥作用的结果？）促进了其利益。[①]

在森看来，尽管主体性自由和福祉自由都是界定个人自由的相关视角，但可行能力平等反映的主要是后者，因为"与帮助他建造一座其所崇拜英雄的丰碑相比，国家也许更应向其提供减轻饥饿或疾病所需的帮助，即使他对前者更为重视"。[②] 也就是说，可行能力代表了自由的一个方面，即福祉自由，这种福祉自由恰恰是平等主义者应该关注的重要内容[③]。如果将福祉自由与可行能力平等的相关概念对应起来，那么功能

---

① 影响个人福祉的因素有两个：一个是源于个人生活内部的因素，如营养状况、身体健康状况，等等；另一个是源于个人生活外部的因素，比如由于对他人不幸的同情带来的痛苦。如果不幸降临到朋友、熟人、同伴或与个人休戚相关的人身上，那么即使这个人本人生活得很好，这种不幸对他来说也是一种伤害。在森看来，尽管源于个人生活内部的因素和源于个人生活外部的因素两类因素都会对个人福祉产生影响，但平等物问题研究应更侧重前者，因为这一论域主要关注的是个人自身的生活水平。

② ［印］阿马蒂亚·森：《正义的理念》，王磊、李航译，中国人民大学出版社 2012 年版，第 268 页。

③ 可行能力平等更强调福祉自由，这并不意味着我们在判定平等的实现时可以割裂地看待福祉视角和主体性视角而置主体性自由于不顾，因为平等所意欲实现的福祉自由本身就包含了很强的主体性意识，个人拥有选择和追求不同福祉成就的自由，也拥有放弃自身福祉成就而追求那些与自身利益无关的事情的自由，无论追求还是放弃对自身福祉的选择，都需要其主体性的发挥，因而可以说福祉自由与主体性自由相辅相成，密不可分。进而言之，自由本身就内在地蕴含了一种主体性，因为只有个人自身能够做出某种自主选择或认同某种事态，我们才有理由说他是自由的。正如亚历山大·考夫曼所言，"主体性构成了评价人们运用福祉自由的标准，因为个人对他或她的自由的运用在一定程度上反映了其所实现的形成和追求某种目标的可行能力（capacity），而这种可行能力则是主体必须在他或她能够自由选择某种生活方式之前就拥有的"。参见 Alexander Kaufman, ed., Capabilities Equality: Basic Issues and Problems, New York and London: Routledge Taylor&Francis Group, 2006, p125.

所代表的就是个人的福祉成就，可行能力代表的则是其福祉自由，具体关系如表 4—1 所示。

表 4—1　　　　　　　　可行能力与自由之间的对应关系

	福祉（well – being）	主体性（agency）
成就（achievement）	福祉成就 （well – being achievement） （功能 functionings）	主体性成就 （agency achievement）
自由 （freedom）	福祉自由 （well – being freedom） （可行能力 capabilities）	主体性自由 （agency freedom）

　　这样看来，在可行能力所代表的福祉自由当中，森除了考虑那些参与社会活动等严格意义上的自由，还把那些无须做出真实选择及无须控制事态发展就能直接拥有的个人状态（如生活在没有传染病流行的地区、避免夭折等）也都纳入到这种自由的范畴中。在他看来，仅仅以个人能否控制某一事态的产生和发展来说明其是否拥有自由是不充分的，因为"许多自由体现为我们获取我们所珍视和想要的东西的能力"①，而不是某种控制能力，故而对自由的分析需要考察大量的信息，包括对反事实的选择（counterfactual choices）——如果个人可以选择的话他会做出这样的选择——的考察。② 在这种情况下，无论控制的实施是否掌握在个人手中都不重要，只要由这种控制所导致的结果与他看重和追求的目标一致，我们就有理由判定这个人获得了实现其目标的自由。进而言之，自由允许个人享受承蒙他人努力而获得的合意状态。

　　森将这些个人拥有的、符合自身意愿但事实上没有参与或控制的事态称为"反事实的自由""间接自由"或"有效自由"。③ 他举例说，

① ［印］阿马蒂亚·森：《论经济不平等、不平等之再考察》，王文利、于占杰译，社会科学文献出版社 2008 年版，第 279 页。

② 同上书，第 279—281 页。

③ 同上。

假设某人在未昏迷之前就对某种治疗方式（如从活体动物身上直接抽取药物，使其遭受极大的痛苦）极其厌恶，尽管他知道这样做有助于疾病的康复。当这个人昏厥犯病时，如果医生按照他所意愿的方式（即不使动物受折磨）对其进行治疗，他的自由就得以实现；反之，如果医生不遵照这个人的意愿而采用了他所反对的方式，那么即便这个人的疾病最终被治愈，我们也没有理由说他实现了自由。再如，当一个校对员按照 A 所设想的方式和高效率来校正和编印其文稿时，由于 A 本人没有对其文稿实施控制，因而其"作为控制的自由"根本不存在，但 A 的"有效自由"却没有因之而受到减损。总之，在森看来，自由就是按照自己意愿生活的能力，而不是控制本身。只要事态发展与个人意愿相一致，自由就得以实现。相反，倘若将自由与控制混为一谈，就会造成对自由的误判，严重缩小了自由的内涵。及外延基于此，森认为，如果人们期望没有饥饿和传染病的生活环境，那么政府消除这些灾难的公共政策就会增加他们选择过"想要过的生活的自由"。①

正是由于森将可行能力指向了个人的福祉自由，而后者同时包括作为控制的自由和有效自由两层含义，因而可行能力不仅意指个人经过发挥主观能动性所体现的自由决断及行动，而且还意指个人无需发挥主观能动性、直接享受由他人或政府提供的良好状态。

四　可行能力与清单设定及排序

通过第一章的阐述我们已经知道，罗尔斯认为一个"作为公平的正义"社会应当坚持基本益品平等。在这个理论中，他不仅列出了一个基本益品清单，而且还在基本益品各要素之间划定了一个明确的优先性排列顺序：首先是基本的政治自由（具有绝对优先性），其次是机会与权力，最后是收入和财富。森反对罗尔斯的基本益品平等，不仅因为这一理论没有实现对所有个体的同等对待，而且还因为它被规定了一个基本

---

① ［印］阿马蒂亚·森：《论经济不平等、不平等之再考察》，王文利、于占杰译，社会科学文献出版社 2008 年版，第 280 页。

益品清单及其优先性排列顺序。在森看来，任何固定的清单设定及排序都会拘泥于一个先验的框架中，不足以全面考察人际相异性而对平等物理论做出恰当的诠释，更不足以呈现一个实现了平等的社会样态。

与罗尔斯等传统研究路径不同，森基于对人际相异性的充分考虑，不打算为其平等物理论设定一个固定的可行能力清单。在森看来，可行能力平等最大的特点就是基于一种比较的而非先验的框架来思考问题，允许将平等落实在一种非固定的清单设定和不完整的排序之中。所谓非固定的清单设定，指的是不拘泥于任何一种既定不变的清单模式；所谓不完整排序，就是不对其清单内容做出任何一种固定不变的排序。当然，我们也可能会这样说，森坚持上述理念的原因在于，平等主义者在对各种可行能力的评判问题上存在困难，所以才会允许一种暂时不固定的清单设定以及非完整性排序。这是毫无疑问的，森本人对此也毫不避讳，"暂时的非完整性反映了一种操作上的，而非更深层次概念上或评价上的困难。这种操作上的困难可能与知识的局限性，或计算的复杂性，或其他一些实践运用上的障碍有关"。[①] 然而，这并不是森提倡非固定性清单和不完整排序的根本原因。如果说随着人类理性反思能力的不断增强和对各种可行能力相关信息的不断拓展，这种暂时的非完整性排序能够得以克服，那么相比之下，森所指出的非完整性排序的另一个原因即人际相异性却是任何一种恰当的平等物理论无论如何都难以克服的。

在森看来，对可行能力的清单设定和完整性排序之所以难以完成，从根本上讲是因为人际相异性的作用。由于处于不同社会和地区的人达到相同的生活状态所需要的可行能力是不同的，因而各种可行能力被赋予的权重也不应一样。在某些极端贫困的国家和地区，人们只需较少的可行能力，如具有良好的营养和住所、避免疾病和夭折的可行能力；在经济较发达的国家和地区，人们需要可行能力的清单会更长些，如具有

[①] ［印］阿马蒂亚·森：《正义的理念》，王磊、李航译，中国人民大学出版社 2012 年版，第 96 页。

获得更多的实际收入、更昂贵的物品和服务的可行能力，而且排序也会有所不同。此外，人的可行能力并非一成不变，它们会随着当地平均富裕程度的变化而发生相应的变化。因此，任何一种固定的可行能力清单及其排序对于实现不同个体的合意生活以及选择不同生活方式的机会来说都是不充分的。

"可行能力视角的优势在于其相关性和实质性，而不在于它会生成某个完整的序列。"[①] 据此，政府需要根据不同个体的差异（如残疾人、营养不良者、孕妇等不同的身体差异和环境差异等）及其变化确定一个"焦点空间"，选定某些具有显著意义的功能，并在局部范围内赋予其若干分值，从而提供一个"局部排序"。"如果个人 I 比个人 J 拥有更多的某一种有显著意义的功能，而且拥有至少和个人 J 一样多的其他功能，那么个人 I 就比 J 拥有更有价值的功能向量"[②]，个人 I 也就因之而拥有更大的可行能力集。对于这种可行能力的不平等，政府需要全面考察公民之间的可行能力差异，不仅要关注内在于个人自身的能力差异，而且还要关注外在于个人的自然及社会环境差异（如因缺乏必要的医疗保障而导致传染病的流行，因性别歧视而导致的男女就业差异，等等），进而把影响这些人际相异性的各种因素提升到社会安排的高度，即在设立制度结构时，充分预防和排除一切导致公民可行能力不平等的自然及社会因素，并根据不同个体的具体情况提供不同种类和数量的益品，对其不同程度的劣势进行补偿，从而使其尽可能在实现不同合意目标的可行能力上与他人保持平等。

第三节 可行能力平等所引发的异议

尽管森的可行能力平等在学术界产生了重要影响，但它本身也还存

---

① ［印］阿马蒂亚·森：《正义的理念》，王磊、李航译，中国人民大学出版社 2012 年版，第 245—246 页。

② ［印］阿马蒂亚·森：《以自由看待发展》，任赜、于真译，中国人民大学出版社 2012 年版，第 65 页。

在一些尚未解决的问题。因此，与其他平等物理论一样，可行能力平等也引发了一些学者的异议。归纳起来，这些异议主要集中于三个方面：可行能力和功能概念含混不清、可行能力平等消解了个人责任、可行能力平等面临清单设定困难。

一 概念含混不清

实际上，森的可行能力平等虽然定位准确，但其表述却是错误的，因为他所讲的功能和可行能力概念都存在一定的含混性，正如科恩所给出的精准评价："一个实现了一场革命的思想家常会错误地描述自己的成就，而森的情况就是这样。"①

科恩指出，森所讲的可行能力根本不是一种严格意义上的能力，因为在这一平等物理论中，只有那些与个人行动相关的部分涉及对可行能力的运用，比如四处行走、参与社会生活，而其他不涉及个人行动的部分则只能被划归为一种个人状态，比如居住在消除传染病的社区。也就是说，森所提到的可行能力实际上只是一种中间状态（midfare）——一种介于益品和幸福之间的个人欲求状态，而人的可行能力及其运用仅仅构成中间状态的一部分。故此，森的做法实际上是对可行能力概念的误用，他把个人能够从益品中获得什么和他从益品中得到了什么这两种评价个人处境的不同维度归到了一个单一的名称"可行能力"之下，而这就导致了他对其成就做出了错误的描述。

具体来讲，中间状态是一种异质性集合，它由益品引起的个人状态所构成，而益品可为人们做三类事情②：（1）益品赋予人们严格意义上做事情的可行能力。对于这种可行能力，人们可以运用也可以不运用。（2）通过人们对这些可行能力的运用，益品促成有价值活动的展现和合意状态的实现。（3）益品直接导致更多的合意状态，而它们的受益

---

① ［英］G.A.柯亨：《什么的平等？论福利、善和能力》，载［印］阿马蒂亚·森、［美］玛莎·努斯鲍姆《生活质量》，龚群译，社会科学文献出版社 2008 年版，第 12 页。

② 同上书，第 22 页。

者却无须运用任何可行能力，如杀死传染疟疾的昆虫的益品。由此看来，可行能力只是中间状态的一部分。益品为人们所提供的，既不等同于人们能用它们做什么，也不等同于人们实际上用它们做了什么，还不等同于这两者的某种结合。换言之，即便一个人必须用益品做某事（比如，使用它、穿戴它等）才能由它获益，也必须区分开益品为这个人提供了什么和他用它做了什么。

为了进一步区分中间状态和严格意义上的可行能力，科恩还专门阐述了婴儿在被喂食及穿衣时所获得温饱的中间状态。① 由于婴儿不能通过运用可行能力来维持自己的生命，因而也谈不上运用可行能力而使益品产生某些效用。当食物被分配给一个婴儿或一个成人消费时，二者都可以得到营养，但我们无论如何都不应根据只有成人才能够使自己获得营养这一事实，推断出只有成人才获得了中间状态。可见，作为益品的产物并转而产生效用的中间状态，与可行能力在外延上是不同的，所以"可行能力"对于中间状态来说是一个糟糕的名称。也许有人认为喂食的例子还不够有说服力，因为婴儿也会吮吸和咀嚼，从一定程度上讲也可被视为具有微小程度的可行能力，那就请再看一下科恩提供的另一些更能说明问题的其他例子：当婴儿的父母为他穿衣时，就相应地把御寒和护体的中间状态给予了他，在这个过程中他无须做出任何努力。此外，类似的情形还有医院输液瓶中营养液为人们提供的营养以及太阳光为人们提供的温暖。科恩指出，这些例子中存在的都是不同于受益者运用其可行能力的中间状态，足以表明可行能力概念对于把握森意欲定位的中间状态是不充分的。

除了对可行能力的含混使用，森对其平等物理论的错误描述还表现在他对"功能"概念的误用上。与可行能力一样，森对功能的描述也是在两种不同的含义上展开的。一种含义基于人们熟悉的狭窄意义而被定义为活动，即一个人所做的某事，"'功能'是个人用物品成功做的

① ［英］G. A. 柯亨：《什么的平等？论福利、善和能力》，载［印］阿马蒂亚·森、［美］玛莎·努斯鲍姆《生活质量》，龚群译，社会科学文献出版社2008年版，第22页。

事情……在他或她的控制下"。① 另一种含义则不是以活动而是以令人欲求的个人状态来定义的。于是，诸如营养良好、避免传染病等状态就成了森用以描述"宽泛"功能的例子。然而，这种同时赋予"功能"相互抵触的两重定义（宽泛的定义和狭窄的定义）显然是成问题的，因为并非所有的个人状态都是个人在做或能做的事情。与读和写不同，没患疟疾就不是个人所能做的事情，但它无疑属于一种十分重要的中间状态。

总之，在科恩看来，尽管森脱开益品引起的精神反映而关注益品为人们所做事情的定位具有开创性和启发性，但当他以可行能力或功能来描述他所关注的对象时，后者却在无形中被收窄了。当中间状态被理解为做了"益品为人们所做的"一切时，它既不能被等同于可行能力或功能，也不能被看成是这两者的结合，除非是混乱地引申这两个概念的含义。

对于科恩的上述批评，森虽然在 1988 年 7 月提交给赫尔辛基世界经济发展研究院（World Institute for Development Economics Research）的会议论文《可行能力与福祉》（*Capability and Well - being*）一文中做出了回应，但遗憾的是这篇文章仍未能有效回应科恩的批评。② 在回应中，森明确承认中间状态的重要性。他赞同科恩的观点，即定位于中间状态不等于聚焦于可行能力，"可行能力"是中间状态的一个糟糕名称。然而，他并没有转而支持科恩的观点，并使其平等物理论聚焦于中间状态。森虽然不否认可行能力是一个糟糕的名称，但其用意恰恰相反，他强调应该得到关注的是可行能力而不仅仅是中间状态。森指出，科恩实际上误解了可行能力平等的含义，因为他本人确实关注了科恩所强调的"中间状态"，这种"中间状态"与可行能力平等之中的功能而非可行能力相对应。可行能力平等涉及的范围更广，森进而指出，他之所以认

①　Amartya Sen, *Commodities and Capabilities*, Amsterdam: North - Holland, 1985, p. 10.
②　［印］阿马蒂亚·森:《能力和福祉》，载［印］阿马蒂亚·森、［美］玛莎·努斯鲍姆《生活质量》，龚群译，社会科学文献出版社 2008 年版，第 50—52 页。

为平等主义者应关注可行能力而非功能，是因为后者只聚焦于一种事态的结果，而前者则更关注人们的实际选择。

森力图以此来表明科恩对可行能力平等的误判以及这种平等物理论的合理性，但事实上他未能对自己的理论做出有效的辩护，因为通过森的上述解释可知，森的回应依旧在科恩批评过的框架中兜圈子，没能提供用以佐证其观点的新论据，这不仅无法恰当地回应科恩的批判，反而又错误地将科恩所强调的中间状态重新拉回到对可行能力与功能的二元解释当中，仍没有脱出含混使用概念的怪圈。

二 清单设定困难

基于对人际相异性的充分考虑，森曾多次强调不完备性是可行能力平等的一个优势。因此，他对于清单设定问题并没有展开深入细致的探究，至多只是泛泛谈到了一些相对贫穷国家及地区成员的必备可行能力，而鲜少关注其他地区涉及复杂情况的清单设定问题。这种思考在理念上几乎无可挑剔，因为只有根据不同的情况制定不同的清单，才能更好地促进个人合意生活的实现。然而，这里的问题在于，如果我们将可行能力看作有待分配的平等物，那么在实践中应当如何区分不同可行能力的重要性呢？如果不提供一个具体的可行能力清单，就会对不同情况下不同可行能力的评估造成操作上的不便。对此，查尔斯·贝茨（Charles Bates）、理查德·阿内逊以及玛莎·努斯鲍姆都曾在评论森的相关著述时不同程度地指出过这一问题，"能力分析路径在理论上面临的最大困难基于这样一个事实：当进行人际比较时，并非所有的能力都同等重要。例如，能够行走的能力的重要性就胜过打篮球的能力。"[1]

在阿内逊看来，对于那些超出满足基本需要的可行能力来说，只有诉诸相关的效用标准，才能对可行能力进行排序和筛选。"我不相信我

---

[1] 转引自［印］阿马蒂亚·森《论经济不平等、不平等之再考察》，王文利、于占杰译，社会科学文献出版社2008年版，第262页。

全部的实现功能的可行能力集与我的处境有多大关系。无论我的可行能力是否包含艰难跋涉到南极的可行能力，还是在鄂木斯克的一家昂贵的餐馆里饱餐一顿的可行能力……对于我来说一点都不重要，因为我没有任何理由预言，我将有任何欲望去做这些事情和无数其他事情中的任何一个。"① 正如人们并非喜欢资源本身而是喜欢能用它们做事情一样，他们喜欢可行能力也不是由于其本身的缘故，而是希望通过这些可行能力来实现自己的合意目标。实际上，人们是基于实现自身幸福感的理由才去偏爱可行能力，因而当其拥有的可行能力无法获得所期待的结果时，这种偏爱之情就会随之消失。基于此，阿内逊认为，森的可行能力平等不过是阿内逊本人提出的幸福机会平等的另一种研究路径而已。

公允地说，尽管阿内逊这个结论下得有些"匆忙"，因为对一些基本能力的客观评价还是可能的，"名副其实具有重要意义的可行能力（即不考虑幸福后果）是决定一个正常人存在的可行能力，可行能力的缺乏意味着需要的不满足"②，但这种情况只限于一些客观上得到公认的基本能力，还不足以完全撇清可行能力清单与幸福尺度之间的依赖关系。进而言之，由于对较高层次可行能力重要性的评判依旧需要依赖于个人幸福感，复杂的可行能力无论如何都无法脱离对偏好的依赖，因而将可行能力作为平等物的理论仍然难以逃脱诸如阿内逊等幸福主义者的诟病。

如果不去设定可行能力清单就会带来评估上的困难，这不仅体现在上文阐述的对不同价值可行能力的区分上，而且还体现在一些可行能力对另一些可行能力的制约上。由于森的可行能力概念代表了人的自由选择，因此，如果不对可行能力清单做出设定，就难免造成一些人的可行能力限制和约束另一些人可行能力的恶劣局面。对此，努斯鲍姆以一个涉及性别差异的例子对森的平等物理论进行了有力的批评。在大多数社

---

① Richard Arneson, "Equality and Equal Opportunity for Welfare", *Philosophical Studies: An International Journal for Philosophy in the Analytic Tradition*, Vol. 56, No. 1, 1989, p. 91.

② [英] G. A. 柯亨：《什么的平等？论幸福、善和能力》，载 [印] 阿马蒂亚·森、[美] 玛莎·努斯鲍姆《生活质量》，龚群译，社会科学文献出版社 2008 年版，第 32 页。

会中，男子在违背妻子意愿的情况下与其进行夫妻生活是一个历史悠久的特权，但这种行为已经严重削减了女性自由选择的可行能力。如果这种行为不被视为非情愿的婚内强奸行为，社会也不出台相关的法律法规来保护女性，那么女性相应的可行能力就得不到实现，森的可行能力平等也将因之而黯然失色。努斯鲍姆认为，不加限定的自由选择及其对应的可行能力都是不合理的，从根本上背离了一个正义社会的道德理念。因此，可行能力平等要想具有吸引力，就必须在其清单设定中对那些代表个人选择自由的可行能力做出约束，以避免个人某种可行能力对他人同类可行能力的侵犯。①

由此可见，一个有价值的可行能力平等理论不仅应该区分哪些可行能力重要，哪些不重要，而且还应基于社会正义理念来评价哪些可行能力是正义的，哪些又是不正义的。这些区分和评价显然都是可行能力平等框架中所应关注的重要内容，但它们却由于森拒绝设定可行能力清单而无力完成。从这个意义上说，确定恰当的可行能力清单已然成为实现正义社会的重要衡量标准，自然也是可行能力平等无论如何都绕不过的门槛。

三　个人责任缺失

由于森的可行能力平等强调社会为其成员提供实现各种生活目标的可行能力，而鲜少对责任问题做出相关的阐述，因此给一些学者落下了忽视个人责任的口实。比如，阿内逊就向可行能力平等发出了这样的诘难：平等主义要求消除的是人们无法控制的不平等，而不包括那些因其自愿选择或疏忽失误所导致的不平等。"如果人们选择过有价值和值得过的生活并按照自己的选择去行动，那么社会最多负责对人们进行安置，从而使之能够过上这样的生活。在拥有充分真实的实现自由或可行

---

① Martha C. Nussbaum, "Capabilities as Fundamental Entitlements: Sen and Social Justice", Alexander Kaufman, ed., *Capabilities Equality: Basic Issues and Problems*, New York and London: Routledge Taylor&Francis Group, 2006, p. 56.

能力之后，个人自身就要对她做出这样的选择以及她将要达到的生活质量负责。"① 这就是说，如果人们已经拥有了实现其合意生活的可行能力集，就应该充分利用它们并为之负责。但实际上，可行能力平等却忽视了社会成员的个人责任问题，因为按照可行能力平等的思路，如果某人因疏忽大意而没能合理利用其实现目标的可行能力，政府就要为他提供额外的资源，直到他获得与他人同等的可行能力水平。举例来说，A和 B 在同一时期都获得了一种他们所欲求的可行能力集，但 A 粗心大意地挥霍掉这个可行能力集赋予他的资源和选择机会，而 B 则小心谨慎，通过对其可行能力集的充分利用而实现了其所珍视的目标。但令人难以接受的却是，在一个致力于实现可行能力平等的社会中，A 还会再次获得额外的资源份额而重新拥有与 B 同样的可行能力集。就这一点来说，可行能力平等没有为个人责任留下空间，背离了平等主义应该坚持的个人应对其控制之中的事情负责的基本理念。

　　森在一定程度上对阿内逊的上述批评做出了回应。在回应中，森试图澄清可行能力平等在个人责任缺失方面的问题，他说："如果一个有责任能力的成人所享有的自由（从'能力集'比较的角度看）并不比别人少，但却浪费了不少机会并最终沦为比别人处境差得不能再差的地步，则据此而来的社会安排可能就不会出现'不公正'的不平等。"② 也就是说，如果个人浪费了其自身与他人相同的实现合意生活的可行能力，他就必须为此承担责任。但森转而又指出，尽管可行能力平等不会忽视个人责任，但在要求个人对其选择负责之前一定要明确个人责任的适用条件，即在判断个人应承担的责任时一定要确保个人选择的有效性。这种有效性体现在两个方面：一是个人选择的实现基于一种真实偏好而非适应性偏好。"如果社会条件使得一个人缺少做出选择的勇气（甚至缺少表达对确有价值但又不可企及的事情的需求的勇气），那么

---

① ［美］理查德·阿内逊：《平等》，载 ［美］罗伯特·L. 西蒙《社会政治哲学》，陈喜贵译，中国人民大学出版社 2009 年版，第 102 页。

② ［印］阿马蒂亚·森：《论经济不平等、不平等之再考察》，王文利、于占杰译，社会科学文献出版社 2008 年版，第 355 页。

根据她确实做出的有效选择来进行伦理评判就有失公允了。"① 二是个人选择的实现基于一个有效的可行能力集。如果一个人的不幸处境是由某些个人自身无法控制的因素和个人选择共同导致，他就不应对其选择负责，比如在一个充满不确定性的风险世界中，即使个人做出了某种选择，平等主义者也不应要求其对自身选择全权负责，因为决定这种处境的不仅仅是个人选择，还有个人以外的诸多不可控的自然及社会因素。

森在回应中通过对个人可控制的因素和不可控制的因素划定界限来确定个人责任的适用范围，这本来无可厚非，但问题在于，个人选择在何种情况下基于其真实偏好而非适应性偏好？可行能力集在什么情况下具有有效性？森不仅没有继续探究这些问题，反而含混其词地认为"在一个充满风险的环境里要获得足够多的信息从而使个体做出明智的决定并不容易，于是情况就变得复杂了"。② 这显然是以现实情况的复杂性为理由来躲避可行能力平等对个人责任问题的深入讨论，所导致的直接后果就是，可行能力平等无法判定个人可行能力的缺失在何种情况下是由可控因素所导致的，更无法判定个人应在何种程度上对其可行能力的缺失承担责任。

行文至此，本章已完成了对森的可行能力平等的阐述。较之资源主义平等物理论和幸福主义平等物理论，可行能力平等无疑是当代西方平等物问题研究中的一大重要贡献，因为森分别指出了这两种平等物理论对人际相异性的忽视，以及由资源主义平等物理论导致的拜物教缺陷和由幸福主义平等物理论导致的适应性偏好等问题。森将可行能力作为平等物的理论既不局限于益品份额，又不拘泥于幸福，不仅有效地化解了这两种平等物理论的困境，而且还将介于益品和幸福之间的中间状态首次置于平等物问题研究的聚焦点上，大大拓展了平等物问题研究的理论视野。不过，由于森对其可行能力平等的研究太过开放，以致遗留了一

---

① ［印］阿马蒂亚·森：《论经济不平等、不平等之再考察》，王文利、于占杰译，社会科学文献出版社 2008 年版，第 355 页。

② 同上。

些尚未解决的问题，比如，在概念理解上，可行能力平等把中间状态和自由这两个不相关的概念并置于可行能力的同一名目之下，产生了概念使用上的含混性问题。在理论探索上，一方面，可行能力平等因未能设定一个明确的清单而难以得到更加深入系统的阐述；另一方面，尽管可行能力平等并非基于一种结果平等的理念而对个人责任问题置若罔闻，但由于这一平等物理论在个人是否应对其可行能力缺失承担责任以及承担何种责任的问题上语焉不详，从而使其在个人责任问题上的观点变得空洞而又苍白，甚至不可避免地陷入了森本人所反对的忽视个人责任的困境。于是，这些悬而未决的问题就成为其后平等主义者有待进一步探索和解决的新起点。

第五章　科恩的优势获取平等

在平等物问题上，除了罗尔斯主张的基本益品平等、德沃金主张的资源平等、阿内逊主张的幸福机会平等和森主张的可行能力平等，还有一种具有代表性的平等物理论是由 G. A. 科恩提出的优势获取平等。优势获取平等基于对先前各种平等物理论的批判性反思而提出，故而能够博采众家之长而避其短。从一定程度上讲，这一平等物理论将当代西方平等物问题研究推进到了一个新的高度。当然，这并不是说优势获取平等理论已经得到了学术界的普遍认同，它因存在另一些问题而同样遭到了其他学者的质疑和批评。面对这些质疑和批评，科恩一方面努力澄清自己并做出积极的回应；另一方面坦然承认自己观点的缺陷与不足，竭力挖掘他人理论主张中有价值的观点，并对自己先前的观点做出了适度修正。本章的主要内容是对科恩的优势获取平等做一个较为全面的阐述，指出它对先前平等物理论的超越，同时分析它所引发的异议及科恩对自己理论主张的澄清与修正，进而表明优势获取平等在当代西方平等物问题研究中的重要地位。

第一节　以消除非自愿的劣势为平等主义目标

自从"什么的平等"的问题被阿马蒂亚·森提出并引起学术界的巨大反响之后，其含义经由德沃金基于分配正义意义上的限定而逐渐清晰化，最后又在科恩的命名下进一步形成了今天我们所熟知的平等物问题。在平等物问题上，虽说罗尔斯、德沃金、阿内逊、森这四位具有代表性的平等主义者都给出了不同的回答，但他们都没有明确指出这一问题研究最终应实现的目标（即平等主义的目标）是什么。就此来讲，科恩在平等物问题研究上的贡献尤其应引起我们的高度关注，这不仅因为他提出了著名的优势获取平等理论，也不仅因为他将分配正义意义上的"什么的平等"命名为平等物，而且还因为他在前人的基础上将平等主义的目标进一步确定为消除非自愿的劣势（involuntary disadvantage）。

一 钝于"运气"而敏于"选择"

究其渊源，科恩之所以将平等主义目标确定为消除非自愿的劣势，是因为他深受先前学者尤其是德沃金探索平等物基本思路的影响。德沃金在其资源平等中多次强调想要实现平等，就必须区分原生运气和选项运气，指出因原生运气产生的不平等是正义的，因选项运气产生的不平等是不正义的，故而真正平等的实现只需要控制或削弱因原生运气所导致的不平等即可。区分的依据就是在"资源"和"偏好"之间做出明确的划分。基于"资源"份额不同所产生的不平等属于由原生运气导致的不平等，基于"偏好"差异所产生的不平等则属于由选项运气导致的不平等。科恩接受了德沃金区分原生运气和选项运气的基本理念，认同他所讲的实现平等就要抵消原生运气对分配的影响，但不赞同他以"资源／偏好"的二分法来诠释这两种运气。根据科恩的解读，消除原生运气的影响实际上就是消除非自愿的劣势，这就需要在"运气／选择"而非"资源／偏好"之间做出区分。

我们知道，德沃金曾在平等物问题上表达过这样的观点：不是真正的选择而是偏好引起了人们的不平等分配，所以平等主义者只需补偿人们因身心缺陷所产生的劣势，而不必补偿因其昂贵嗜好所导致的劣势。针对这种偏颇观点，科恩指出，无论是人们的资源禀赋、偏好抱负，还是能力上的差异，都存在能够控制和不能控制的区分。凡是那些肆意培养昂贵嗜好的人、因疏忽大意而未能合理利用其资源并导致较差能力的人，都没有权利获得补偿，因为他们的劣势都是自身可以控制的劣势，同时也是其本人应当承担责任而非获得补偿的事情。① 因此，消除原生运气对个人生活的影响即消除非自愿的劣势，"正确的区分应在责任和坏运气之间，而不在偏好与资源之间"②。这就是说，对原生运气和选项运气的正确区分在于判断个人所遭受的劣势究竟源自个人不能为之负责的不可控因素，还是源自其应负责的可控制因素（即要在个人不能自主选择的坏运气和真正的选择之间做出区分），通过对个人选择是否受限及其受限程度的判断，来推定个人命运在多大程度上被无法控制的坏运气所左右、个人是否应获得补偿以及在多大程度上获得补偿。简言之，要想消除非自愿的劣势，就应在运气和选择之间而非德沃金所说的资源和偏好之间做出区分，并使平等物的分配在钝于"运气"的同时又敏于"选择"。

为了进一步表明德沃金的错误区分以及基于这种区分的资源平等不是消除非自愿劣势的充分理由，科恩又指出了德沃金用以批驳幸福平等及论证其平等物理论所提供的两个经典例子（即不补偿路易斯昂贵嗜好的例子和补偿朱迪廉价的"昂贵嗜好"的例子）的区别。德沃金在谈到应将资源作为平等物时曾自信地说，只有资源平等才能解释平等主义者不迁就路易斯的昂贵嗜好以及补偿朱迪廉价的"昂贵嗜好"的原因。科恩认为，就消除非自愿的劣势而言，德沃金虽然在这

---

① 科恩认为，尽管德沃金后来又将"资源／偏好"修改为"环境／个人"，并根据个人偏好是否因主体自身原因而"形成"的判断结果来划定补偿范围，但这种区分同样不恰当，因为个人虽然能够"形成"他的某些抱负，却无法"形成"其所有抱负，也不能"形成"其所有的嗜好。科恩认为，"一个人追求的生活"和"一个人想要的生活"是两种非常不同的生活，但德沃金却将它们等量齐观。实际上，只有第一种生活才体现了真正的选择，因为"一个拥有某种能力的人通常会（在他面临的约束之内）选择和追求某种职业，但他并不总是选择自己所偏好的那种职业，后面的事实将限制他选择和追求一种昂贵生活"。另外，心理和身体能力虽然处于个人控制之外而应被划归到环境的范畴，但它们在一定程度上又是个人"形成"的，因而根据德沃金的标准又属于个人范畴。由此可见，"被形成"是个人和环境都可能具有的特征。进而言之，"被形成"对于被德沃金称为个人的东西来说不仅不是一个充分条件，而且也不是一个必要条件。详细内容请参见［英］G. A. 柯恩《论均等主义正义的通货》，载葛四友《运气均等主义》，江苏人民出版社 2006 年版，第 129 页。

② ［英］G. A. 柯恩：《论均等主义正义的通货》，载葛四友《运气均等主义》，江苏人民出版社 2006 年版，第 129 页。

两个例子中做出了正确判断，但实际上只有第二个例子对于其资源平等的论证具有说服力，而第一个例子则不能说明问题。在第二个例子中，尽管朱迪拥有从较少资源中获得较高幸福水平的能力，但平等主义者却不能因之剥夺她满足"体面的幸福水平"所需的公平资源份额。与第二个例子的情况不同，在对第一个例子中路易斯昂贵嗜好的冗长讨论中，德沃金摒弃了平等主义者拒绝对路易斯的嗜好做出补偿的根本理由：他"有意培养"它。虽然德沃金也意识到，不补偿路易斯的关键理由在于"消除非自愿的劣势"所强调的"拥有选择余地"——路易斯的嗜好并非由独立于其意志的过程而逐步灌输的。[1]但奇怪的是，他非但没有将路易斯拥有"选择余地"的事实置于一种突出的位置，反而还断言，只有在资源和偏好之间做出区分，才能设定一个对每个人都适用的公平的资源份额。只要路易斯要求获得发展自己昂贵嗜好的额外资源，那就是在要求超出其公平份额的资源，他所要求的额外资源份额理当遭到拒绝。否则，若要为不补偿路易斯的昂贵嗜好提供某种独立于公平资源份额观念的解释，那就需要"独创性"（ingenuity）。[2]

对于德沃金的争辩——只有通过设定某种公平的资源份额的方式才能拒绝为路易斯的奢侈生活提供额外的资源，科恩反驳说，这种想法虽然正确，却无足轻重，因为对于路易斯的这种情况，平等主义者可以直接诉诸阿内逊的幸福机会平等来界定公平的份额：当个体之间的资源份额能够实现幸福机会平等时，这种份额就是公平的，反之亦然。[3]所以，平等主义者无须走向德沃金特殊意义上的公平份额——资源平等，就能够恰当地解释不补偿路易斯的原因，而且这种解释几乎不需要什么"独

① Ronald Dworkin, "What is Equality? Part I: Equality of Welfare", *Philosophy & Public Affairs* 10, 1981, p. 237；或参见［美］罗纳德·德沃金《至上的美德——平等的理论与实践》，冯克利译，江苏人民出版社 2007 年第 2 版，第 52 页。
② Ibid., p. 239；同上书，第 53 页。
③ 科恩此处援引幸福机会平等的目的不在于对这一平等物理论的完全赞同，而只是为了说明幸福机会平等可以轻松地应对德沃金所提供的关于路易斯主动培养昂贵嗜好的反例。

创性"。①

　　总之，科恩力图通过上述分析表明：虽然德沃金不主张对路易斯进行补偿，但他无法通过"资源／偏好"的区分方式提供不这样做的充分理由，因为这种区分方式错误地把补偿范围局限于资源，而不去追问路易斯所遭遇的劣势是否属于其自愿选择以及这种劣势能否被避免。实际上，对路易斯来说，无论他所处的劣势是事前能够预先阻止的，还是事中可以及时纠正的，都是他可以自主选择的，因而也是可以避免的，不属于非自愿的劣势。故此，路易斯理当对其劣势负责且无权获得任何补偿。

　　在科恩看来，"如果我们明白，运气在宽泛的德沃金式的分配正义主张中发挥着核心作用，那么他只补偿资源的不幸，而不补偿效用函数的不幸，这看起来完全没有根据。因为人们不只在他们无法选择的禀赋方面存在不幸，在其无法选择的偏好方面、无法选择的痛苦感受方面也同样存在不幸"。② 因此，"我们必须避开德沃金的'资源／偏好'的区分而支持一种更为宽泛的获取导向的平等主义"。③ 这种宽泛的区分就是在选择与运气之间而非偏好与资源之间划界。不难看出，相较于德沃金，科恩区分两种运气的方式在一定程度上纠正了平等主义者对个人责任的错误划分，同时也是平等物问题研究上的一个重大飞跃，这一点即便是那些反对他平等物理论的学者也不得不赋予其高度褒奖，"科恩通过这种方式，在他的平等主义版本中纳入了他认为在反平等主义右翼武器库中最强大有力的思想：选择与责任"。④

　　也许有人会批评科恩说，将真正的选择作为平等物问题研究的核心会使政治哲学陷入自由意志的沼泽中，因为判定什么是真正的选择必然

---

　　① G. A. Cohen，"On the Currency of Egalitarian Justice"，*Ethics*，Vol. 99，No. 4，1989，p. 924

　　② ［英］G. A. 柯恩：《论均等主义正义的通货》，载葛四友《运气均等主义》，江苏人民出版社 2006 年版，第 131 页。

　　③ 同上书，第 132 页。

　　④ ［美］苏珊·赫蕾：《运气与平等》，载葛四友《运气均等主义》，江苏人民出版社 2006 年版，第 280 页。

会涉及环境与选择之间的复杂关系，难免卷入一场关于形而上学问题的无休止争论，为平等物问题研究增设了极大的障碍。科恩也意识到，"运气／选择"的区分是一种令人担忧的表达，它会"使我们将自己命悬于自由意志的问题"，使政治哲学遭遇难以做出准确回答的形而上学问题，但这却不会构成他以"运气／选择"来取代"资源／偏好"的恰当理由。科恩并非要寻求偏好与真正的选择之间的绝对区分，他也并非要探求究竟存在多少真正可选择的数量。从一定程度上讲，尽管"影响个人真正选择的一个因素是选择者所拥有的相关信息的数量"，但是我们却不必去追问"一个人必须拥有什么类型的以及多少数量的信息，才能算是他对自己的命运拥有真正的选择"① 相反，"从正义的观点来看，他所拥有的相关信息越多，那么他对现在所拥有的东西抱怨的理由就越少"②。

二 消除非自愿的劣势不等于实现自由

科恩认为，发生在人们身上的糟糕的原生运气不仅会制约其所获得的资源份额，而且也会对其幸福感受造成不同程度的影响，因此，想要实现平等主义的目标——消除非自愿的劣势，就应聚焦于森所定位的介于资源和幸福之间的那种令人欲求的中间状态，其关注点应同时包含两重维度：资源维度和幸福维度。然而，森的可行能力平等的问题是，它虽然考虑到对这两个维度非自愿劣势的消除，但又错误地将原本属于中间状态的东西描述为代表自由的可行能力，以致无法精准地表达其平等物理论的确切含义，同时也大大削弱了这一理论应有的吸引力。由此看来，森平等物理论的致命错误就在于他把消除非自愿的劣势等视于赋予人们选择做事情的自由，实际上这两者存在根本性的差别。

根据科恩的看法，无论是森所关注的居住于没有传染病的环境，还

① ［英］G. A. 柯恩：《论均等主义正义的通货》，载葛四友《运气均等主义》，江苏人民出版社 2006 年版，第 132 页。
② 同上。

是避免夭折和营养不足，都是平等主义所应实现的目标，因为传染病、夭折和营养不足都是个人不愿拥有且力图避免的东西，都是非自愿的劣势。消除这些劣势只需要关注人们对中间状态的获得就足够了，至于人们利用这种状态做什么则是下一步的事情，同时也是一件与个人选择自由相关的事情。无论人们发挥主观能动性还是不发挥主观能动性，无论人们选择和控制某一事态的发展抑或不这么做，他们都可以获得这种中间状态。这种状态的获得可能源于自己的努力，也可能源于政府的供给或他人的帮助，抑或是三者的结合，但只有第一种情况才会涉及对自由的运用，因为自由必然关涉到个人主观能动性的发挥及其产生的选择和控制行为。简言之，人们对中间状态的获得本身不一定需要其自身力量的参与，也与其对自由的运用不存在必然联系。

然而，森却把平等主义所应定位的中间状态视为"自由"，并认为"可行能力的概念是'自由'一类的概念"，一个人可获得的功能向量决定他的"福祉自由"，最终推定出消除非自愿的劣势就是赋予人们选择自由的错误结论。① 针对森以"可行能力"来指代自由的观点，科恩指出，这对于严格意义上的可行能力也许是正确的，但对于森用来表示的益品和效用之间的、作为中间状态的"可行能力"来讲却是不正确的，因为后者涵盖了与自由无关的东西。具体来说，森对富有的戒斋者的描述（即戒斋者本可以获得很好的营养却选择了不这样做）以及对校对员校对书稿的描述（即某人的书稿是校对员按照其本人的要求而校对的），都符合可行能力所意指的自由特征。在这两个例子中，个人确实可以控制所发生的事情，区别只在于：在前一个例子中，斋戒者对吃与不吃的控制属于直接控制；而在后一个例子中，某人对其书稿校对方式的控制属于间接控制。但与上述两种情况都不同的是森所讲的不受传染病或饥饿之苦的"自由"，这种"自由"既不会涉及个人对某地区传

① Amartya Sen, *Commodities and Capabilities*, Amsterdam: North Holland, 1985, p. 14; Amartya Sen, "Well‐being, Agency and Freedom: The Dewey Lectures 1984", *Journal of Philosophy*, Vol. 82, No. 4, 1985, p. 201.

染病扩散或饥饿的直接控制，也不会涉及间接控制，至多算是一种假想的自由。[①] 换言之，不受传染病或饥饿之苦本质上不构成做任何事情的自由。

科恩进而指出，森将"可行能力"这一术语既用于个人可控制的真实自由又用于不受个人控制的假想自由（freedom without control），从根本上讲是因为他过度看重自由，并由此产生了一种动机性混乱，以致错误地认为，关注一个人的非自愿劣势，不仅需要关注一个人的中间状态（即除效用以外他从益品中能够获得的东西），而且还需要关注他在这个世界上拥有多少自由。基于这个原因，他就把所有属于中间状态的东西都描述为自由，把自己所关注的两个极为不同的问题归在"可行能力"这个单一的名称之下。基于此，尽管森试图以自由来同时表达无须个人发挥主观能动性的中间状态，以及需要这种发挥的可行能力，但自由只适合表达第二点，这就使他在平等物理论的表述上出现了显而易见的混乱和对"自由"模棱两可的使用，以至于他以赋予人们选择自由的方式来体现对非自愿劣势的消除。

总之，在科恩看来，消除非自愿的劣势不等于赋予人们选择做事情的自由，而森之所以会在平等物理论的表述上出现这样的失误，其根本原因在于他夸大了自由理念在正确表达平等主义规范中的不可或缺性。实际上，当每个人都拥有他所需的东西时，纵然他无须举手之劳就能得到它，也不会存在严重的不平等。

第二节　优势获取平等的提出

由于德沃金的资源平等不能恰当地体现对平等主义目标即消除非自愿的劣势的定位，森的可行能力平等虽能体现这一定位，却又因其动机混乱而无法准确地描述它，于是，科恩提出了一种不同于以往的、力图

---

① G. A. Cohen, "Amartya Sen's Unequal World", *Economic & Political Weekly*, Vol. 28, No. 40, 1993, p. 2157.

实现平等主义目的的全新理论——优势获取平等（equal access to advantage）①。

一　"优势"的多维性和"获取"的全面性

较之罗尔斯的基本益品平等、德沃金的资源平等、阿内逊的幸福机会平等、森的可行能力平等这四种平等物理论，科恩的优势获取平等具有极大的优越性，主要体现在两个方面："优势"的多维性和"获取"的全面性。

（一）"优势"的多维性

科恩认为，平等主义者应该关注优势，而不是（至少不仅仅是）幸福或资源，因为"平等主义者所关注的问题是关于评估生活质量的恰当方式，而这种方式却是幸福和资源都无法充分把握的"。②何谓"优势"（advantage），科恩没有给出一个详细的说明，但他在其论文《论平等主义正义的通货》之中却说明了使用这个词的缘由：之所以使用"优势"一词，是因为他找不到一个更恰当的词来描述人的良好处境。"优势"这个词原指个人所拥有的一种超越于他人的处境，是一个具有竞争性含义的语词，但科恩在其平等物理论中所讲的"优势"却不含这样的竞争性含义，它不表示与他人之间的比较，而仅仅意指一个比资源或幸福更为宽泛的特定概念。

在德沃金的资源平等中，受到关注的只是资源缺失而非幸福缺失，科恩以一个不影响工作能力的患有慢性疼痛的残疾人为例来反驳这一观

---

①　国内学者对于 equal access to advantage 有两种译法，比如葛四友教授在其编译的《运气均等主义》和吕增奎教授在其编译的《马克思与诺齐克之间》中，都将其译为"可得利益平等"，段忠桥教授在其论文《平等主义者的追求应是消除非自愿的劣势——G. A. 科恩的"优势获取平等"主张及其对德沃金的批评》及其著作《为社会主义平等主义辩护：G. A. 科恩的政治哲学追求》中将其译为"优势获取平等"。笔者采取段教授的译法，具体原因请参照：段忠桥：《平等主义者的追求应是消除非自愿的劣势——G. A. 科恩的"优势获取平等"主张及其对德沃金的批评》，《清华大学学报》2014 年第 3 期；或段忠桥：《为社会主义平等主义辩护：G. A. 科恩的政治哲学追求》，中国社会科学出版社 2014 年版，第 179 页。

②　Alexander Kaufman, ed., *Distributive Justice and Access to Advantage*：*G. A. Cohen's Egalitarianism*, Cambridge：Cambridge University Press, 2015, p. 4.

点。为了说明问题，科恩假设，这个人不仅可以自如地移动其手臂，而且其移动手臂的活动能力比他人还要好，只是每次移动手臂时都会伴随严重的疼痛。由于这种疼痛一点也不影响这个人的正常行动，因而控制疼痛的药物不会构成他追求其生活计划所需要的资源，平等主义者也无法依照资源平等的规定而为他提供任何补偿。那么，不能移动手臂和移动手臂时感到疼痛这两者之间的区别在哪里呢？科恩对这两种不幸做出了区分，前者属于困难，而后者属于代价大即成本高。"这个人可以毫无困难地移动其手臂，但这样做的成本很高。我所说的'困难'和'成本高'经常混淆，但它们还是存在重大区别，这可以体现在一个人做某事很难上。"① 科恩举例说，我给你一张500美元的支票或告诉你一个将会毁灭我生命的秘密，这两者成本都很高，但不困难。我骑自行车将你送到希思罗机场②是极其困难的，但由于我喜欢挑战，而且也没什么其他事情可做，所以做这件事的成本不高。通过举例阐释，科恩向我们展示了困难和代价大的重要区别，并进而表明，平等主义的补偿不应仅仅局限于做事情的"困难"程度，还应考虑做事情的"代价"大小成本的高低，前者基于资源维度，后者则基于幸福维度，两者都是平等物问题研究所应关注的维度。故此，当面对幸福缺失问题时，一个平等主义者理当关注这种幸福缺失，因而也会为其购买缓解疼痛的药物提供资助。然而，资源平等却误导我们只关注资源缺乏的单一维度，忽略了那些与平等主义判断密切相关的效用信息。

与此相似，幸福平等和幸福机会平等也仅仅关注个人劣势的单一维度，只不过这个维度聚焦于个人幸福而已。科恩认为，当我们考虑幸福平等乃至幸福机会平等对源于残疾的劣势所做的反应时，幸福维度不可接受的狭隘性就会变得显而易见。这是因为，基于幸福维度的平等物理论指引我们只度量受害者的负效用水平，并且只补偿其消除那些源于残

① [英] G.A.柯恩：《论均等主义正义的通货》，载葛四友《运气均等主义》，江苏人民出版社2006年版，第121页。
② 指的是英国伦敦的希思罗国际机场（Heathrow International Airport），通常简称为希思罗机场，位于英格兰大伦敦希灵登区，离伦敦市中心24公里。

疾的幸福或幸福机会的缺失。科恩反对这种只关注个人效用水平的偏颇观点，认为对效用的反应与平等主义直觉之间并不存在必然的一致性和关联性。对于一个双腿瘫痪的残疾人来说，平等主义对其残疾的恰当反应是给他提供一个轮椅，而不是精确地补偿他因瘫痪而造成的幸福或幸福机会的缺失程度。就这一点来说，科恩十分赞同森对幸福主义平等物理论的批评：拥有战胜逆境的勇气不能构成不补偿个人资源缺失的恰当理由。对于某个处于严重劣势的劳动者来说，其高幸福值根本不应成为不给予他援助的决定性因素。受森思想的启发，科恩进而指出，为了克服面临不幸处境所产生的自然反应，一个人的平静毕竟反映了他令人尊敬的和值得奖励的努力。即便这个人有着与生俱来的格外阳光的性格，因而不需要做出这样的努力，我们仍然会在直觉上认为其所处的资源劣势有必要得到补偿。从更一般的意义上讲，在对待个人残疾的时候，平等主义不要求我们区分以及精确补偿具有不同效用函数的残疾人的负效用水平，相反，它要求"直接补偿残疾本身"。① 这样看来，当面对残疾问题时，幸福平等和幸福机会平等就提供了误导，因为这种平等物理论指引我们将注意力仅仅集中于个人的效用缺失即幸福感缺失上。

在科恩看来，就个人不能负责的劣势而言，德沃金的资源平等仅仅关注了非自愿的资源缺乏，阿内逊的幸福机会平等则仅仅关注了非自愿的幸福缺乏，这两种平等物理论充其量都只是实现平等的必要而非充分条件，固执地坚持其中的哪一种理论都无法恰当地涵盖平等主义要求的所有维度。鉴于单一的幸福维度和资源维度都具有一种不可接受的狭隘性，科恩就在一种宽泛的意义上，把个人劣势或优势的缺失看作是一个类似于森的"功能"概念的"既无法化约为资源、也无法化约为幸福的个人欲求状态的异质性集合"。② 但他又不完全赞同森的观点，因为尽管森的可行能力平等具

---

① 　G. A. Cohen, *On The Currency of Egalitarian Justice, and Other Essays in Political Philosophy*, Princeton and Oxford：Princeton University Press, 2011, p. 15. 或参见 G. A. 柯恩《论均等主义正义的通货》，载葛四友《运气均等主义》，江苏人民出版社 2006 年版，第 121 页。

② 　Alexander Kaufman, ed., *Distributive Justice and Access to Advantage：G. A. Cohen's Egalitarianism*, Cambridge：Cambridge University Press, 2015, p. 136.

有多维信息空间，但它却因对概念的含混使用而难以精准地描述平等物的涵盖范围，也无法成为一种可取的平等物理论。

与先前平等物理论的关注点都不同，科恩所描述的优势既可以实现对平等物的准确定位，又能够对这种定位做出准确的描述。"任何增加我的资源或幸福的东西在一定程度上都属于我的优势"，但是，"任何增加我优势的东西却不一定能够增加我的幸福，它也可能只增加了我的资源，或者不能增加我的资源，而只增加我的幸福"。① 科恩强调说，优势是一个开放性的概念，其含义远不止于资源和幸福的简单叠加。除了这两个维度，它还包括森所定位的既不能化约为资源又不能化约为幸福的中间状态维度，也许还包括其他维度。总之，它比其中任何一个单一概念都更加丰富，足以体现平等物的"多元信息基础"②。就目前来看，优势至少是它们三者的结合体。

鉴于优势的异质性和不可通约性，科恩认为平等主义者对劣势的反应应该是多方面的，相应的补偿也应是多维度的。一些残疾人缺少资源以及将资源转化为生活目标的能力，平等主义者应为其提供拐杖、轮椅等资源，以便其实现和他人相似的能力。另一些患者则缺少幸福，比如某些病痛（如癌症）在一定时期内虽然不会剥夺他们做事情的能力，但会剥夺他们的幸福。尽管这些患者能够自由地移动自己的身体，甚至可以做一些自己喜欢的活动，但是每一个动作或每一次活动都会使其无比痛苦。在这种情况下，如果有一种药物可以免除或缓解他们的痛苦，即便十分昂贵，平等主义者也应当为他们提供这种药物以满足其幸福需求，使其获得和健康者同等的优势。再如，有些人尽管四肢健全、天资聪明，但是生来丑陋无比，因而从小就很受歧视，长大后也无法找到一份施展其才华的称心工作。如果有一种昂贵的外科整形手术可以使他们的相貌变得相对正常，那么平等主义者理应为其提供这笔手术费用的资助。根据科恩的划分，残疾

---

① G. A. Cohen, *On The Currency of Egalitarian Justice, and Other Essays in Political Philosophy*, Princeton and Oxford: Princeton University Press, 2011, p. 14.

② Alexander Kaufman, ed., *Distributive Justice and Access to Advantage: G. A. Cohen's Egalitarianism*, Cambridge: Cambridge University Press, 2015, p. 5.

属于平等主义者应关注的资源缺失对象，疼痛和外形丑陋则属于其应关注的幸福缺失对象。科恩进而指出，资源缺失和幸福缺失这两种不同类别的劣势各自又都包括极为不同的子类别，比如，贫困和体弱是非常不同的资源限制，失望和没达到目的则是非常不同的幸福困境。根据优势获取平等，受这些限制或处于这些困境的人都应获得补偿，补偿的类型也各不相同。

（二）"获取"的全面性

科恩是在阿内逊提出的幸福机会平等语境中来理解机会的含义的。他认为，与获得资源或幸福的机会相比，他本人所赞同的平等物理论更倾向于关注个人达到优势的机会，或者更准确地说是关注个人对其优势的获取。对于为什么使用获取而非机会的原因，科恩解释说，这是因为它"纠正了幸福机会平等对之不敏感的那些不平等"。①

我们知道，阿内逊幸福机会平等中的决策树要求人们在最审慎的状态下，通过其最优的、次优的、第三优的……第 N 优的选项来获得与他人同等的幸福机会。但人们几乎很难做到一生都审慎，并且坚持审慎的能力及程度也会因人而异，所以，机会这个词阻挡了一些本应被包含在内的个人能力。也正因为如此，科恩才会认为，人们通常不会把个人能力的缺失视为自身机会的减损。一个人无论强壮还是虚弱，聪明抑或愚钝，其机会都是相同的。如果你虚弱并且愚钝，你就可能无法充分利用这些机会，但这并不意味着你不拥有它们。然而，个人能力的不足也应该引起平等主义者的关注，因为这些不足虽然没有减少个人得到它们的机会，但是减损了其对有价值东西的实际获取。②

科恩所运用的"获取"与阿内逊所运用的"机会"之间存在重要的区别。"机会"指的是一些尚未发生的事情，其中掺杂了很多个人不可控制的因素，比如火山喷发、地震和海啸等在相同概率下的不同发生情况。

① G. A. Cohen, *On The Currency of Egalitarian Justice, and Other Essays in Political Philosophy*, Princeton and Oxford: Princeton University Press, 2011, p. 14.

② Ibid., p. 84. 以及 Alexander Kaufman, ed., *Distributive Justice and Access to Advantage: G. A. Cohen's Egalitarianism*, Cambridge: Cambridge University Press, 2015, p. 6。

与"机会"的含义不同，"获取"（access to）原指可以获得某物的实际机会，科恩又对这个语词做出了一种扩展性的规定，即"把一个人实际拥有的东西视为他获取的某物"。① 进而言之，如果一个人已经拥有某物或拥有获取这个东西的实际机会，那么他一定拥有得到这个东西的优势。至于他是怎么获取的（是自己努力得到的，还是通过别人赋予而被动接受的）则不予考察。

实际上，科恩在扩展意义上对"获取"的运用类似于森在其可行能力平等中对"实质机会"的运用，都可以避免传统机会的偶然性，旨在为人们提供一种个人欲求的生活状态，但"获取"又比森所讲的"实质机会"更为贴切。对于科恩之所以采纳"获取"这个词并对其做出扩展的原因，约翰·罗默给出了一个很恰当的解释：它能够"给所有人一个平等的优势机会，补偿那些由于自身不能控制的事情所产生的较差机会"。② 这就是说，当判定是否应对一种劣势做出补偿时，平等主义者需要追问：处于劣势的人是否能够控制其处境，即是否过去能够避免或者现在能够克服这种劣势？如果这个人过去可以避免它，他就没有理由获得任何补偿；如果他过去不能避免但现在能够克服它，并且克服它的成本小于补偿它的成本，那么他只能要求对这种克服行为所产生的成本进行资助；如果克服它的成本高于补偿它的成本，那么他就应当得到补偿。

在解释了"获取"较之于"机会"的优越性之后，科恩进而指出，当一种不平等反映的是优势获取方面的不平等时，个体之间就存在平等主义者所反对的那些非正义的不平等，而实际存在的劣势严重程度就是这种不平等的一个可靠标识。反之，只要个体之间的"优势"实现了"获取平等"，平等主义者所追求的平等就得以实现，其他方面的任何不平等都是个人自身应当负责的事情。这意味着，如果个人过去可以控制其嗜好的形成，或尽管过去不能控制其嗜好的形成但现在可以阻止这些嗜好的发

---

① [英] G. A. 柯恩：《论均等主义正义的通货》，载葛四友《运气均等主义》，江苏人民出版社 2006 年版，第 119—120 页。

② John E. Roemer, "A Pragmatic Theory of Responsibility for the Egalitarian Planner", *Philosophy & Public Affairs*, Vol. 22, No. 2, 1993, p. 149.

展，那么这些嗜好就在其应当自我负责的范围之中。

二　各种优势的非固定性排序

由于各类优势具有异质性和不可通约性，而现实生活中的自然资源或社会资源又不够充足，不能同时缓解所有人的一切劣势，这就需要平等主义者不仅明确平等物清单中所包含的资源、幸福以及可行能力等具体条目，而且还要对各种有待补偿的资源、幸福等劣势进行恰当的排序。

那么，科恩在优势获取平等中有没有对此问题做出相关阐述呢？或者说，平等主义者应当如何依据优势获取平等的要求对不同类型的优势进行排序呢？在仔细研读科恩的相关著述之后，我们发现科恩并没有直接做出回答，但他通过一个改善住房条件的例子对这个难题做出了简要的说明。科恩假设①，有两个家庭的住房条件都不合格，因而都需要得到改善。这两个家庭的成员性格截然相反，其中一个家庭的成员性格乐观，而另一个家庭的成员则性格忧郁。于是，面对相同的困境，快乐家庭的成员异常平静，而忧郁家庭的成员却沉浸在巨大的痛苦之中。科恩认为，一方面，那些能够平静对待资源逆境的公民不应因为其乐观的性格而受到资源不足的惩罚，无论他们的效用水平处于何种程度，都有权要求一种基于平等主义的补偿；另一方面，那些天性忧郁悲观的公民也应当受到平等主义者的关注，他们的幸福缺失也应得到相应的补偿。在此情况下，科恩认为恰当的做法应该是，先考虑个人的资源处境，比如其现有的住房条件有多么糟糕；然后再关注其幸福处境，比如其性格的胆怯或忧郁程度。但这种排序方式是相对而言的，最终的排序结果还要视具体情况而定。

科恩说，在排序时，对个人幸福状况的关注程度还取决于他人的资源缺乏程度。就住房分配的例子而言，如果除性格以外的其他条件全都相同，平等主义者就应该把忧郁家庭排在住房改善候选名单的较前位置。如果相

---

① G. A. Cohen, *On the Currency of Egalitarian Justice, and Other Essays in Political Philosophy*, Princeton and Oxford: Princeton University Press, 2011, p. 62.

较于快乐家庭，忧郁家庭的住宿条件更好一些，那么，是否还应优先考虑忧郁家庭呢？科恩认为，在两个家庭的住房条件相差不大的情况下，如果那个快乐家庭的住房条件因其乐观性格而被要求多等十年才能得以改善，可能会激起他们正义的愤怒感，但如果仅仅要求他们多等半年，这个观点就包含了对资源和幸福的双重考虑，应该被平等主义者纳入住房改善的政策中。

总之，科恩认为优势应该是多维度的，主张对各维度优势的排序问题采取"具体问题具体分析"的方法，而不是将所有优势整齐划一地同等对待，抑或是对各种优势进行简单的"词典式排序"，比如资源对幸福的绝对优先性。在他看来，一旦设定一个绝对优先性的排序规则，各维度的优势就会被误导为一组具有通约性的同质东西。换言之，"即使再多的一组词典式排序的迫切之物，也不能构成人们应该平等拥有的单一事物"。①

三 优势获取平等与社会主义机会平等

通过上文对"优势"和"获取"的阐释，我们不难发现，科恩的优势获取平等是对先前平等物理论的一个超越。那么，科恩为什么能够实现这一超越呢？实际上，除了他自身深邃的反思能力，还与其坚定的社会主义立场密切相关。

我们知道，科恩不仅是一个政治哲学家，而且还是分析的马克思主义的领军人物，曾在与诺齐克、罗尔斯等人的学术争论中为社会主义平等主义进行了卓有成效的辩护。由于坚持社会主义立场，科恩在其平等物理论中融入了社会主义平等原则的重要思想，而其优势获取平等正是对社会主义机会平等的一种贯彻。对此，牛津大学著名学者

---

① G. A. Cohen, *On the Currency of Egalitarian Justice, and Other Essays in Political Philosophy*, Princeton and Oxford: Princeton University Press, 2011, p. 63.

戴维·米勒把优势获取平等看作是"'社会主义机会平等'的再现"①，我国学者段忠桥教授也认为，科恩所讲的"优势获取平等"与其"社会主义的机会平等原则"如出一辙，"不同的只是科恩在这里把后者明确称为'社会主义的'"②。可以说，科恩的优势获取平等所描述的实质就是他在《为什么不要社会主义？》这本小册子里所讲的社会主义机会平等的另一个名称。故此，科恩在《为什么不要社会主义？》一书中所描述的社会主义机会平等的特征也同样适用于优势获取平等，优势获取平等所呈现的实质上就是社会主义机会平等实现后的个人状况。

在科恩看来，"社会主义机会平等试图纠正所有非选择的不利条件，即当事人本身不能被合理地认为对其负有责任的不利条件，无论它们是反映社会不幸的劣势还是反映自然不幸的不利条件"。③科恩对社会主义机会平等的阐述是在与其他两类机会平等的对照和比较中进行的。他指出，社会主义机会平等优越于资产阶级的机会平等和左翼自由主义的机会平等。其中，前者是资本主义社会建立初期学者们所追求的目标，它要求消除由不同社会地位（特别是封建社会的等级制度）所造成的对个人机会的限制；后者以罗尔斯等左翼自由主义者为代表，除了主张消除由一切等级制度所造成的个人机会缺失以外，还试图消除资产阶级机会平等尚未涉及的因社会环境，即因不同的出生和成长环境所造成的对个人机会的限制（例如，因家庭贫困而不能上学接受教育）。科恩认为，左翼自由主义机会平等虽然较之资产阶级机会平等具有一定的进步性，但仍不够彻底和深入。相比之下，他所提出的社会主义机会平等则能够超越上述两种机会平等，因为它试图纠正由一切个人不能自主决定的因素所导致的机会劣势。

---

① David Miller, "The Incoherence of Luck Egalitarianism", Alexander Kaufman, ed., *Distributive Justice and Access to Advantage*: *G. A. Cohen's Egalitarianism*, Cambridge: Cambridge University Press, 2015, p.134.

② 段忠桥：《为社会主义平等主义辩护：G. A. 科恩的政治哲学追求》，中国社会科学出版社 2014 年版，第 225 页。

③ ［英］G. A. 科恩：《为什么不要社会主义？》，段忠桥译，人民出版社 2011 年版，第 27 页。

在科恩看来，一旦社会主义机会平等即优势获取平等在社会范围内得以完整地实现，"结果的差异反映的就只是偏好和选择的差异，而不再是自然和社会的能力与权力的差异"。① 也就是说，社会主义机会平等所体现的收入差异反映的是人们基于自主选择的差异，是人们在收入和闲暇之间的偏好。而人们偏好的不同，并非只限于消费的条目，除此之外还表现为工作较少时间和消费较少资源与工作较长时间和消费较多资源之间的不同。为了使人们更易于理解这一差异，科恩还举了一个关于苹果和橘子的例子与之类比。设想一个桌子上摆满了苹果和橘子，每个人都能并且只能拿其中任意六个水果，无论他们在苹果和橘子之间如何组合。如果乙抱怨甲拿了五个苹果而他自己只拿了三个，平等主义者就会马上指出，甲在拿五个苹果的同时只拿了一个橘子，而乙则拿了三个橘子。如果乙放弃自己手中的两个橘子，就可以和甲一样拿到五个苹果。这样的话，乙就没有任何抱怨的理由了。同理，在每人每小时都可以获得同样收入且自主选择工作时间长短的条件下，抱怨他人的实际收入比自己高是不符合道德直觉的，因为收入和闲暇之间的相互转换就如同苹果和橘子之间的互换一样。

第三节　优势获取平等遇到的挑战及回应

自科恩提出优势获取平等之后，他所解读的平等主义目标——消除非自愿的劣势——已经为大多数学者所认可和赞同，但他自己的平等物理论能否完全实现这一目标呢？或者进一步说，优势获取平等与这一目标之间是否具有一致性？这些问题引起了一些学者的深思和质疑。埃里克·拉科斯基（Eric Rakowski）和特里·L. 普莱斯分别基于两种截然不同的立场挑战了科恩的优势获取平等。在此之后，科恩又分别对于这两种不同立场的挑战做出了相应的回应。

---

① 段忠桥：《为社会主义平等主义辩护：G. A. 科恩的政治哲学追求》，中国社会科学出版社 2014 年版，第 225 页。

一 来自拉科斯基的挑战及回应

拉科斯基的挑战体现在科恩关于赞同补偿朱迪后来培养的相对廉价的"昂贵嗜好"的观点上。在他看来，这种补偿不恰当地关注了个人自主培养的嗜好，因而背离了他自己提出的"消除非自愿的劣势"目标。

（一）拉科斯基对优势获取平等的批评

拉科斯基认为，科恩的观点只在表面上具有吸引力，但只要仔细分析就可以发现对朱迪进行补偿其实是不合理的。他指出，科恩之所以做出这一判断，主要原因在于他的判断基于一种资源无限获取的假设。在资源无限的情况下，人们可以各取所需，即便对所有的昂贵嗜好都做出补偿也不会影响他人的生活状况，因而也就无可厚非，但这只是一种假想的理想境况。在现实生活中，由于自然资源和人工技术的有限性，我们需要的资源并非取之不尽用之不竭。故此，在现有的条件下，作为一个平等主义者，其眼光就不能只局限于某些个别的人或群体，而必须放眼于所有社会成员的整体优势。

为了进一步说明问题，拉科斯基又举了一个类似的例子。[①] 某个共同体由两组具有相同人数的群体组成，其中，第一组成员是盲人，如果不获得额外的生活补助，他们就无法达到社会基本生活水平。第二组成员是正常人，相比于第一组成员来说，他们的处境较好一些。假设现在有 10 个单位的资源。为了使这两组成员都达到社会基本生活水平，就需要给这两组成员按照 7 : 3 的比例分配资源——第一组成员获得 7 个单位的资源，第二组成员获得 3 个单位的资源。朱迪属于第二组成员之一，如果她故意培养了一种观看西班牙斗牛的嗜好，并且只需要 1 个单位的额外资源份额就可以满足其新嗜好，那么根据科恩的优势获取平等，朱迪应当得到这种额外的资助，因为即便满足她的新嗜好，为她提供的资源总份额也仅有 4 个单位，仍然小于社会平均水平的资源份

---

① Eric Rakowski, *Equal justice*, Oxford: Clarendon Press, 1993, p. 55.

额——5 个单位。假设第二组的其他社会成员也同样有意培养了这种新嗜好，那么他们中的每一个人都需要额外获得 1 个单位的资源份额。对于这种情况，科恩显然也会建议满足第二组成员的新嗜好。这时，第二组成员的资源总份额就由原先的 3 个单位增长为 4 个单位，其目的仅仅是为了满足他们去看西班牙斗牛的愿望。由于总资源中有若干单位的资源份额从第一组成员手中转移到第二组成员手中，随之而来的问题是：第一组成员的资源总份额就由原先的 7 个单位缩减为 6 个单位。由于视力缺陷，他们将资源转化为基本生活的能力受到限制，他们的生活状况也因之再也无法达到和他人相似的生活水平。这显然是道德上无法接受的不平等。

在拉科斯基看来，科恩的平等物理论在忽视那些身体上存在缺陷的人的生活状况的同时，却过度关注了对个人主动培养的昂贵嗜好的满足，从根本上背离了科恩本人讲的平等主义目标——消除非自愿的不平等。相反，它实际上包含了一个德沃金式的资源平等的粗糙版本，机械性地关注了可转移的物质资源在不同个人手中的份额而忽视了其实际生活状况。

（二）科恩对拉科斯基的回应

对拉科斯基的这一挑战，科恩在《论平等主义正义的通货》和《什么的平等？论幸福、益品和可行能力》两篇文章的后记中做出了回应。

在回应中，科恩承认关于朱迪的例子具有一定的复杂性，但他并不因之而认为拉科斯基的挑战是成功的，因为拉科斯基把优势做了同质化的简单处理，所以才把他自己改造过的盲人例子和朱迪例子等量齐观。在科恩看来，这两个例子存在着根本的差别，只有朱迪例子才能体现平等主义者对优势异质性的关注，因为对朱迪情况的判定体现了平等主义者应当同时关注的两个维度（即幸福维度和资源维度）。在幸福机会平等的情况下，朱迪可以获得比别人更多的幸福，但这只是平等主义者应该考虑的一个维度——幸福维度，另一个十分重要的维度——资源维度——也需要认真对待。如果根据平等物的资源维度来判断，即使朱迪获得了补助，她的资源总份额也仍然比他人少，故此朱迪的新嗜好应当得到满足。在此，科恩建议我们设想另一个真正类似于朱迪的例子。① 某个快乐的家庭自愿培养一种豢养宠物的嗜好，这意味着这个家庭需要拥有更大的空间才能获得和不养宠物的家庭同等程度的快乐。然而，即便为他们提供更大的空间，他们占有的空间仍然小于那些悲观家庭所占有的空间。如果有人认为快乐者希望扩大空间的愿望是不合理的，那么要求他们与宠物一起，继续忍受比悲伤者更小的空间则更不合理。因此，如果基于个人达致的体面生活水平来考虑的话，这个快乐家庭的要求应当得到满足。

　　在对朱迪的例子做出进一步解释之后，科恩又指出，拉科斯基所举的盲人例子看起来类似于朱迪的例子，但实则不同，因而也会得出和朱迪例子不同的结论。在拉科斯基的例子中，所有人都被划分为盲人和有视力的人，当且仅当资源以 7∶3 的比例分配时，人们的幸福机会才是平等的。但当有视力的人自愿培养了一种观看西班牙斗牛的嗜好时，如果仍要满足他们和原先没有培养新嗜好时同等程度的幸福感，资源就需要得到重新划分，这样一来，盲人的幸福水平就会下降。科恩说，拉科斯基之所以得出的这个答案是因为他基于一个预设，即"失明是一个巨大的幸福减损者"②。由于视力正常者和盲人都以平等的幸福机会开始，这意味着盲人因其视力缺陷而不可能获得很大的幸福机会，那些视力正常者因其新嗜好尚未得到满足，所以其所获得幸福的机会也非常小。科恩指出，在资源适度稀缺的条件下，应基于两种不同的情况对这个例子进行分析。一种情况假设，盲人视力缺失的生活状况无法通过资源的大量供给而得到改善。在这种假设下，个人自愿培养的廉价"昂贵嗜好"即使被搁置也没有太大的意义；另一种情况假设，盲人幸福的减少可以通过更多的资金补贴来得到缓解。这种情况类似于朱迪例子中的相关情况，因而符合拉科斯基的批判。可见，以上两种情况存在着根本的不同，但拉科斯基却没有意识到这一点，他错估了情况的异质性和复杂性，在未对各种可能性进行区分的情

　　①　G. A. Cohen, *On the Currency of Egalitarian Justice, and Other Essays in Political Philosophy*, Princeton and Oxford: Princeton University Press, 2011, pp. 64 – 65.

　　②　Ibid., p. 65.

况下就草率地做出了批评和反驳，是一种十分不可取的判定方式。①

总之，在科恩看来，即使关于朱迪的例子还存在争议，但它也和拉科斯基所提供的盲人例子存在差异，因而不是拉科斯基的论证所能驳倒的。

二　来自普莱斯的挑战及回应

优势获取平等面临的另一个挑战也是针对它与平等主义目标之间的不一致性而被提出来的。但与拉科斯基的立场完全不同，这种意见认为，优势获取平等无法消除非自愿的劣势，如果这种平等物理论真正关注来自原生运气的劣势，那就不能只对非选择的昂贵嗜好补偿，还要关注一些个人主动选择的昂贵嗜好，因为有些个人选择中也包含了一定的原生运气。持有这种批评意见的学者是来自美国里士满大学的特里·L. 普莱斯教授。

（一）普莱斯对优势获取平等的批评

我们知道，根据科恩的优势获取平等，如果一个人拥有不受市场欢迎的才能，他就会得到平等主义者的关注并获得补助；如果他拥有某种昂贵嗜好，那么只有当这种昂贵嗜好是未经其自主选择的不能控制的嗜好时，才有资格得到平等主义者的关注并获得补偿，反之，他就只能独自承担由此产生的代价。然而，这在普莱斯看来是一件荒谬的事情，因为有一些自主选择的昂贵嗜好可能与不受市场欢迎的才能一样是个人自身所不能控制的。既然对于前者，平等主义者不应使他遭受因才能差异而产生的劣势，那么对于后者，平等主义者同样不应使他遭受因"他人的欲望和需要"而产生的苦闷。故此，平等主义者不应重视一个方面而忽视另一个方面，而应同时关注这两类困境。

普莱斯进而指出，对于个人是否应对其偏好负责的判定，不仅需要关注被科恩所重视的因素，即这种偏好是否经由个人自主选择而形成，而且还需要考察另一个十分重要却被科恩所忽视的因素，即个人选择其

① G. A. Cohen, *On the Currency of Egalitarian Justice, and Other Essays in Political Philosophy*, Princeton and Oxford: Princeton University Press, 2011, p. 65.

偏好的原因是什么。① 如果克劳德（Claude）的摄影爱好是他不由自主地形成的，那么根据优势获取平等的判定，克劳德就不应对其摄影爱好负责。普莱斯进而指出，正如个人不应对那些未经自主选择而形成的嗜好负责一样，如果克劳德仅仅选择了摄影爱好而没有选择摄影器材的昂贵性，那么他也同样不应对其自主选择的昂贵嗜好负责，因为不由自主形成的昂贵嗜好和只选择某种嗜好而不选择其昂贵性这两件事都是个人所不能控制的。就后一种情况而言，如果大多数人偏好钓鱼而非摄影，就会导致钓鱼用品和摄影器材的市场需求量不同，进而使得钓鱼成本因形成一种行业发展的规模效应而降低，但摄影成本却因无法获得这种效应而高居不下。

可见，正是个人自身无法控制的"他人的欲望和需要"使那些钓鱼爱好者的偏好很容易得到满足，却使摄影爱好者的偏好遭受阻碍。既然如此，在克劳德仍然发自内心地偏好摄影的情况下，平等主义者是否应赞同对他的补偿呢？设想在某一时刻 T，克劳德不得不在钓鱼和摄影之间进行抉择，而他心中一直抱有这样一个坚定的信念，即在自己的休闲时间里追求一种艺术项目更具有内在价值。尽管克劳德意识到，在当前钓鱼行业已经形成规模经济效应的情况下，追求摄影的成本显得无比昂贵，但他仍然执着地选择摄影作为爱好。普莱斯由此认为，无论是钓鱼的廉价成本还是摄影的昂贵成本，都是超出个人控制的原生运气发挥作用的结果。即使一个人主动选择了某种偏好，也不应被要求承担他所珍视目标的额外成本。然而，这种坏的原生运气却没有被科恩所重视，因为科恩的优势获取平等所要求的"没有自愿选择"这一判定标准本身已将这种坏的原生运气排除在外，科恩的这一理念对于平等主义者的关注点来说是远远不够的。

普莱斯又设想了关于克劳德的另一种情况。假如克劳德最初没有选择摄影爱好，但现在他不仅选择了而且还不打算放弃这种爱好。根据科恩的优势获取平等，如果克服不选择昂贵嗜好的成本比补偿这种嗜好的成本更

① Terry L. Price, "Egalitarian Justice, Luck, and the Costs of Chosen Ends", *American Philosophical Quarterly*, Vol. 36, No. 4, 1999, p. 270.

小，那么克劳德就需要放弃这种偏好，并由此获得对放弃这种嗜好所产生的成本的补偿。但如果他不放弃其偏好，那么他将无法获得任何补偿。普莱斯反对这种观点，他反问道，"为什么仅仅因为运气的原因，别人能够如自己所愿实现自己的合意目标，而克劳德却不得不去面对要么放弃自己的偏好、要么承受沮丧之苦的两难处境呢？"① 在他看来，尽管导致克劳德陷入生活困境的偏好缘于其自主选择，但平等主义者也无法由此推出他就应该对其偏好负责的结论。

通过普莱斯所描述的这两种情况不难看出，在市场的作用下，真正的选择不一定会使个人运气仅仅成为一种选项运气而非原生运气，因为有些人（比如克劳德）的坏运气先于他的选择，而非基于其选择所产生的结果。当他们进行选择时，就必须面对这些坏运气，而不仅仅是选择培养某种昂贵嗜好（比如成为摄影家）之后才去面对。可见，正是人们的坏运气使其培养的偏好成为一种昂贵偏好。这意味着，"即使原生运气是正义平等的敌人，真正选择的偏好也不能把所有随后出现的负担转变为平等的朋友"。②

（二）科恩对普莱斯的回应以及优势获取平等的新发展

经过普莱斯的批评之后，科恩再次对自己的优势获取平等进行了深度反思，同时也做出了回应。但与回应拉科斯基的方式不同，这一次他坦然承认了自己先前对"非自愿的劣势"的理解存在失误，同时也承认其平等物理论中漏掉了对一些本该得到却未得到补偿的昂贵嗜好的关注。正因为如此，科恩在其2004年发表的《昂贵嗜好再次盛行》的论文中，修正了对"非自愿的劣势"的划分标准。这种修正主要集中于对昂贵嗜好补偿问题的界定上。

我们知道，在1989年发表的《论平等主义正义的通货》一文中，科恩只将个人过去不由自主形成的、现在又无法改变或改变代价非常大的昂贵嗜好划归为非自愿的劣势，其余那些主动发展的、现在可以以很小代价

---

① Terry L. Price, "Egalitarian Justice, Luck, and the Costs of Chosen Ends", *American Philosophical Quarterly*, Vol. 36, No. 4, 1999, p. 270.

② Ibid., p. 271.

改变但个人不希望改变的昂贵嗜好则不被列入其内。科恩根据承受者能否对其嗜好合理地负责来区分它们。有一些昂贵嗜好是个人过去情不自禁地形成的、现在也无法改变的，个人无须对其负责，因而可以获得补偿；另一些昂贵嗜好则是个人过去能够预见或现在能够抛弃的，个人应该对其负责，因而无法获得补偿。[①] 但在接受了普莱斯的批评之后，科恩认为在自己最初提出的优势获取平等之中，虽然根据个人能否对其昂贵嗜好承担责任来区分是否需要做出补偿的判断标准没有错，但他对这一判断标准的具体理解（即个人对何种昂贵嗜好能够负责因而无须做出补偿，又对何种昂贵嗜好不能负责因而需要做出补偿）存在某些偏颇之处。

受普莱斯影响，科恩在对昂贵嗜好补偿问题的理解上产生了一些变化，他根据个人形成嗜好时是否经过主体的选择和判断，把所有的嗜好分为两类：原生嗜好（brute taste）和价值判断嗜好（value judgement taste）。其中，前者指的是那些没有体现任何价值判断、不由自主形成的嗜好；后者则指的是那些完全根据其本人的选择和意志、经过一定的价值判断所形成的嗜好。在此基础上，科恩又指出，无论是原生嗜好，还是价值判断嗜好，平等主义者都要去追问：承受者能否避免或摆脱这些偏好？不过，这种追问不同于 1989 年《论平等主义正义的通货》一文中所呈现的情形。对于个人的原生嗜好来说，平等主义者不再需要衡量补偿它们与主体克服它们的成本孰大孰小；对于那些通过价值判断而形成的昂贵嗜好来说，"由于他们（指那些自觉培养昂贵嗜好的人）过去和现在都认同其某种嗜好，因而不能合理地期望他们不发展或摆脱这些昂贵嗜好"。[②] 进而言之，平等主义者需要对这两种情况做出进一步的判断：拥有昂贵嗜好的主体是否在不违背其当前价值判断的情况下就能轻易改变其偏好。只有主体在可以轻易改变但没改变的情况下，才需要对其昂贵嗜好负责，否则就不需要负责。概括地说，人们之所以无须对其不能轻易改变的偏好负责，是因为

---

① G. A. Cohen, "On the Currency of Egalitarian Justice", *Ethics*, Vol. 99, No. 4, 1989, p. 923.

② G. A. Cohen, "Expensive Taste Rides Again", Ronald Dworkin & Justine Burley eds., *Dworkin and His Critics: With Replies by Dworkin*, Oxford: Blackwell Publishing Ltd., 2004, p. 88.

他们所认同的东西恰恰是他们自身坏运气所在的地方，这种坏运气碰巧使他们强烈认同的偏好的成本变得昂贵。如果仅仅因为昂贵就要求他们放弃或限制这些偏好的发展，那就相当于迫使他们接受与自身的深度疏离。

如果将此刻科恩对昂贵嗜好问题的看法和德沃金对昂贵嗜好问题的看法对比一下，我们就可以得知，德沃金用以反对补偿昂贵嗜好的正当理由——个人认同它们——恰恰成了科恩认为平等主义者应该提供补偿的合理理由。较之1989年科恩写《论平等主义正义的通货》那篇文章时的立场，修正后的优势获取平等立场更加不同于德沃金资源平等的立场。就本章第一节所涉及的拒绝补偿路易斯昂贵嗜好的例子而言，经过反思的科恩虽然仍和德沃金得出的最终结论完全一致，但他给出的理由却大相径庭。德沃金拒绝补偿路易斯的理由在于路易斯认同这种嗜好，而科恩给出的理由则是，路易斯对其嗜好的选择不是出于自己内心深处的执着信念，而是因为它能满足自己的虚荣心理——它价钱昂贵。那么，科恩和德沃金为什么会对平等物问题尤其是对昂贵嗜好补偿问题的思考产生如此大的分歧，并且渐行渐远呢？科恩本人指出了导致这一分歧的根本原因，即他们两人对市场在分配正义中的作用存在根本不同的解读。德沃金之所以不主张补偿昂贵嗜好，其原因主要在于他把市场机制视为分配正义的应有之义，希望通过市场本身来调节各种自然和社会的分配不公问题，因而国家无须过多地参与到补偿或不补偿的再分配问题之中。可以说，正是对市场的过度乐观态度使他拒绝对昂贵嗜好的补偿。[①] 与德沃金不同，科恩是一个社会主义平等主义者，他不把市场看作分配正义本身的运行机制，而至多将其看作一个产生原生运气的机器，因而高度关注那些陷入昂贵嗜好困境的人的不幸处境。

以上内容是对科恩的平等物理论——优势获取平等的产生、发展、澄清以及修正过程的一个梳理和提炼。实际上，即使优势获取平等经过修正，我们也不能由此断言它已经得到了充分的论证和无可指摘的阐释。令

① G. A. Cohen, "Expensive Taste Rides Again", Ronald Dworkin & Justine Burley eds., *Dworkin and His Critics: With Replies by Dworkin*, Oxford: Blackwell Publishing Ltd., 2004, note 41 & 42.

人遗憾的是，对这一理论的继续探讨随着 2009 年科恩的突然辞世而不得不中断。其后，虽然也有许多学者对优势获取平等做出了不同解读，但这些解读毕竟不能完全复原作者思维的本来面貌，甚至还在某些具体理解上形成了一定的纷争，比如优势获取平等与社会主义机会平等之间究竟存不存在深入的关联，各种优势之间到底存不存在一种系统排序规则，等等。不过，值得肯定的是，尽管优势获取平等还是一个有待完善的平等物理论，但就其已取得的成就来看，无疑已构成对先前平等物理论的一种超越。因为在平等物应当关注的范围上，它既不像罗尔斯、德沃金及阿内逊的理论那样只定位于平等物的某一维度，也不像森的可行能力平等那样言辞含混地表述这一定位，而是集平等物各类异质性维度的定位和表述于一体；在个人应负责任的问题上，它既不像罗尔斯、德沃金的理论那样不恰当地要求个人为其不能负责的事情承担责任，也不像幸福平等那样完全无视个人责任，抑或像森的理论那样因深度关注个人不能控制的因素对个人生活的影响而消解了个人责任，它通过具体问题具体分析来区分和界定个人能负责任和不能负责任的事情，并要求个人承担与此对应的责任。从这两个角度来讲，优势获取平等确实是对前人观点扬长避短之后所形成的全新理论，是对以往各种平等物理论的实质性超越，开创了平等物问题研究的新时代。

结　语

平等是人类永恒的追求目标，也是现代社会最重要的政治价值之一。随着 1971 年罗尔斯《正义论》的问世，一种将平等作为社会正义内在标准的平等主义理论在西方世界迅速兴起，成为当代政治哲学的研究主题。在平等主义研究中，同样是由《正义论》所引发的关于平等物问题的争论至今已持续了近半个世纪，成为平等主义研究乃至当代西方政治哲学的中心话题之一。

一　当代西方平等物问题研究取得的成果

当代西方平等物问题研究如此重要却又争论不休，我们究竟应该怎样把握其发展脉络呢？通过本书的论述可以看出，当代西方平等主义者在这一问题上争论的焦点集中于两个方面：平等物所体现的范围和主体应负责任的范围。本书以罗尔斯、德沃金、阿内逊、森和科恩这五位代表性学者的平等物理论为线索，从上述两方面的争论中拨开迷雾，厘清脉络，展现了当代西方平等物问题研究的丰硕成果。

首先，从平等物的范围来看，当代西方平等主义者在这一问题上的理解呈现出不断扩大的趋势。罗尔斯、德沃金和阿内逊的平等物理论都局限于某个单一的维度来谈论平等物问题。其中，前两位学者的平等物理论只基于客观的物的层面来关注平等物。罗尔斯的基本益品平等最早考虑到实现平等生活所需要的大致内容——基本益品，即权利和自由、权力和机会、收入和财富以及自尊的社会基础。但是，这些内容仅仅涉及基本益品的份额而不涉及益品对个人生活的影响，因为同样多的益品份额对不同个体（比如残疾人和健全人）的影响不尽相同，残疾人等弱势群体需要更多的益品才能达致和其他人一样的生活状态，同样多的益品对这些弱势群体目标的实现程度远远小于对其他群体目标的实现程度。罗尔斯的基本益品平等没有给予这些个体差异区别对待，使其自身陷入了拜物教的困境。德沃金的资源平等扩大了作为平等物的资源的范围，将个人身心健康状况及其创造财富的能力也纳入了资源范围之中，具有一定的积极意义。但遗憾的是，资源平等仅仅将这些因素作为客观的物来对待，孤立地关注其本身而忽视了个人以外的社会环境的制约作用，以致能力相同的不同个体生活状况极为不同。比如，在拥有相同健康状况及赚钱能力时，女性的求职机会明显小于男性，但资源平等对女性的这种劣势却无能为力，这就使其陷入了和罗尔斯基本益品平等一样的拜物教。阿内逊的幸福机会平等对个人幸福感（即虚拟合理偏好）的集中关注，将平等主义者的注意力转移到个人在理想境况下基于自身审思而确定的合理偏好上，弥补了罗尔斯和德沃金资源主义平等物理论的拜物教缺陷，拓展了平等物问题研究的另一个重要维度。然而，他的平等物理论又滑向了另一个极端——只关注人的主观幸福感而忽视了对个人因其不可控制的资源缺失所产生劣势的应有补偿，以致无法应对那些因长期处于恶劣环境而导致的适应性偏好。

与上述平等物理论不同，森的可行能力平等和科恩的优势获取平等都基于对人际相异性（即人与人之间在不同方面的差异）的考察而发展了一种平等物问题研究的多维视角，使平等物范围不再局限于任何一个单一维度，而是定位于一种介于资源和幸福之间的中间状态。中间状态既包括了资源维度，又涵盖了幸福维度，无疑是对罗尔斯、德沃金以及阿内逊平等物理论的一种超越。但相比之下，可行能力平等还存在表述不清的瑕疵，它将那些需要运用个人能力才能达致的状态和无须运用其能力就可以直接获得的状态混为一谈，而优势获取平等则规避了这一瑕疵，使得平等物问题研究对中间状态的准确定位与恰当表述真正统一起来。从这个层面上说，优势获取平等又是对可行能力平等的一种超越。总之，这五位平等主义者对平等物范围的理解呈现出一种逐渐扩大的趋势，即从物或精神的单维层面逐渐扩展到中间状态的多维层面上。

其次，从对主体应负责任范围的界定上看，当代西方平等主义者在探求平等物问题时，对个人责任的思考从初步引入到渐次深入，呈现出范围逐渐缩小的态势。从根本上说，当代西方平等主义者将个人责任引入平等物问题研究的主要原因是为了回应来自保守主义阵营的批判。我们知道，罗尔斯的《正义论》掀起了以平等主义为代表的诸多理论的研究热潮，但与此同时平等主义却遭受了来自保守主义阵营的质疑，比如，诺齐克就曾批评说，平等主义者宁愿忽视那些通过努力工作而获得快乐的人，也要"把负担加在那些必须为自己的愉快而工作的可怜的倒霉蛋身上"[①]。由于罗尔斯的基本益品平等仅仅依据个人占有的益品份额来判断谁是处境最差者，没有对造成处境差的原因做出剖析，以致因能力缺失和因懒惰所造成的劣势都可以不加区分地获得补偿。这就消解了个人责任，背离了平等待人的道德理念。

为了解决这一问题并回应保守主义者的批评，西方诸多学者在对平等物问题的探讨中都陆续将个人责任引入其理论中，进而形成了这样的理念：承认人们因自主选择产生的不平等的正义性，主张为每一个理性个体提供自主选择不同生活方式的同等机会，但也要求其为自己的选择和行为承担责任。这就意味着，只有那些个人无力自主选择的不平等才会被排除在个人责任之外，且有资格得到补偿，除此之外的其他不平等则需个人承担责任。虽说如此，但不同学者对个人无力自主选择的理解各不相同，这就使得个人应对什么样的事情负责成为争议的焦点。德沃金将个人无力自主选择的东西解读为其不认同的偏好，把这些偏好排除在个人责任之外，与此同时要求个人对其认同的偏好全权负责，第一次明确界定了个人应负责任的范围；阿内逊不赞同德沃金的看法，他通过分析个人偏好形成的复杂原因，将其解读为个人不能控制的偏好，认为无论个人认同还是不认同，只要是自身难以控制的偏好，他都无法为其负责，因而也不应对其负责；森的注意力没有过多地停留在个人对其偏好的认同抑或不认同上，他

---

① ［美］罗伯特·诺奇克：《无政府、国家和乌托邦》，姚大志译，中国社会科学出版社2008年版，第203—204页。

认为现实社会中存在太多难以预测的风险，完全的自主选择鲜少存在，因而认为国家或政府应在要求个人对其选择负责之前一定要明确个人责任的适用条件，倘若社会条件使得一个人缺少做出选择的勇气，那么根据他实际做出的有效选择来进行伦理评理就会失去公允。科恩则根据人的自愿性原则将其无力自主选择的事情解读为"非自愿的劣势"，认为无论是资源劣势、幸福劣势抑或能力劣势中的哪一类，只要个人自身对其无法控制，就是他不能也不应为之负责的劣势。

至此我们不难发现：从罗尔斯的基本益品平等、德沃金的资源平等和阿内逊的幸福机会平等，到森的可行能力平等，再到科恩的优势获取平等，当代西方平等物问题研究呈现出一幅由浅入深与不断拓延的动态图景。这个图景不仅反映了在平等物范围问题上人们研究视角的拓展，即由关注资源或幸福的单维视角拓展为关注可行能力或优势获取的多维视角，而且还展现了各种平等物理论在个人应负责任问题上全方位、多层面的争论，其累累硕果体现了平等主义者对平等本身的不断深入理解，建构了当代西方平等主义理论研究的宏伟大厦。

二　当代西方平等物问题研究对平等主义理论的深化

尽管当代西方平等主义者在平等物范围和个人应负责任范围两方面都存在纷争，但从根本上说，他们在这两方面的研究成果都是对平等主义理论本身的深化。这主要体现在两个方面：（1）使平等由形式平等走向实质平等；（2）使平等主义进一步延伸为运气平等主义。

在平等主义兴起尤其是当代西方平等物问题研究之前，人们虽然也关注平等，但对它的理解局限于一种资产阶级式的形式平等。这种平等主要指的是消除社会地位对个人生活前景的限制，既包括正规的地位限制，比如封建社会的农奴劳动，又包括非正规的地位限制，比如因肤色、种族而受到歧视的法律。这种平等旨在实现平等的政治价值，即消除因各种政治权利分配不公而对个人生活的影响，还未涉及因自然天赋等非选择性因素对个人生活的制约。它允许个体之间因天赋不同而导致的生活差异，充其量只是一种形式平等而非实质平等。

继 1971 年《正义论》问世、平等主义兴起之后，学者们才开始将平等问题的关注点延伸到实质平等即由偶然因素所导致的实际生活状况上。即便如此，在当代西方平等物问题研究之前，学者们既没有对哪些因素属于偶然因素的范围做出明确的界定，也没有指出导致这些偶然因素的原因究竟体现在什么方面，而只是粗略而又笼统地指出应消除因一切偶然因素所导致的人们生活状况的不平等。直到 1979 年以后，平等物问题在西方政治哲学界得到大范围的讨论时，对实质平等的探讨才被真正提上议事日程。这主要体现在两个方面：一是从理论组成上讲，平等物问题本身就是平等主义的思想核心和重要组成部分，人们对什么东西应该被平等化的不同看法直接关系到其对平等主义理论的不同界定；二是从研究目的上讲，对有待被平等化的东西的探求是为了使人们拥有追求自己合意生活的同等机会，并为实现这种合意生活扫清障碍。就后者而言，当代西方平等物问题研究不仅涵盖了资产阶级形式平等所强调的消除社会地位对个人生活的影响，而且其中的一些研究还深化了人们对社会地位的理解，比如森就将传统习俗等社会因素也纳入其考虑之中，认为由此产生的不平等也应当予以纠正。除此以外，当代西方平等物问题研究还关注了之前尚未涉及的由自然的偶然因素所造成的不平等，认为个人自然资质的劣势与其家庭及社会环境的劣势一样，都是实现个人合意生活需要扫清的障碍。为此，当代西方各平等物理论都在不同程度上要求对个人先天或后天的劣势进行纠正，比如为残疾人提供便利设施、为出身贫苦的儿童提供早年教育，等等，其目的就在于使每个人都能够平等地拥有实现所欲求生活的实质性选择机会。即使我们暂且搁置这些理论主张中的设想能否在现实中实现（或者多大程度上可以实现），单单设想本身也已经改变了人们对平等的看法，使得人们对平等的认识超越了形式平等并逐步走向实质平等。

除此之外，当代西方平等物问题研究对平等主义的另一个深化体现在：它们都围绕运气与平等之间的密切关系而展开，深化了平等主义的内涵，使之进一步延伸为运气平等主义，形成了运气平等主义的理论思潮。

综观全文，当代西方平等物问题研究主要致力于两方面的工作：一方面致力于不使人们的生活因自身无法控制的非选择性因素而处于劣势处境，另一方面又要求人们为自己的选择承担责任。这两方面恰恰都与运气因素紧密相关，实际上是通过运气将将责任纳入了平等主义的考虑之中。如果探寻渊源的话，最早将运气与平等相关联所产生的吸引力，来自罗尔斯基本益品平等所依据的反应得理论。根据反应得理论，人们的遗传禀赋及其出生的偶然性（比如他们的父母是谁以及他们出生在什么地方等）都是纯粹运气的结果，人们的命运不应该受到这些偶然因素的影响。罗尔斯致力于发展一种阻止道德上任意或偶然因素影响个人生活的平等主义理论，认为一个正义的社会应当尽可能消除非选择性的运气因素对个人生活的影响，并尽可能使所有人都受到平等的对待，使其命运掌握在自己手中。这一理念正是平等主义延伸为运气平等主义的原初动力。不过，由于罗尔斯最初主张的基本益品平等无法确切界定现实生活中哪些属于个人无法控制的、不应得的运气因素，更无法判定个人偏好当中是否夹杂了这些运气因素，以致在对因个人责任所导致的不平等和由自然资质差异所导致的不平等面前表现得无能为力。

如果说罗尔斯最初提出基本益品平等时还未自觉地把运气、责任与平等相关联，其理论主张至多只能算作运气平等主义形成的初始形态，那么罗尔斯以后那些致力于平等物问题研究的学者们，则无疑属于名副其实的运气平等主义探索者，因为他们都在提出自己的平等物理论时，已经形成了运气、责任与平等的自觉意识，并且不同程度地完善和深化了它们之间的关系，提出或发展了一些核心理念。德沃金在其 1981 年发表的期刊论文《什么是平等?》中论述资源平等理论时，第一次明确提出了"原生运气"（brute luck）和"选项运气"（option luck）的概念，将个人不能选择的偶然因素归结为原生运气，同时把自身可以选择的因素称为选项运气，并在对这两种运气做出区分的基础上指出：个人因原生运气所导致的不平等应该得到补偿而无须承担责任，但要为其因选项运气所导致的不平等承担责任；继德沃金对运气、责任与平等的密切关系做出系统解释之后，阿内逊又在其幸福机会平等理论中进一步指出，人们因其无法控制的偏好和选择所导致的不平等都是由原生运气所产生的，这些偏好都应当得到满足。相比之下，只有人们自身能够自主控制的偏好才是由选项运气所产生的，因而无法得到补偿且需要主体自身承担责任；森虽然没有明确表明自己的运气平等主义立场，但其平等物理论却将可行能力的缺失也界定为个人应当得到补偿而非其应负责的事情，实际上也是通过运气因素将责任与平等相关联，在一定程度上默认了可行能力的原生运气范畴；科恩则在继承德沃金两种运气基本理念的基础上，在其优势获取平等中进一步将"非自愿的劣势"即个人不能自主控制的所有劣势（包括个人自身深度认同的昂贵嗜好）都视为由糟糕的原生运气所导致，并由此将平等主义的目标确定为消除一切"非自愿的劣势"，认为这些劣势都应被中立化而无需个人承担责任。

由此可见，西方平等主义者在探究平等物问题时，都以运气、责任与平等之间的关系为立足点，通过运气来把握责任与平等的具体关系，从而界定出个人应负责任的范围。正因为如此，当代西方平等物理论不仅有力地抵御了保守主义者对"实现平等就会忽视个人责任"的诘难，而且还在一定程度上深化了平等主义的理论内涵，使其逐渐发展为聚焦于运气、责任与平等的新型平等主义，即伊丽莎白·安德森所命名的运气平等主义，其核心观点正是平等物问题研究的基本理念：源于人们的非选择性因素所造成的不平等是不公正的，由此造成的不平等属于平等主义应调节的范畴，但源于人们自愿选择所造成的不平等是可以接受的，由此造成的不平等不是平等主义所关注的分内之事。

三 当代西方平等物问题研究有待进一步解决的问题

虽说当代西方平等主义者对平等物问题进行了卓有成效的理论探讨，对平等主义乃至当代西方政治哲学产生了巨大而深远的影响，然而，如果我们深度检视这五位平等主义者的平等物理论，就会发现这些研究仍存在不完善的地方。综合来讲，其不完善之处主要体现在如下两个方面：

其一，补偿依据及其程度问题在平等物问题研究中尚待继续研究。当代西方平等物问题研究在界定何种情况下个人劣势应该得到补偿时，一个十分重要的判断就是在自主选择和无法控制的因素（即选择和运气）之间做出区分，对由前者造成的不平等不予补偿，而对后者造成的不平等则予以补偿，因为个人能够为前一种不平等负责，但不能对后一种不平等承担责任。虽说这种将个人责任纳入平等物补偿依据的理念在一定程度上回应了保守主义的诘难，同时也增强了平等主义本身的吸引力，是当代西方平等物问题研究对平等主义发展的一个重要贡献，但是如果继续追随当代西方平等物问题研究在补偿问题上的致思思路，我们就会发现，这些研究在对是否需要补偿以及补偿多少的具体判定上并不十分恰当或清晰明了。

罗尔斯的基本益品平等不加区分地认为个人应根据自己的善观念调整自己的偏好，因而推定出凡是由个人偏好造成的不平等都是正义的、都不应得到补偿的结论，忽视了对个人无法控制的偏好的补偿；德沃金的资源平等认为凡是由个人认同的偏好所造成的不平等都是正义的，忽视了对个人认同却又无法控制的偏好的补偿；阿内逊的幸福机会平等则只涉及对个人无法控制的昂贵嗜好的补偿，忽视了对其无法控制的资源缺失的补偿；森的可行能力平等和科恩的优势获取平等尽管主张应对个人无法控制的偏好、资源或能力缺失所造成的不平等都予以补偿，但它们却没有进一步深入讨论应当如何界定个人无法控制的偏好、资源或能力缺失，并且在补偿多少的问题上语焉不详。森只是简单地提到应将生活中存在风险的事情都视为个人无法控制的事情而予以补偿，缺乏对这些无法控制的事情的具体界定及对补偿程度的系统说明。[①] 科恩在其思想后期虽然意识到，我们在做出选择时根本无力选择从事某件事情的成本，因而当一个人对其选择承担责任时，不应对其选择的成本承担责任，并由此将包括选择成本在内的个人劣势也纳入到平等主义予以补偿的范围之中，但是在何为选择的成本、应该补偿到什么程度的问题上，他也没有给出明确的答案。正因为如此，西方一些学者在把批判标靶指向当代西方平等物问题研究时诘难说，将补偿依据建立在对选择和环境的区分上有失偏颇，比如乔纳森·沃尔夫就曾指出，在非选择性因素和选择性因素之间做出区分是不合理的，我们

[①]　［印］阿马蒂亚·森：《论经济不平等、不平等之再考察》，王文利、于占杰译，社会科学文献出版社 2008 年版，第 354—355 页。

选择什么或许会受到来自自然、社会等多种因素的影响。① 谢弗勒·塞缪尔（Scheffler Samuel）也认为，人们的自愿选择常常受到无法选择的个人特征、性情及其所处社会环境的制约和影响②，等等。

其二，平等物所应包含的内容及其排序问题需要进一步研究。有待平等化的清单中究竟应包括哪些内容？每项内容应占据多大的权重？这是任何平等物理论都无法回避的重要问题，也是其不可或缺的重要组成部分。换言之，在应被平等化的东西上，平等主义者所应设定的清单内容及其排序问题，是任何平等物理论都必须面对并且需要继续深入思考的问题。然而，对于这些问题，当代西方五位平等主义者的平等物理论要么设定的清单不够全面，要么则在清单设定及排序问题上含糊其辞，没有给出明确的答案和相关的设定规则。

首先，清单设定不全面的缺陷主要涉及罗尔斯、德沃金和阿内逊三位主要学者的平等物理论。其中，罗尔斯的基本益品平等虽然设定了清单并且进行了排序，但其清单内容只关注社会基本益品而忽视了自然基本益品；德沃金的资源平等虽然把被罗尔斯平等物理论所忽视的自然基本益品也纳入其资源清单之中，但其设定的清单却疏漏了对一些影响人们生活质量的社会环境因素（比如社会歧视、传统习俗等）的考虑,；与上述两位学者的平等物理论截然不同的是，阿内逊的幸福机会平等只把个人幸福感列入清单，忽视了对罗尔斯、德沃金平等物理论所强调的那些非感觉状态的关注。

其次，在清单设定及排序问题上含糊其辞的缺陷集中体现于森和科恩的平等物理论上。森把清单设定及排序问题视为一个需要具体分析的复杂问题，因而在其可行能力平等理论中只列出了一些贫困国家或地区必备的可行能力清单（如避免早夭和营养不良，居住于没有传染病的地区，等等），这个清单虽然简单明了，但对于我们理解和把握其他国家或地区应

---

① Jonathan Wolff, "Fairness Respect, and the Egalitarian Ethos", *Philosophy & Public Affairs*, Vol. 27, No. 2, 1998, p. 101.

② Scheffler Samuel, "What is Enalitarianism?", *Philosophy & Public Affairs*, Vol. 31, No. 1, 2003, pp. 17 - 18.

被平等化的可行能力来说仍不得要领。此外，尽管科恩明确指出应得到平等化的东西是优势，并且指出优势至少包括资源、幸福和能力三个维度，但他也只在其优势获取平等理论中粗略地划定了一个优势的大致范围，尚未列出这些优势的具体清单及其相关顺序，同样不利于我们对其平等物理论的进一步理解。

在清单设定的问题上，除了上述五位平等主义者，努斯鲍姆也做出了很大的努力。努斯鲍姆将森的可行能力平等与亚里士多德的至善论相结合，以至善论的思维方式列出了人类发展所必需的十项可行能力清单，在平等物清单问题上应该说是探究最深最细致的学者了。尽管如此，努斯鲍姆所列的清单也只是持有至善论观点的学者所认可的模式，不足以统合不同个体的不同善观念，更不足以涵盖平等物的范围。可以说，努斯鲍姆设定的可行能力清单至多只能算作平等物清单设定过程中的一种至善论式的尝试，不符合具有多元善观念特征的现代民主社会的公民诉求。

由于当代西方平等物问题研究在补偿问题、清单设定及其排序问题上的探索不够充分，以致其理论内涵不够完善，研究价值也因之而受到一定程度的折损。这些西方平等主义者未竟的事业，将有待立志于从事平等物问题研究的后辈学者们来完成。那么，究竟应当如何探索这些补偿依据及其程度，进而在清单设定及其排序问题上提出和以往平等主义者不同但又富有价值的设想？除了上述平等主义者考虑的因素以外，还存在哪些影响平等物清单设定及其排序问题的其他因素？这些问题将成为我们在今后的平等物问题研究中沿着前人的致思路径上下求索的新起点。

参考文献

经典译著、中文著作及论文集：

1. 《马克思恩格斯文集》第 2 卷，人民出版社 2009 年版。

2. 《马克思恩格斯文集》第 5 卷，人民出版社 2009 年版。

3. 《马克思恩格斯文集》第 9 卷，人民出版社 2009 年版。

4. 李惠斌、李义天编：《马克思与正义理论》，中国人民大学出版社 2010 年版。

5. ［美］约翰·罗尔斯：《正义论》，何怀宏、何包钢、廖申白译，中国社会科学出版社 1988 年版。

6. ［美］约翰·罗尔斯：《正义论》，何怀宏、何包钢、廖申白译，中国社会科学出版社 2009 年版。

7. 《罗尔斯论文全集》，陈肖生等译，吉林出版集团有限责任公司 2013 年版。

8. ［美］约翰·罗尔斯：《作为公平的正义——正义新论》，姚大志译，中国社会科学出版社 2011 年版。

9. ［美］约翰·罗尔斯：《政治自由主义》，万俊人译，译林出版社 2000 年版。

10. ［英］佩里·安德森：《思想的谱系：西方思潮左与右》，袁银传等译，社会科学文献出版社 2010 年版。

11. ［德］伊曼努尔·康德：《道德形而上学原理》，苗力田译，上海人民出版社 1986 年版。

12. ［美］托马斯·内格尔：《人的问题》，万以译，上海译文出版社

2014 年版。

13. ［美］萨缪尔·弗雷曼:《罗尔斯》,张国清译,华夏出版社 2013 年版。

14. ［澳］乔德兰·库卡塔斯、菲利普·佩迪特:《罗尔斯》,姚建宗、高申春译,黑龙江人民出版社 1999 年版。

15. ［荷］佩西·莱宁:《罗尔斯政治哲学导论》,孟伟译,人民出版社 2012 年版。

16. 万俊人编:《罗尔斯读本》,中央编译出版社 2006 年版。

17. 何怀宏:《公平的正义:解读罗尔斯〈正义论〉》,山东人民出版社 2002 年版。

18. ［日］川本隆史:《罗尔斯:正义原理》,詹献兵译,河北教育出版社 2001 年版。

19. ［英］迈克尔·H. 莱斯诺夫:《二十世纪政治哲学家》,冯克利译,商务印书馆 2001 年版。

20. ［美］S. 菲尼亚斯·厄珀姆编:《当代美国哲学家访谈录》,张敦敏译,中国社会科学出版社 2010 年版。

21. ［英］约翰·斯图亚特·穆勒:《功利主义》,叶建新译,九州出版社 2007 年版。

22. ［法］G·韦耶德、C·韦耶德合编,《巴贝夫文选》,梅溪译,商务印书馆 1996 年版。

23. ［英］迈克尔·莱斯诺夫:《社会契约论》,刘训练、李丽红、张红梅译,江苏人民出版社 2005 年版。

24. ［美］迈克尔·桑德尔:《公正:该如何是好?》,朱慧玲译,中信出版社 2011 年版。

25. ［美］罗纳德·德沃金:《认真对待权利》,信春鹰、吴玉章译,上海三联书店 2008 年版。

26. ［美］罗纳德·德沃金:《至上的美德——平等的理论与实践》,冯克利译,江苏人民出版社 2007 年第 2 版。

27. ［美］罗纳德·德沃金:《原则问题》,张国清译,江苏人民出版社 2005 年版。

28. ［美］罗纳德·德沃金：《身披法袍的正义》，周林刚、翟志勇译，北京大学出版社 2010 年版。

29. ［英］伯纳德·威廉斯等：《道德运气》，徐向东译，上海译文出版社 2007 年版。

30. ［美］罗伯特·威廉·福格尔：《第四次大觉醒及平等主义的未来》，王中华、刘红译，首都经济贸易大学出版社 2003 年版。

31. 周辅成编：《西方伦理学名著选辑》下卷，商务印书馆 1987 年版。

32. 欧阳康主编：《当代英美著名哲学家学术自述》，上海人民出版社 2005 年版。

33. 朱成全：《以自由看发展：马克思自由发展观视阈中的人类发展指数扩展研究》，人民出版社 2011 年版。

34. 尼古拉斯·巴宁主编：《政治哲学总论》，邱仁宗译，中国社会科学出版社 2010 年版。

35. ［美］罗伯特·L. 西蒙主编：《社会政治哲学》，陈喜贵译，中国人民大学出版社 2009 年版。

36. ［加］威尔·金里卡：《当代政治哲学》，刘莘译，上海三联书店 2011 年版。

37. ［加］威尔·金里卡：《自由主义、社群与文化》，应奇、葛水林译，上海译文出版社 2005 年版。

38. ［英］乔纳森·沃尔夫：《政治哲学导论》，王涛、赵荣华、陈任博译，吉林出版集团有限责任公司 2009 年版。

39. ［英］亚当·斯威夫特：《政治哲学导论》，萧韶译，江苏人民出版社 2006 年版。

40. ［印］阿马蒂亚·森：《生活水准》，徐大建译，上海财经大学出版社 2007 年版。

41. ［印］阿马蒂亚·森、［美］玛莎·努斯鲍姆：《生活质量》，龚群译，社会科学文献出版社 2008 年版。

42. ［印］阿马蒂亚·森：《论经济不平等、不平等之再考察》，王文利、于占杰译，社会科学文献出版社 2008 年版。

43. ［印］阿马蒂亚·森：《以自由看待发展》，任赜、于真译，中国人民大学出版社 2012 年版。

44. ［印］阿马蒂亚·森：《正义的理念》，王磊、李航译，中国人民大学出版社 2012 年版。

45. ［印］阿马蒂亚·森：《资源、价值和发展》，杨茂林、郭婕译，吉林人民出版社 2008 年版。

46. ［印］阿马蒂亚·森：《伦理学与经济学》，王宇、王文玉译，商务印书馆 2001 年版。

47. ［印］阿马蒂亚·森：《实践理性与后果评价》，应奇编，东方出版社 2006 年版。

48. ［印］阿马蒂亚·森、［英］伯纳德·威廉姆斯编：《超越功利主义》，梁捷等译，复旦大学出版社 2011 年版。

49. ［英］亚当·斯密：《国民财富的性质和原因的研究》，郭大力、王亚南译，商务印书馆 1974 年版。

50. ［古希腊］柏拉图：《理想国》，郭斌和、张竹明译，商务印书馆 2015 年版。

51. ［古希腊］亚里士多德：《尼各马可伦理学》，苗力田译，中国人民大学出版社 2003 年版。

52. ［古希腊］亚里士多德：《政治学》，吴寿彭译，商务印书馆 2013 年版。

53. 余纪元：《亚里士多德伦理学》，中国人民大学出版社 2011 年版。

54. ［英］G. A. 科恩：《为什么不要社会主义？》，段忠桥译，人民出版社 2011 年版。

55. ［英］G. A. 科恩：《拯救正义与平等》，陈伟译，复旦大学出版社 2014 年版。

56. ［英］G. A. 柯亨：《如果你是平等主义者，为何如此富有？》，霍政欣译，北京大学出版社 2009 年版。

57. ［英］G.A.柯亨：《自我所有、自由和平等》，李朝晖译，东方出版社 2008 年版。

58. 龚群：《罗尔斯政治哲学》，商务印书馆 2006 年版。

59. 段忠桥：《为社会主义平等主义辩护：G.A.科恩的政治哲学追求》，中国社会科学出版社 2014 年版。

60. 王绍光：《安邦之道：国家转型的目标与途径》，上海三联书店 2007 年版。

61. 石元康：《罗尔斯》，广西师范大学出版社 2004 年版。

62. 石元康：《当代西方自由主义理论》，上海三联书店 2000 年版。

63. ［美］涛慕思·博格：《实现罗尔斯》，上海译文出版社 2014 年版。

64. ［美］涛慕思·博格：《康德、罗尔斯与全球正义》，刘莘等译，上海译文出版社 2010 年版。

65. ［美］涛慕思·博格：《罗尔斯：生平与正义理论》，顾肃、刘雪华译，中国人民大学出版社 2010 年版。

66. 吕增奎编译：《马克思与诺齐克之间——G.A.柯亨文选》，江苏人民出版社 2007 年版。

67. 谭安奎：《政治哲学：问题与争论》，中央编译出版社 2015 年版。

68. ［法］皮埃尔·勒鲁：《论平等》，商务印书馆 1988 年版。

69. ［英］以赛亚·柏林：《自由论》，胡传胜译，译林出版社 2011 年版。

70. 李强：《自由主义》，吉林出版集团有限责任公司 2007 年版。

71. 葛四友编译：《运气均等主义》，江苏人民出版社 2006 年版。

72. 葛四友：《正义与运气》，中国社会科学出版社 2007 年版。

73. 姚大志：《何谓正义：当代西方政治哲学研究》，人民出版社 2007 年版。

74. ［德］威尔福来德·亨氏：《被证明的不平等：社会正义原则》，倪道钧译，中国社会科学出版社 2008 年版。

75. 高景柱：《在平等与责任之间：罗纳德·德沃金平等理论批判》，

人民出版社 2011 年版。

76. 高景柱：《当代政治哲学视域中的平等理论》，天津人民出版社2015 年版。

77. 〔英〕迈克尔·沃尔泽：《正义诸领域：为多元主义与平等一辩》，褚松燕译，译林出版社 2009 年版。

78. 〔法〕莱昂·瓦尔拉斯：《纯粹经济学要义》，蔡受百译，商务印书馆 2013 年版。

79. 〔英〕布莱恩·巴利：《社会正义论》，曹海军译，江苏人民出版社 2007 年版。

80. 〔英〕布莱恩·巴里：《正义诸理论》，孙晓春、曹海军译，吉林人民出版社 2004 年版。

81. 〔英〕伦纳德·霍布豪斯：《社会正义要素》，孔兆政译，吉林人民出版社 2006 年版。

82. 〔英〕戴维·米勒：《社会正义原则》，应奇译，江苏人民出版社2005 年版。

83. 〔英〕戴维·米勒：《布莱克维尔政治百科全书》，邓正来等译，中国政法大学出版社 2002 年版。

84. 〔美〕塞缪尔·弗莱施哈克尔：《分配正义简史》，吴万伟译，译林出版社 2010 年版。

85. 〔美〕亚历克斯·卡利尼科斯：《平等》，徐朝友译，江苏人民出版社 2003 年版。

86. 〔英〕乔纳森·沃尔夫：《诺齐克》，王天成、张颖译，黑龙江人民出版社 1999 年版。

87. 〔美〕约翰·凯克斯：《反对自由主义》，应奇译，江苏人民出版社 2005 年版。

88. 〔英〕约翰·格雷：《自由主义的两张面孔》，顾爱彬、李瑞华译，江苏人民出版社 2002 年版。

89. 徐向东：《自由主义、社会契约与政治辩护》，北京大学出版社2005 年版。

90. 徐向东编：《全球正义》，浙江大学出版社 2011 年版。

91. ［法］让·雅克·卢梭：《论人类不平等的起源》，高修娟译，上海三联书店 2009 年版。

92. 任建涛：《政治哲学讲演录》，广西师范大学出版社 2008 年版。

93. ［美］罗伯特·诺奇克：《无政府、国家和乌托邦》，姚大志译，中国社会科学出版社 2008 年版。

94. ［加］凯·尼尔森：《平等与自由——捍卫激进平等主义》，傅强译，中国人民大学出版社 2015 年版。

中文期刊：

1. ［美］塞缪尔·谢弗勒：《什么是平等主义》，高景柱译，《政治思想史》2010 年第 3 期。

2. ［英］克里斯托弗·伍达德：《平等主义》，李淑英译，《国外理论动态》2012 年第 5 期。

3. 万俊人：《罗尔斯问题》，《求是学刊》2007 年第 1 期。

4. 徐向东：《能力探讨与基本的善》，《云南大学学报》2004 年第 3 卷第 6 期。

5. 姚大志：《罗尔斯的"基本善"：问题及其修正》，《中国人民大学学报》2011 年第 4 期。

6. 张瑞臣：《试析罗尔斯的"基本善"》，《理论月刊》2012 年第 4 期。

7. 张卫：《罗尔斯"基本善"的三种解释进路》，《社会科学辑刊》2013 年第 5 期。

8. 张有奎：《拜物教之"物"的分析》，《现代哲学》2015 年第 3 期。

9. 韩锐：《正义与平等——当代西方社会正义理论综述》，《开放时代》2010 年第 8 期。

10. 葛四友：《评阿内逊的福利机遇平等观》，《哲学研究》2004 年第 10 期。

11. 高景柱：《超越平等的资源主义与福利主义分析路径——基于阿

马蒂亚·森的可行能力平等的分析》,《人文杂志》2013 年第 1 期。

12. 高景柱:《基本善抑或可行能力——评约翰·罗尔斯与阿马蒂亚·森的平等之争》,《道德与文明》2013 年第 5 期。

13. 段忠桥:《拯救平等:科恩对罗尔斯差别原则的两个批判》,《中国人民大学学报》2010 年第 1 期。

14. 段忠桥:《平等主义者的追求应是消除非自愿的劣势——G. A. 科恩的"优势获取平等"主张及其对德沃金的批评》,《清华大学学报》2014 年第 3 期。

15. 段忠桥、常春雨:《G. A. 科恩论阿马蒂亚·森的"能力平等"》,《哲学动态》2014 年第 7 期。

16. 姚大志:《评福利平等》,《社会科学》2014 年第 9 期。

17. 姚大志:《评资源平等》,《社会科学战线》2014 年第 11 期。

18. 姚大志:《能力平等?第三条道路》,《浙江大学学报》2014 年第 10 期。

19. 姚大志:《论福利机会的平等》,《学术月刊》2015 年第 2 期。

英文著作及论文集:

1. John Rawls, *A Theory of Justice*, Cambridge, Massachusetts: Harvard University Press, 1971.

2. John Rawls, *A Theory of Justice*, Cambridge, Massachusetts: Harvard University Press, 1999.

3. John Rawls, *Collected Papers*, Cambridge, Massachusetts: Harvard University Press, 2001.

4. Robert Nozick, *Anarchy, State, and Utopia*, New York: Basic Books, 1974.

5. Ronald Dworkin, *Sovereign Virtue: The Theory and Practice of Equality*, Cambridge, Massachusetts: Harvard University Press, 2000.

6. Ronald Dworkin, *Taking Rights Seriously*, Massachusetts: Harvard University Press, 1977.

7. Ronald Dworkin, *A Matter of Principle*, Cambridge, Massachusetts: Harvard University Press, 1985.

8. Ronald Dworkin, *Justice in Robes*, Harvard: The Belknap Press, 2006.

9. Arthur Ripstein, ed. , *Ronald Dworkin*, Cambridge: Cambridge University Press, 2007.

10. Derek Matravers & Jon Pike eds. , *Debates in Contemporary Political Philosophy*, Routledge, 2003.

11. Thomas Nagel, *Equality and Partiality*, Oxford University Press, 1991.

12. Christopher W. Morris, ed. , *Amartya Sen*, New York: Cambridge University Press, 2010.

13. Sterling M. McMurrin, ed. , *The Tanner Lectures on Hunan Values*, Vol. 1. Clare Hall: Cambridge University Press, 2011.

14. Sterling M. McMurrin, ed. , *The Tanner Lectures on Human Values*, Vol. 8, Salt Lake City: University of Utah Press, 1988.

15. Martha Nussbaum & Amartya Sen, eds. , *The Quality of Life*, Oxford: Clarendon Press, 1993.

16. Amartya Sen, *Choice, Welfare and Measurement*, Oxford: Blackwell, 1982.

17. Amartya Sen, *Commodities and Capabilities*, Amsterdam: NorthHolland, 1985.

18. Amartya Sen, *Resources, Values and Development*, Oxford: Blackwell, 1984.

19. Adam Smith, *Wealth of Nation*, Oxford: Clarendon Press, 1976.

20. Colin Farrelly, ed. , *Contemporary Political Theory: A Reader*, London: Thousand Oaks, New Delhi: Sage Publications, 2004.

21. Martha C. Nussbaum, *Women and Human Development: The Capabilities Approach*, Cambridge: Cambridge University Press, 2000.

22. Martha C. Nussbaum, *Creating Capabilities*: *The Human Development Approach*, Harvard: The Belknap Press, 2013.

23. Harry Brighouse & Ingrid Robeyns, eds., *Messuring Justice—Primary Goods and Capabilities*, Cambridge: Cambridge University Press, 2010.

24. Martha C. Nussbaum & Jonathan Glover, eds., *Women Culture and Development*: *A Study of Human Capabilities*, Oxford: Clarendon Press, 1995.

25. Martha C. Nussbaum, *Frontiers of Justice*: *Disability*, *Nationality*, *Species Membership*, Cambridge, Massachusetts: The Belknap Press of Harvard University Press, 2006.

26. Marc Fleurbaey & Maurice Salles, eds., *Justice*, *Political Liberalism*, *and Utilitarianism*: *Themes from Harsanyi and Rawls*, New York Cambridge University Press, 2008.

27. Roert E. Goodin & Philip Pettit & Thomas Pogge, eds., *A Companion to Contemporary Political Philosophy*, Vol. I, Oxford: Blackwell Publishing Ltd, 2007.

28. Richard Brandt, *A Theory of the Good and the Right*, Oxford: Prometheus Books, 1998.

29. John E. Roemer, *Theories of Distributive Justice*, Cambridge, Massachusetts: Harvard University Press, 1996.

30. G. A. Cohen, *Self - Ownership*, *Freedom and Equality*, Cambridge: Cambridge University Press, 1995.

31. G. A. Cohen, *On the Currency of Egalitarian Justice*, *and Other Essays in Political Philosophy*, Princeton and Oxford: Princeton University Press, 2011.

32. G. A. Cohen, *Rescuing Justice and Equality*, Harvard University Press, 2008.

33. Stephen Muhall & Adam Swift, *Liberals and Communitarians*, Massachusetts: Blackwell Publishers Ltd., 1996.

34. Ronald Dworkin & Justine Burley, eds., *Dworkin and His Critics*:

With Replies by Dworkin, Oxford: Blackwell Publishing Ltd. , 2004.

35. Carl Knight, *Luck Egalitarianism*: *Equality Responsibility and Justice*, Edinburgh: Edinburgh University Press, 2009.

36. Alexander Kaufman, ed. , *Capabilities Equality*: *Basic Issues and Problems*, New York and London: Routledge Taylor & Francis Group, 2006.

37. Alexander Kaufman, ed. , *Distributive Justice and Access to Advantage*: *G. A. Cohen's Egalitarianism*, Cambridge: Cambridge University Press, 2015.

38. John Mill, *On Liberty and Other Essay*, Oxford and New York: Oxford University Press, 1991.

39. Christine Sypnowich, ed. , *The Egalitarian Conscience*: *Essays in Honour of G. A. Cohen*, Oxford: Oxford University Press, 2006.

40. Brian Feltham, ed. , *Justice*, *Equality and Constructivism*: *Essays on G. A. Cohen's Rescuing Justice and Equality*, Oxford: Blackwell Publishing Ltd. , 2009.

41. Eric Rakowski, *Equal Justice*, Oxford: Clarendon Press, 1993.

42. Thomas W. Pogge, *Realizing Rawls*, Cornell University Press, 1989.

43. Michael Allingham, *Distributive Justice*, Routledge & Taylor Francis Group, 2014.

44. Iwao Hirose, *Egalitanism*, London and New York, 2015.

45. Kasper Lippert – Rasmussen, *Deontology*, *Responsibility and Equality*, Museum Tusculanum Press, 2005.

46. Nils Holtug & Kasper Lippert – Rasmussen, eds. , *Egalitarianism*: *New Essays on the Nature and Value of Equality*, Oxford: Clarendon Press, 2006.

47. Kasper Lippert – Rasmussen, *Luck Egalitarianism*, Bloomsbury Academic, 2015.

48. Jeremy Moss, *Reassessing Egalitarianism*, London: Palgrave Macmillan, 2014.

49. Allen E. Buchanan, *Marx and Justice: The Radical Critique of Liberalism*, London: Methuen, 1982.

50. Henry Hardy, ed. , *Concept and Categories*, Princetion: Princetion University Press, 1988.

51. Samuel Freeman, *Justice and Social Contract: Essays on Rawlisian Political Philosophy*, New York: Oxford Unisversity Press, 2007.

52. Chandran Kukathas, ed. , *Rawls: Critical Assessments of Leading Political Philosophers*, Volume 2, London and New York: Routledge Press, 2003.

53. Adam Smith, *Wealth of Nation*, Oxford: Clarendon Press, 1976.

英文期刊:

1. Derek Parfit, Ratio (New Series), X₃ December 1997.

2. John Rawls, "The Priority of Right and Ideas of the Good", *Philosophy & Public Affairs*, Vol. 17, No. 4, 1988.

3. Ronald Dworkin, "What is Equality? Part 1: Equality of Welfare", *Philosophy & Public Affairs*, Vol. 10, No. 3, 1981.

4. Ronald Dworkin, "What is Equality? Part 2: Equality of Resources", *Philosophy & Public Affairs*, Vol. 10, No. 4, 1981.

5. Ronald Dworkin, "Equality, Luck and Hierarchy", *Philosophy & Public Affairs*, Vol. 31, No. 2, 2003.

6. Ronald Dworkin, "Sovereign Virtue Revisited", *Ethics*, Vol. 113, No. 1, 2002.

7. Amartya Sen, "Well – being, Agency and Freedom: The Dewey Lectures 1984", *The Journal of Philosophy*, Vol. 82, No. 4, 1985.

8. Amartya Sen, "Justice: Means versus Freedoms", *Philosophy & Public Affairs*, Vol. 19, No. 2, 1990.

9. Amartya Sen, "The Many Faces of Misogyny", *The New Republic*, July 14/21, 2001.

10. Amartya Sen, "The Living Standard", *Oxford Economic Papers*, 1984.

11. Amartya Sen, "Justice: Means Versus Freedoms", *Philosophy & Public Affairs*, Vol. 19, No. 2, 1990.

12. Williams, Andrew, "Dworkin on Capability", *Ethics*, Vol. 113, No. 1, 2002.

13. Roland Pierik & Ingrid Robeyns, "Resources Versus Capabilities: Social Endowments in Egalitarian Theory", *Politacal Studies*, Vol. 55, 2007.

14. G. A. Cohen, "On the Currency of Egalitarian Justice", *Ethics*, Vol. 99, No. 4, 1989.

15. G. A. Cohen, "Where the Action Is: On the Site of Distributive Justice", *Philosophy & Public Affairs*, Vol. 26, No. 1, 1997.

16. G. A. Cohen, "Amartya Sen's Unequal World", *Economic & Political Weekly*, Vol. 28, No. 40, 1993.

17. Harry Frankfurt, "Equality as a Moral Ideal", *Ethics*, Vol. 98, No. 1, 1987.

18. Thomas W. Pogge, "An Egalitarian Law of Peoples", *Philosophy & Public Affairs*, Vol. 23, No. 3, 1994.

19. Thomas Nagel, "Rawls on Justice", *The Philosophical Review*, Vol. 82, No. 2, 1973.

20. Adina Schwartz, "Moral Neutrality and Pramary Goods", *Ethics*, Vol. 83, No. 4, 1973.

21. Jeremy Moss, "Against Fairness: Egalitarianism and Responsibility", *The Journal of Value Inquiry*, Vol. 41, No. 2, 2007.

22. Westen, "The Empty Idea of Equality", *Harvard Law Review*, Vol. 95, No.3, 1982.

23. Ronald Dworkin, "Comment on Narveson: In Defense of Equality", *Social Philosophy & Policy*, Vol. 1, 1983.

24. Larry Alexander and Mainon Schwarzschild, "Liberalism, Neutrali-

ty, and Equality of Welfare VS Equality of Resource", *Philosophy & Public Affairs*, *Vol.* 16, No. 1, 1987.

25. Marc Fleurbaey, "Equal Opportunity or Equal Social Outcome?", *Economics & Philosophy*, Vol. 11, 1995.

26. Nir Eyal, "Egalitarian Justice and Innocent Choice", *Journal of Ethics & Social Philosophy*, Vol. 2, No. 1, 2007.

27. Arthur Ripstein, "Equality, Luck, Responsibility", *Philosophy & Public Affairs*, Vol. 23, No. 1, 1994.

28. Philippe Van Parijs, "Brute Luck and Responsibility", *Politics, Philosophy & Economics*, Vol. 7, No. 1, 2008.

29. Terry L. Price, "Egalitarian Justice, Luck, and the Costs of Chosen Ends", *American Philosophical Quarterly*, Vol. 36, No. 4, 1999.

30. Sabina Alkire, "Why the Capability Approach", *Journal of Human Development*, Vol. 6, No. 1, 2001.

31. Richard Arneson, "Equality and Equal Opportunity for Welfare", *Philosophical Studies: An International Journal for Philosophy in the Analytic Tradition*, Vol. 56, No. 1, 1989.

32. Richard Arneson, "Primary Goods Reconsidered", *Noûs*, Vol. 24, No. 3, 1990.

33. Richard Arneson, "Liberalism, Distributive Subjectivism, and Equal Opportunity for Welfare", *Philosophy & Public Affairs*, Vol. 19, No. 2, 1990.

34. Richard Arneson, "Egalitarianism and Responsibility", *The Journal of Ethics*, Vol. 3, No. 3, 1999.

35. Richard Arneson, "Debate: Equality of Opportunity for Welfare Defended and Recanted", *Journal of Political Philosophy*, Vol. 7, No. 4, 1999.

36. Richard Arneson, "Luck and Equality", *Proceedings of the Aristotelian Society*, Vol. 75, 2001.

37. Doe Heath, "Dworkin's Auction", *Politics, Philosophy & Econom-*

ics, Vol. 3, No. 3, 2004.

38. Hal R. Varian, "Dworkin on Equality of Resource", *Economics & Philosophy*, Vol. 1, No. 1, 1985.

39. Matt Matravers, "Responsibility, Luck, and the 'Equality of what?' Debate", *Political Studies*, Vol. 50, No. 3, 2002.

40. Dennis Mckerlie, "Understanding Egalitarianism", *Economics & Philosophy*, Vol. 19, No. 1, 2003.

41. Daniel Markovits, "Luck Egalitarianism and Political Solidarity", *Theoretical Inquiries in Law*, Vol. 9, No. 1, 2008.

42. Jan Narveson, "On Dworkinian Equality", *Social Theory & Policy*, Vol. 1, No. 1, 1983.

43. Chris Armstrong, "Equality, Risk and Responsibility: Dworkin on the Insurance Market", *Economy & Society*, Vol. 34, No. 3, 2005.

44. T. M. Scanlon, "Preference and Urgency", *The Journal of Philosophy*, Vol. 72, No. 19, 1975.

45. Kasper Lippert – Rasmussen, "Debate: Arneson on Equality of Opportunity for Welfare", *The Journal of Political Philosophy*, Vol. 7, No. 4, 1999.

46. John E. Roemer, "A Pragmatic Theory of Responsibility for the Egalitarian Planner", *Philosophy & Public Affairs*, Vol. 22, No. 2, 1993.

47. Elizabeth S. Anderson, "What is the Point of Equality?", *Ethics*, Vol. 109, No. 2, 1999.

48. Jonathan Wolff, "Fairness, Respect, and the Egalitarian Ethos", *Philosophy & Public Affairs*, Vol. 27, No. 2, 1998.

49. Jonathan Wolff, "Equality: The Recent History of an Idea", *Journal of Moral Philosophy*, Vol. 4, No. 1, 2007.

50. Michael Otsuka "Luck, Insurance, and Equality", *Ethics*, Vol. 113, No. 1, 2002.

51. Samuel Scheffler, "What Is Egalitarianism?", *Philosophy & Public*

Affairs, Vol. 31, No. 1, 2003.

参考网址：

1. http：//baike. so. com/doc/8866314—9191455. html.

2. http：//baike. so. com/doc/6882914—7100404. html.

3. http：//baike. so. com/doc/2537317—2680385. html.

后　记

　　本书源自我的博士学位论文，除对个别地方做出修改以外，基本上保留了论文原貌。如今，本书即将付梓，回望过去岁月的点点滴滴，我不禁思绪万千，感慨良多。

　　2012年9月，我怀着对博士生活的美好憧憬和一颗执着的追梦之心，惴惴不安地踏入了中国人民大学的校门，初尝"独上高楼，望尽天涯路"的滋味；四年间，我在通往学术圣殿的孤途中苦苦求索，历经磨难，只忆得无数次的山穷水尽与柳暗花明；四年后，我揣着一本消得我憔悴的博士学位论文，顺利通过答辩，拿到了梦寐以求的博士学位。答辩结束的那一天晚上，我虽有一种难得的放松感，却未感知"蓦然回首"的彻悟。我深知，我将会在这条孤独的朝圣之路上继续前行。

　　由衷地感谢我的博导段忠桥教授。先生广阔宏远的国际视野、精益求精的学术造诣、严谨细致的治学作风都深深地感染和熏陶着我，使我对学术的理解从懵懂迷惘日渐清晰条理、从青涩稚嫩日渐趋于成熟，从封闭畏缩日趋开放自信，一步步接近并迈入学术殿堂的大门。先生于百忙中对我这块"朽木"精雕细刻，循循善诱，特别在博士学位论文完成过程中，从选题方向到结构布局，从字词修改到最终成稿，每一个环节都无不倾注着先生的滴滴心血。

　　段老师远不只是我的论文指导老师，更是我的人生导师，不仅授我以文，而且教我做人。2015年年初，我的右眼意外受伤，视力受到严重影响，论文写作也因之而被搁笔半年之久。病痛中的我情绪焦躁，信心受挫，是先生以自己年轻时的坎坷经历宽慰和鼓励我，支撑我度过了那段煎熬的岁月，让我真切体悟了"笑对人生"这四个字的精确含义。先生积极乐观的人格魅力、海纳百川的胸襟气度以及遇事淡定、荣辱不惊的处事风格值得我一生去学习。先生之德，高洁如云；先生之风，山高水长。先生对我的影响之大，又岂是如斯拙文所能言说和穷尽的？资质愚钝的我，在而立之年适遇先生，如果说在学业中还能有所进步，在生活中还能有所感悟，都是先生为学为人、言传身教的结果。在今后的日子里，我唯有更加乐观积极、不畏艰险，在生活和工作中求实求精、勇往直前，不忘初心，继续前进，才不愧对先生的教导之恩。

在四年多的读博生涯中，我曾遇到过许多困惑和不解，除了段老师的悉心指导之外，我的学业之所以能够画上比较圆满的句号，还离不开以下师友的关怀和帮助：感谢人民大学哲学院的郭湛教授、龚群教授、臧峰宇教授、周濂副教授等，他们在课堂上深入浅出的讲解和细致入微的剖析，拓展和丰富了我的知识体系，使我明白了学术思考的基本路向；感谢人民大学哲学院的张文喜教授、张立波教授、罗骞教授、常晋芳副教授，他们在我的博士学位论文开题报告会上以开阔的学术视野和深湛的学术素养拓展了我的写作思路；感谢北京师范大学的李红教授，李老师是我的硕导，一直饱含爱心地关注着我的成长，她深厚的分析哲学功底更是让我领略了学者的智慧，不断启发着我对问题的深入理解；感谢南京大学的顾肃教授、吉林大学的姚大志教授，他们利用学术会议的茶歇时间认真细致地为我答疑解惑，使我在完成博士学位论文的过程中对相关问题进行了更加深入的探索；感谢美国圣地亚哥大学罗德尼·佩弗（Rodeny Peffer）教授和英国伦敦大学乔纳森·沃尔夫教授，他们分别在 2014 年暑假的国际小学期和 2015 年 4 月的短期讲学期间为我提供了丰富的外文资料，并耐心地解释了我对其中一些理论阐释的困惑，使我在完成博士学位论文的过程中对这些问题进行了更加深入的探索；感谢我的博士学位论文答辩委员会成员陈新夏教授、田薇教授、肖峰教授、龚群教授以及张立波教授，他们抽出宝贵的时间参加了我的博士学位论文答辩会，提出了许多涉及学术前沿的宝贵意见和建议，为我进一步思考相关论题提供了重要的启示。

感谢我的博士同门及同学们！他们和我共同维系着亲人般的真挚感

情，维系着一份家的温馨和融洽。四年的时间一晃而过，一切仿佛就在昨天，历历在目。难忘我们一起围坐在餐桌旁，在美味中相互交流，感悟着种种言有尽而意无穷的治学之道；难忘我们曾经欢聚一堂，在觥筹交错中举杯共饮，分享着彼此的喜怒哀乐；难忘他们在我心情低落时为我分忧，在我信心不足时给我鼓气，在我遇到困难时不遗余力地向我伸出援助之手……这些难忘的时光伴随我度过了四年多的博士生活，更对我单调枯燥的论文写作给予了极大的慰藉，增添了无尽的乐趣。

感谢太原科技大学的领导们！他们始终给予我工作上的关怀和帮助，没有他们的支持和鼓励，我实难以求学人大，实难提升科研能力，更谈不上本书的出版了。

感谢中国社会科学出版社周慧敏老师和朱华彬老师！朱华彬老师是本书的责任编辑，在本书的审核、编辑和校对过程中付出了辛勤的劳动。

最后，还要感谢我的亲人们！感谢我的父母，他们生养了我，无私地宠爱我，支持我的选择，尽一切可能为我读博解除后顾之忧，"低首愧人子，不敢叹风尘"。奈我读书二十余载，却空有反哺之心，未能多付诸实际行动。感谢我的爱人，他始终如一地支持我继续深造，源源不断地为我提供物质和精神支撑，在学业上助我一臂之力，在生活上予我无私关爱。还要感谢我的宝贝女儿，在她最需要妈妈拥抱的时候，我却未能尽到一个为人母的责任，她虽不明白我追求学业的意义，却从不抱怨我对她的冷落，一如既往地亲我爱我。此刻，我心潮澎湃，胸中似有无数感激的话语涌动着，但这千言万语终将汇成一句话：祝愿我挚爱的亲人们幸福安康，永远快乐！

由于我目前的学识和能力的限制，本书无疑具有这样或那样的缺陷。不过，我相信，本书的出版将会开启我在学术道路上的新航程。路漫漫其修远兮，我将不断积累求索。

2016 年 12 月 28 日

太原漪汾苑